"十四五"时期国家重点出版物出版专项规划项目

转型时代的中国财经战略论丛

"一带一路"区域经济合作
与山东省制造业高质量发展

The Regional Economic Cooperation along "the Belt and Road"
and the High-quality Development of
Manufacturing Industry in Shandong Province

段国蕊　于　靓　著

中国财经出版传媒集团

经济科学出版社
Economic Science Press

图书在版编目（CIP）数据

"一带一路"区域经济合作与山东省制造业高质量发展/段国蕊，于靓著．－－北京：经济科学出版社，2022.8

（转型时代的中国财经战略论丛）

ISBN 978 - 7 - 5218 - 3987 - 6

Ⅰ.①一…　Ⅱ.①段…②于…　Ⅲ.①"一带一路" - 区域经济合作 - 研究②制造工业 - 产业发展 - 研究 - 山东　Ⅳ.①F125②F426.4

中国版本图书馆 CIP 数据核字（2022）第 161424 号

责任编辑：李一心
责任校对：王肖楠
责任印制：范　艳

"一带一路"区域经济合作与山东省制造业高质量发展

段国蕊　于　靓　著

经济科学出版社出版、发行　新华书店经销

社址：北京市海淀区阜成路甲 28 号　邮编：100142

总编部电话：010 - 88191217　发行部电话：010 - 88191522

网址：www. esp. com. cn

电子邮箱：esp@ esp. com. cn

天猫网店：经济科学出版社旗舰店

网址：http：//jjkxcbs. tmall. com

北京季蜂印刷有限公司印装

710 × 1000　16 开　15.5 印张　247000 字

2023 年 2 月第 1 版　2023 年 2 月第 1 次印刷

ISBN 978 - 7 - 5218 - 3987 - 6　定价：66.00 元

（图书出现印装问题，本社负责调换。电话：010 - 88191510）

（版权所有　侵权必究　打击盗版　举报热线：010 - 88191661

QQ：2242791300　营销中心电话：010 - 88191537

电子邮箱：dbts@ esp. com. cn）

总　序

　　"转型时代的中国财经战略论丛"是山东财经大学与经济科学出版社在"十三五"系列学术著作的基础上，在"十四五"期间继续合作推出的系列学术著作，属于"'十四五'时期国家重点出版物出版专项规划项目"。

　　自2016年起，山东财经大学就开始资助该系列学术著作的出版，至今已走过6个春秋，期间共资助出版了122部学术著作。这些著作的选题绝大部分隶属于经济学和管理学范畴，同时也涉及法学、艺术学、文学、教育学和理学等领域，有力地推动了我校经济学、管理学和其他学科门类的发展，促进了我校科学研究事业的进一步繁荣发展。

　　山东财经大学是财政部、教育部和山东省人民政府共同建设的高校，2011年由原山东经济学院和原山东财政学院合并筹建，2012年正式揭牌成立。学校现有专任教师1690人，其中教授261人、副教授625人。专任教师中具有博士学位的982人，其中入选青年长江学者3人、国家"万人计划"等国家级人才11人、全国五一劳动奖章获得者1人，"泰山学者"工程等省级人才28人，入选教育部教学指导委员会委员8人、全国优秀教师16人、省级教学名师20人。近年来，学校紧紧围绕建设全国一流财经特色名校的战略目标，以稳规模、优结构、提质量、强特色为主线，不断深化改革创新，整体学科实力跻身全国财经高校前列，经管类学科竞争力居省属高校首位。学校现拥有一级学科博士点4个，一级学科硕士点11个，硕士专业学位类别20个，博士后科研流动站1个。在全国第四轮学科评估中，应用经济学、工商管理获B＋，管理科学与工程、公共管理获B－，B＋以上学科数位居省属高校前三甲，学科实力进入全国财经高校前十。2016年以来，学校聚焦内涵式发展，全面实施了科研强校战略，取得了可喜成绩。获批国家级课题项目 241 项，教育部及其他省部级课题项目 390 项，承担各级各类横向课题 445 项；教师共发表高水平学术论文 3700 余篇，出版著作 323 部。同时，新增了山东省重点实验室、山东省重点新型智库、山东省社科理论重点研究基地、山东省协同创新中心、山东省工程技术研究中心、山东省两化融合促进中心等科研平台。学校的发展为教师从事科学研究提供了广阔的平台，创造了更加良好的学术生态。

"十四五"时期是我国由全面建成小康社会向基本实现社会主义现代化迈进的关键时期，也是我校合校以来第二个十年的跃升发展期。今年党的二十大的胜利召开为学校高质量发展指明了新的方向，建校 70 周年暨合并建校 10 周年校庆也为学校内涵式发展注入了新的活力。作为"十四五"时期国家重点出版物出版专项规划项目，"转型时代的中国财经战略论丛"将继续坚持以马克思列宁主义、毛泽东思想、邓小平理论、"三个代表"重要思想、科学发展观、习近平新时代中国特色社会主义思想为指导，结合《中共中央关于制定国民经济和社会发展第十四个五年规划和二〇三五年远景目标的建议》以及党的二十大精神，将国家"十四五"期间重大财经战略作为重点选题，积极开展基础研究和应用研究。

"十四五"时期的"转型时代的中国财经战略论丛"将进一步体现鲜明的时代特征、问题导向和创新意识，着力推出反映我校学术前沿水平、体现相关领域高水准的创新性成果，更好地服务我校一流学科和高水平大学建设，展现我校财经特色名校工程建设成效。通过向广大教师提供进一步的出版资助，鼓励我校广大教师潜心治学，扎实研究，在基础研究上密切跟踪国内外学术发展和学科建设的前沿与动态，着力推进学科体系、学术体系和话语体系建设与创新；在应用研究上立足党和国家事业发展需要，聚焦经济社会发展中的全局性、战略性和前瞻性的重大理论与实践问题，力求提出一些具有现实性、针对性和较强参考价值的思路和对策。

山东财经大学校长

2022 年 10 月 28 日

前　言

　　伴随着"一带一路"倡议的不断推进，中国与沿线国家和地区在经贸领域进行的区域合作也在不断加深，越来越多的企业借助"一带一路"倡议的政策红利"走出去"。在深度融入开放经济的同时，通过国际要素整合、产业联动转型等途径，实现产业升级和发展质量的提升，从而在新一轮产业链的调整中占据主动地位。"一带一路"区域经济合作的不断深化，带来了山东省制造业的迅猛发展，同时也塑造了山东省制造业在全球形势下的分工格局。在经历着从工业化到"再工业化"、全球化到"再全球化"的进程演变中，山东省制造业如何应对新一轮"工业4.0"的变革、通过结构调整和优化升级实现制造业发展质量的提升，着实值得我们思忖。恰逢"一带一路"区域经济合作和区域价值链构建的历史机遇，位于两条"丝路"重要交汇点的山东省应该把握这一有利时机，因此本研究的目的是，在山东省经济社会转型发展、经济文化强省建设的关键时期，深入探求"一带一路"区域经济合作和区域价值链的有效嵌入对山东省制造业发展质量提升的作用机理与关键着力点所在。

　　在对制造业高质量发展的内涵、贸易与投资对制造业高质量发展的作用机理、山东省融入"一带一路"区域经济合作和区域价值链的现状和进程等相关内容进行文献梳理的基础上，进一步探讨了深化与"一带一路"沿线国家和地区进行区域经济合作和区域价值链构建对山东省制造业高质量发展以及对中国深化对外经济合作的战略意义，并明确提出了山东省在融入"一带一路"区域经济合作中的目标定位、基本构架、行动方案、配套政策以及优势和劣势等相关问题。在探求了"一带一路"区域价值链构建的价值要素基础上，进一步提出了"一带一路"

区域合作的价值要素系统，并对山东省融入"一带一路"区域经济合作的价值要素禀赋进行了检验。在此基础上，构建了制造业发展质量的评价模型和指标体系，测算了山东省制造业高质量发展水平，并与国内其他先进省份的制造业高质量发展水平进行了对比分析，明确了山东省制造业高质量发展过程中的优势要素和短板因素。然后基于制造业高质量发展内涵，将以出口贸易和对外投资形式融入"一带一路"区域经济合作和区域价值链对于产业发展质量的影响纳入理论分析框架中，对于结构效应、技术创新效应、政策支持效应等机制，从理论上阐述了嵌入"一带一路"区域经济合作和区域价值链对山东省制造业发展质量提升的作用机理，并通过设定相应计量模型，对提升效应进行了实证检验。最后本课题提出了山东省借助"一带一路"区域价值链的构建，通过对沿线国家的出口贸易和直接投资推动制造业高质量发展的关键着力点和政策建议。

基于以上研究思路，本书的主要内容包括：第1章为绪论。该部分旨在提出问题，阐明研究的意义和背景，从而确定本书的研究内容、研究思路、研究方法，提出研究问题的切入点和突破口。第2章为相关文献综述。本章从制造业高质量发展内涵、制造业发展质量评价以及出口贸易与产业发展关系、对外直接投资与产业发展关系以及山东省融入"一带一路"区域经济合作和区域价值链的进程和现状等方面进行研究综述，对制造业高质量发展内涵和已有的出口贸易、对外直接投资对产业发展的影响机制进行梳理，了解相关领域的研究进展，为本书的产业质量提升作用机理分析提供参考依据与思路拓展。第3章为"一带一路"区域经济合作的背景和战略意义。本章从"一带一路"倡议提出的宏观背景、战略意义和基本构架出发，阐述了在"世界百年未有之大变局"的背景下，"一带一路"区域经济合作和区域价值链的构建对中国参与全球分工下世界经济新格局的重要战略意义。在此基础上，进一步剖析了位于"两条丝路"交汇点的山东省，积极融入"一带一路"区域经济合作的目标定位、发展策略以及优势和劣势。第4章为"一带一路"区域价值链的构建及驱动要素。利用四大价值要素机制分析了山东省制造业嵌入"一带一路"价值链和实现产业转型升级的要素条件，检验了山东省制造业嵌入"一带一路"价值链的要素条件，通过对四大要素各项指标进行主成分分析加权得分发现，山东省制造业在价值基础要素和价值核心要素条件上的优势要大于价值保障要素和价值提升要素。第5章为山东省与"一带一路"沿线国家经贸关系现状分析。本章从出口贸易和对外直接投资等角度探析了山东省融入"一带一路"沿线经济合作的基本情况。基于筛选的制造业行业分类与参与"一带一路"建设的国家，从出口规模、出口质量和出口结构三方面分析山东省制造业对沿线国家的出口现状；从投资规模、地区分布和产业分布对山东省向"一带一路"沿线国家和地区对外直接投资（OFDI）现状进行统计分析。第6章为融入"一带一路"区域经济合作对山东省制造业高质量发展的作用机制。基于对已有研究的梳理，以制造业发展质量为研究对象，将对沿线国家出口贸易的产业发展质量提升效应分解为规模效应、贸易结构效应和技术创新效应。制造业高质量发展需要优势要素的演化升级，而合理的OFDI空间布局和产业布局恰恰为制造业的技术提升和结构优化提供了可行路径。本章节从资源互补、产业合作、产业竞争、政策支持等方面分析了对"一带一路"沿线国家和地区的直接投资对山东省制造业高质量发展的作用机理。第7章为山东省制造业发展质量的测度分析。以全面性、代表性以及指标可量化、数据可对比为原则，围绕"制造业高质量发展"内涵，以制造业高质量发展动力、效率和效果为视角，构建涵盖经济、生态、社会三大系统的包含发展动力、发展效率、发展效果的衡量标准，具体构建了协调度—智能度—创新度—增长度—效益度—服务度—高端度—开放度—绿色度的九个维度评价指标体系。本书的评价指标体系包括九个二级指标、18个三级指标和31个具体指标构建制造业发展质量综合评价指标体系，测算山东省制造业发展质量水平，并与我国其他制造业大省进行比较分析，明晰山东省在制造业发展过程中的优势与不足。第8章为"一带一路"区域经济合作对山东省制造业发展质量提升的实证研究。选取出口贸易和对外直接投资的相关指标，基于制造业具体行业和制造业总量，设定相应的计量模型，探讨山东省以出口贸易和对外直接投资方式融入"一带一路"区域经济合作和区域价值链对制造业发展质量的总体影响和制造业高质量方面各个维度的异质性影响。第9章为研究结论与政策关键着力点。结合前文的理论与实证分析，得出"一带一路"区域经济合作和企业价值链构建背景下山东省与"一带一路"沿线国家和地区的经贸关系对制造业高质量发展提升效用的相关结论，并对促进山东省制造业高质量发展提出相关政策建议和关键着力点。

本书在研究方法上采取理论分析与实证分析、定性分析与定量分析相结合的方法，运用文献分析法、比较分析法、统计分析法、灰色关联分析法，以及面板数据分析法等方法综合分析了融入"一带一路"区域经济合作和区域价值链对山东省制造业高质量发展的影响机理和影响效果，并提出了相应的政策建议。总体来看，本书得到的主要研究结论有：

（1）从山东省制造业发展现状和发展质量来看，在产业结构上，资本密集型和劳动密集型产业仍占主导地位，但技术密集型行业占比小幅上升，表明山东省制造业正经历转型升级与新旧动能转换的艰难转型时期。从产业发展质量上看，山东省制造业整体发展质量呈现"W"型波动增长趋势，其中制造业发展动力得分最高，发展效率不断提高，但发展效果较差，且与广东、福建、江苏等制造业发展强省相比，具有较大的差距。未来提升制造业发展质量需重点关注如何将发展动力转变为切实的发展成果，促进制造业质量提升实质化发展。

（2）从山东省对沿线国家和地区的制造业出口贸易现状来看，2009～2019年间，双边贸易流量在整体上呈现规模持续增长态势，与"一带一路"沿线国家和地区的贸易关系日益紧密，"一带一路"沿线国家和地区成为山东省制造业出口的重要贸易伙伴，出口占比达到45%左右。但同时也发现山东省对沿线国家的出口贸易存在一些问题，如出口地区分布不均衡，其中对亚洲国家的出口贸易额占比接近60%，导致制造业出口过多依赖"一带一路"沿线的亚洲国家，出口地区多元化不足，不利于制造业出口贸易的稳定发展。从山东省对沿线国家和地区的对外直接投资现状来看，2008～2018年间，山东省在"一带一路"沿线国家和地区的投资额占山东省对外直接投资总额的比重大致处于20%～40%之间，2019年这一比重接近50%。从2013年"一带一路"倡议提出以来，山东省"一带一路"沿线投资额占中国"一带一路"沿线投资额比重一直处于10%以上，且这一占比在2016年接近30%，足以说明山东省企业逐渐成为"走出去"到"一带一路"沿线国家的重要力量。

（3）在理论搭建过程中，本书借鉴已有研究文献，将出口贸易与制造业发展质量的提升效应机理分为规模效应、贸易结构效应和技术创新效应三个渠道，认为在"一带一路"政策的发展机遇下，山东省与沿线国家的出口贸易从贸易成本、贸易结构先导、创新激励方面作用于制造业发展质量的提升，并从出口贸易角度，提出"一带一路"倡议有助于山东省整体制造业发展质量提升的假设。对外直接投资对制造业产业质量的作用机理归纳为资源互补、产业竞争、产业合作和政策支持四方面作用途径，通过影响技术创新、产业效率、产业结构等方式作用于制造业高质量发展。

（4）从实证检验中可以得出，在"一带一路"区域价值链构建背景下，伴随着政策红利，山东省制造业产品出口贸易的出口规模、出口质量以及对沿线国家和地区的对外直接投资均对山东省制造业整体发展质量的提升具有正向影响，且对制造业创新度、效益度、开放度、协调度和增长度等不同质量维度表现出显著的正向作用。但对于高质量发展的智能度、服务度和高端度促进效果不明显，甚至呈现负向作用。这一实证结果表明，"一带一路"区域经济合作和区域价值链构建背景下，与沿线国家和地区的出口贸易和对外投资整体上带动了山东省制造业产业发展质量的提升，但是由于贸易结构、投资产业中技术密集型占比有限，所以体现为在高质量发展的高端化、智能化、服务化等角度作用并不明显。

与已有的文献相比，本书在以下几个方面进行了尝试性和探索性的研究，体现了一定的研究价值和创新：

（1）通过对价值链和区域合作的传统三大驱动机制——生产者驱动、购买者驱动和混合驱动——进行深入剖析，将价值链驱动力拆解为12项具体影响因素：政策因素、产业因素、能源资源、投资因素、市场因素、品牌因素、技术因素、文化因素、资金因素、信息因素、人才因素、研发因素。根据各个因素作用路径的特点和相似性重新构建价值链动力要素，并最终归为价值基础要素、价值核心要素、价值提升要素、价值保障要素四项动力机制。在此基础上，分析了各个因素对价值链的驱动作用机制，推导出了价值基础要素对价值链构建的牵引力、价值核心要素的拉动力、价值提升要素的推动力以及价值保障要素的支撑作用，并结合当前山东省制造业特征，从四个价值要素角度对山东省制造业融入"一带一路"区域经济合作和区域价值链的动力条件进行分析，进一步解析了山东省制造业融入"一带一路"区域经济合作和区域价值链、推动山东省制造业转型升级的优势动能因素。

（2）构建了制造业高质量发展的指标体系和测度方法。基于新发展理念，明确界定制造业产业发展质量的内涵和外延，在厘清产业发展质量提升的表征和基准的基础上，进一步系统构建制造业发展质量的衡量标准，从产业发展动力、产业发展效率、产业发展效果三个层面，构建了涵盖协调度、智能度、创新度、增长度、效益度、服务度、高端度、开放度、绿色度9个维度、31个指标的制造业高质量发展评价体系。在此基础上，运用熵值法和灰色关联分析法测度分析了山东省高质量发展水平以及广东、江苏、上海、福建等先进制造业省份的制造业发展质量，并进行了对比分析，找到山东省制造业发展的优势要素与短板因素。

（3）搭建融入"一带一路"区域经济合作和区域价值链对于制造业高质量发展作用机制的理论平台。价值链是新一轮产业分工中制造业发展的主要特征，其通过贸易、投资、制度冲击等途径和机制对山东省制造业发展质量的提升起到催化作用，该研究重点分析以出口贸易和对外直接投资方式嵌入"一带一路"区域经济合作和区域价值链对制造业发展质量提升的作用机理。从出口贸易角度，提出了贸易规模效应、贸易结构效应、贸易先导效应的传导途径和作用机制；从对外直接投资角度，提出了资源互补效应、产业合作效应、产业竞争效应和政策支持效应对于制造业发展质量提升的作用机理和传导机制。

（4）基于制造业高质量发展的内涵，实证分析和检验了以出口贸易和对外直接投资方式嵌入"一带一路"区域经济合作和区域价值链对制造业高质量发展的影响效果及其对高质量发展各个维度的异质性。实证结果显示，与"一带一路"沿线国家和地区的出口贸易和对外直接投资对山东省制造业发展质量存在明显的促进作用，且通过了1%显著性水平。但是，在制造业高质量发展的不同维度方面却存在异质性：在高端化、智能化、服务化三个维度上，嵌入"一带一路"区域价值链并未起到推动作用，甚至呈现出负效应，拖累了制造业的高质量发展。这在一定程度上与山东省出口贸易和对外直接投资中，技术密集型产品和产业占比相对较少相关联，也是山东省制造业未来发展和提升的重中之重。

本书的不足主要体现在数据的处理还不够精细。鉴于二级行业层面对外直接投资数据的可获得性和连续性，该研究只匹配并保留了制造业部门11个子行业的数据。此外，本研究试图构建一个全面反映嵌入"一带一路"区域经济合作和区域价值链对制造业发展质量影响机制的理论模型，既包括出口贸易和对外直接投资，更应包括分工地位、价值获取能力等方面，这也是未来需要拓展的研究的重点和难点，以期进一步夯实制造业高质量发展和"一带一路"相关研究的理论基础，同时拓展和完善产业经济学和世界经济学相关领域的理论体系。

目　录

第1章 绪　　论

　　"一带一路"倡议的提出和不断推进，不仅为沿线国家和地区在经贸领域的合作提供了国际平台，同时也为中国企业"走出去"创造了更为广阔的国际舞台和合作空间，越来越多的企业借助"一带一路"倡议的政策红利"走出去"，通过利用国内和国际两个市场和两种资源，进行国际要素整合、产业联动转型，从而实现产业升级和发展质量的提升。作为国际重要的公共产品和开放性合作平台，"一带一路"倡议为深化国际经贸合作、推动发展中国家经济的可持续发展提供了新方案和新机遇。作为"丝绸之路经济带"与"海上丝绸之路"的重要交汇点，山东省正面临经济社会转型发展、经济文化强省建设的关键时期，因此有必要深入探求如何通过深化与"一带一路"沿线国家和地区经贸关系实现产业质量的提升，进而统筹安排制造业高质量发展的关键着力点。"一带一路"建设的高质量发展与山东省转变发展方式、转换增长动能形成了历史性交汇，在此背景下，深入研究推进"一带一路"倡议与山东省制造业高质量发展的高效对接、增强经济发展的区域依托力量具有重要的理论意义和现实意义。

1.1　研究背景与研究意义

1.1.1　研究背景

　　制造业是国民经济的支柱产业，是实体经济的核心部分。2018年召开的中央经济工作会议中首次将"制造业高质量发展"纳入国家政策的意涵表达之中,为我国制造业发展指明了新的方向,并赋予了新的内容;2019 年中央经济工作会议又进一步指出制造业高质量发展是重点工作任务之一,要"加快建设制造强国"。当前我国制造业发展已取得显著成效,建成了独立完整且门类齐全的产业体系。然而,以制造业高质量发展要求来看,目前我国制造业与美国、德国等制造强国相比存在明显的差距。从内部因素看,我国制造业结构性供需失衡,能源和环境趋近于约束边界,传统粗放型发展模式已不再可取;新旧动能转换存在制约,技术创新能力短板突出,中高端产品供给能力不足,高科技产业链的稳定性和供应链的安全性均存在威胁和隐患。从外部因素看,我国制造业面临前所未有的多重挤压:制造强国的高端封锁与后发国家的中低端追赶,削减了我国制造业规模发展的优势,扩张疲态显现,后劲动力不足;此次突发的新冠肺炎疫情加速了全球制造业供应链向本土化和多元化方向调整,中国制造业在全球供应链重构中面临威胁和挑战。当前我国经济发展进入新常态,制造业外延式发展受阻,亟待提高制造业发展质量,从而对冲经济下行压力,抵御制造强国的高端封锁与后发国家的速度追赶,以制造业高质量发展突破国内国外双重挑战。

面对国际经济形势的萎靡和国内新旧动能转换的瓶颈,山东省 2014～2020 年出口额波动较大,表现出一定的增长疲态,对外贸易持续健康发展面临严峻的挑战;与此同时,山东省的对外直接投资在历经高速增长之后,由于中美贸易摩擦以及世界范围内保护主义的影响,在波动中也呈现出一定的下降趋势,在一定程度上个困扰了山东省制造业的健康发展。山东省制造业陷入持续性增长、由重规模向重质量转型双重目标的发展困境,亟须培育对外经贸新动能。"一带一路"倡议的提出与实施,为山东省在新旧动能转换的关键阶段解决制造业高质量发展存在的问题提供了重要的历史机遇。山东省产业体系完备,拥有 41 个工业大类和 197 个中类的联合国产业分类,产能优势十分明显,且地理位置处于"一带一路"经济带重要的联结区域。在经济新常态的背景下,作为我国制造业大省,在"一带一路"区域价值链构建背景下,山东省该如何抓住"一带一路"发展机遇,以融入"一带一路"区域经济合作为契机,解决经济发展与产业发展的内生动力不足等难题,培育山东省外贸新优势,推动制造业高质量发展,实现经济再次腾飞,具有重大的现实意义。

1.1.2 研究意义

在"一带一路"区域价值链构建背景下,山东省正处于新旧动能转换的关键时期,如何理解"制造业高质量"发展的内涵和外延,明确山东省制造业高质量发展态势与短板,探析"一带一路"区域价值链构建背景下山东省融入"一带一路"区域经济合作和区域价值链的方式、机制和效果,有针对性地提出山东省把握"一带一路"区域价值链构建的重大历史机遇,深度参与区域经济合作,拓展新的对外经贸增长点,从而提出助力制造业高质量发展的相关政策建议,具有重要的理论意义和现实意义。

从理论意义上看,对驱动价值链构建和区域经济合作的传统三大驱动机制——生产者驱动、购买者驱动和混合驱动——进行深入的剖析,根据各因素作用路径的特点和相似性重新构建了价值链动力要素,并最终归为价值基础要素、价值核心要素、价值提升要素、价值保障要素四项动力机制,以此为基础,结合当前山东省制造业发展特征,从四个价值要素角度对山东省制造业嵌入"一带一路"价值链的动力条件进行分析,这在一定程度上拓展了价值链理论。目前学术界普遍对"制造业高质量发展"内涵提出相似见解,但关于制造业高质量发展评价指标体系的构建尚未形成统一的标准体系。首先,本书梳理相关学者的已有研究,并在此基础上纳入产业贸易竞争力指标,构建了包含9个二级指标、31个具体三级指标的制造业高质量发展综合评价体系,并使用熵值法实现指标赋权,灰色关联分析法计算综合得分,丰富了制造业发展质量测算领域的研究;其次,以出口贸易和对外直接投资方式深化与"一带一路"沿线经贸关系合作,将其与山东省制造业的产业发展质量提升相结合,以往研究视角多集中于贸易、投资与产业转型升级或产业经济效率方面,以产业发展质量为研究对象的文献并不多见,本书基于"制造业高质量发展"的科学内涵,将对"一带一路"国家的出口贸易和对外投资与制造业发展质量提升的作用关系进行探讨,为山东省优化对外贸易结构、提高外贸竞争力和提高制造业发展质量提供理论指导。

从现实意义上看,制造业是山东省经济发展的绝对推动力量,可以说是国民经济的支柱产业。但目前山东省制造业发展面临由高速发展向高质量发展的艰难转型，新旧动能转换进程缓慢，对高能耗、高投入、低产出的制造业依赖性强，对外经贸发展动能不足。通过以制造业发展质量为研究对象，基于山东省在"一带一路"区域经济合作过程中的地理位置等诸多优势，紧紧把握"一带一路"发展机遇，深入参与"一带一路"区域经济合作建设，利用出口贸易和对外直接投资的影响机制，对山东省制造业产业发展进行优化与提升，这对推动山东省制造业高质量与可持续发展具有重要的现实意义。

1.2　研究思路与主要内容

1.2.1　研究思路

在"一带一路"区域价值链构建的历史机遇下，位于两条"丝路"重要交汇点的山东省应该把握这一有利时机，在山东省经济社会转型发展、经济文化强省建设的关键时期，通过与"一带一路"沿线国家和地区的区域经济合作提升山东省制造业发展质量，并明确政策的关键着力点所在。

在通过对区域价值链构建基础、制造业高质量发展的内涵、贸易与投资对制造业高质量发展的作用机理、山东省融入"一带一路"区域价值链的现状和进程等相关内容进行文献梳理的基础上，分析了当前"一带一路"区域经济合作的重要意义和现实基础，明确了"一带一路"区域价值链构建的四大动力机制并对山东省与"一带一路"沿线国家和地区进行区域经济合作的要素条件进行了检验分析，构建了制造业发展质量的评价模型和指标体系，测算了山东省制造业高质量发展水平，并与国内其他先进省份的制造业高质量发展水平进行了对比分析，明确了山东省制造业高质量发展过程中的优势要素和短板因素。然后基于制造业高质量发展内涵，将以出口贸易和对外投资形式嵌入"一带一路"区域价值链对产业发展质量的影响纳入理论分析框架中，基于结构效应、技术创新效应、政策支持效应等机制，从理论上阐述了嵌入"一带一路"价值链对山东省制造业发展质量的提升作用机理，并通过设定相应计量模型，对提升效应进行实证检验。最后提出了山东省借助"一带一路"区域经济合作和区域价值链的构建，通过对沿线国家的出口贸易和直接投资推动制造业高质量发展的关键着力点和政策建议。

研究思路和研究技术路线如图 1－1 所示。

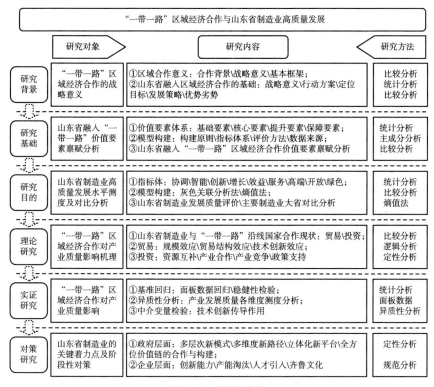

图 1－1 技术路线

1.2.2 研究内容

主要研究内容如下：

（1）相关文献综述。从制造业高质量发展内涵、制造业发展质量评价以及出口贸易与产业发展关系、对外直接投资与产业发展关系以及山东省融入"一带一路"区域价值链的进程和现状、"一带一路"区域价值链构建的基础、禀赋和要素条件等方面进行研究综述，对制造业高

5

质量发展内涵和已有的出口贸易、对外直接投资对产业发展的影响机制进行梳理,了解相关领域的研究进展,为本书的产业质量提升作用机理分析提供参考依据与思路拓展。

(2)"一带一路"区域经济合作的背景和意义。"一带一路"倡议的提出是在全球经济深度调整、中国经济转型攻坚背景下,我国秉持开放的区域合作精神、致力于维护全球自由贸易体系和开放型世界经济而提出的创新发展模式,旨在拓展对外开放空间、推进区域经济一体化大发展。本书系统梳理了"一带一路"倡议提出的宏观背景、战略意义、基本构架以及山东省融入"一带一路"区域价值链、深化与"一带一路"沿线国家和地区进行区域经济合作的战略意义、行动方案、优势劣势,明确融入"一带一路"建设对于山东省深化开放经济的重大战略意义,在新时代经济发展寻求新思路和新格局。

(3)对"一带一路"区域价值链构建的基础进行解析。分析了价值链构成过程中各个价值要素对山东省制造业嵌入"一带一路"价值链、提升分工地位的作用机理,解释价值链中价值基础要素的牵引作用、价值核心要素的拉动作用、价值提升要素的推动作用、价值保障作用的支撑作用。在分析了山东省制造业各条件要素现状的基础上,以指标体系代表山东省制造业各价值要素情况,利用能够处理面板数据的全局主成分分析法(PCA)实证检验山东省制造业嵌入"一带一路"价值链的动能体系的优劣条件。

(4)山东省对"一带一路"沿线国家和地区制造业产品出口贸易和投资的现状。基于筛选的制造业行业分类与参与"一带一路"建设的国家,从出口规模、出口质量和出口结构三方面分析山东省制造业对沿线国家的出口现状;从投资规模、地区分布和产业分布对山东省向"一带一路"沿线国家和地区OFDI现状进行统计分析。

(5)嵌入"一带一路"区域价值链对山东省制造业发展质量提升的作用机制。基于对已有研究的梳理,以制造业发展质量为研究对象,将对沿线国家出口贸易的产业发展质量提升效应分解为规模效应、贸易结构效应和技术创新效应。制造业高质量发展需要优势要素的演化升级,而合理的OFDI空间布局和产业布局恰恰为制造业的技术提升和结构优化提供了可行路径,从资源互补、产业合作、产业竞争、政策支持等方面分析对"一带一路"沿线国家和地区的直接投资对山东省制造业高质量发展的作用机理。

（6）山东省制造业发展质量的测度与分析。以全面性、代表性以及指标可量化、数据可对比为原则，围绕"制造业高质量发展"内涵，以制造业高质量发展动力、效率和效果为视角，搭建涵盖经济、生态、社会三大系统的包含发展动力、发展效率、发展效果的衡量体系，具体构建了协调度—智能度—创新度—增长度—效益度—服务度—高端度—开放度—绿色度的九维评价指标体系。本书的评价指标体系包括9个二级指标、18个三级指标和31个具体指标构建制造业发展质量综合评价指标体系，测算山东省制造业发展质量水平，并与我国其他制造业大省进行比较分析，明晰山东省在制造业发展过程中的优势与不足。

（7）山东省与"一带一路"沿线国家的出口贸易和对外直接投资对山东制造业发展质量的提升效应实证分析。选取出口贸易和对外直接投资的相关指标，基于制造业具体行业和制造业总量，设定相应的计量模型，探讨山东省以出口贸易和对外直接投资方式融入"一带一路"区域经济合作和区域价值链对制造业发展质量的总体影响和制造业高质量方面各个维度的异质性影响。

（8）"一带一路"区域经济合作和区域价值链背景下山东省制造业发展质量提升的关键着力点。结合前文的理论与实证分析，得出"一带一路"区域价值链构建背景下山东省与"一带一路"沿线国家和地区的经贸关系对山东省制造业高质量发展提升效用的相关结论，并对促进山东省制造业高质量发展提出相关政策建议和关键着力点。

1.3 研 究 方 法

1.3.1 熵值法与灰色关联分析法

借鉴已有研究成果，引入贸易竞争力指标，在对原始数据进行标准化处理之后，采用客观熵值法来确定各项指标权重。采用熵值法赋权，灰色关联分析法计算综合得分的方法得到制造业发展质量的测算模型，并进一步计算山东省制造业发展质量水平。同时，运用熵值法和灰色关联分析法,对广东、江苏等制造业大省的制造业发展质量进行测度分析,以期寻找山东省制造业发展的差距以及未来发展方向。

1.3.2 对比分析法

从纵向和横向两个维度分别探讨了山东省制造业高质量发展水平。从纵向角度看,以时间序列为线索统计分析了山东省制造业发展水平的变化趋势、时间特征;从横向角度看,对山东省制造业发展质量水平与其他主要制造业强省进行对比分析,以探析山东制造业整体发展态势以及与其他地区的发展差距。同时,分别从时间、地区维度对山东省制造业与沿线国家的出口现状和对外直接投资进行分析。

1.3.3 统计分析和实证分析法

依据国民经济行业分类标准,选取细分具体制造业行业,筛选目前参与"一带一路"建设的国家,统计分析了山东省与"一带一路"沿线国家和地区的出口贸易和对外直接投资的发展现状和发展趋势。选取 2009 ~ 2019 年的短面板数据,运用 STATA15.1 软件进行实证分析,探究与"一带一路"沿线国家的出口贸易和对外直接投资对山东省制造业产业发展质量的影响。

1.4 主要创新点及不足

1.4.1 创新点

1. 解析了"一带一路"价值链驱动机制

从生产者驱动、消费者驱动、混合驱动机制出发,分析各个驱动机制的特点,探究各具体驱动机制的影响因素,并将影响因素重新整理、归纳为四大价值链的影响要素——价值基础要素、价值核心要素、价值提升要素和价值保障要素,并对山东省制造业融入"一带一路"区域价值链的动能系统要素进行检验分析，发现山东省进行"一带一路"区域经济合作过程中，要素禀赋方面的优势和劣势。

2. 构建了制造业高质量发展的指标体系和测度方法

基于新发展理念，明确界定制造业产业发展质量的内涵和外延，在厘清产业发展质量提升的表征和基准的基础上，进一步系统构建制造业发展质量的衡量标准，从产业发展动力、产业发展效率、产业发展效果三个层面，构建了涵盖协调度、智能度、创新度、增长度、效益度、服务度、高端度、开放度、绿色度9个维度、31个指标的制造业高质量发展评价体系。在此基础上，运用熵值法和灰色关联分析法测度分析了山东省高质量发展水平以及广东、江苏、上海、福建等先进制造业省份的制造业发展质量，并进行了对比分析，找到山东省制造业发展的优势要素与短板因素。

3. 明晰了"一带一路"区域经济合作对制造业高质量发展作用机制

价值链是新一轮产业分工中制造业发展的主要特征，其通过贸易、投资、制度冲击等途径和机制对山东省制造业发展质量的提升起到催化作用，本书重点分析了以出口贸易和对外直接投资方式融入"一带一路"区域经济合作和区域价值链对于制造业发展质量提升的作用机理。从出口贸易角度，提出了贸易规模效应、贸易结构效应、贸易先导效应的传导途径和作用机制；从对外直接投资角度，提出了资源互补效应、产业合作效应、产业竞争效应和政策支持效应对于制造业发展质量提升的作用机理和传导机制。

4. 检验了"一带一路"合作对制造业高质量发展的影响效果

基于制造业高质量发展的内涵，实证分析和检验了以出口贸易和对外直接投资方式嵌入"一带一路"区域价值链对制造业高质量发展的影响效果及其对高质量发展各个维度的异质性。实证结果显示，与"一带一路"沿线国家和地区的出口贸易和对外直接投资对山东省制造业发展质量存在明显的促进作用，但是，在制造业高质量发展的不同维度方面却存在异质性：在高端化、智能化、服务化三个维度上，嵌入"一带一路"区域价值链并未起到推动作用，甚至呈现出负效应，拖累了制造业的高质量发展。这在一定程度上与山东省出口贸易和对外直接投资中，技术密集型产品和产业占比相对较少相关联，也是山东省制造业未来发展和提升的重中之重。

1.4.2 不足之处

基于学术水平和所获数据的限制，本书的研究还存在不足，主要体现在：

（1）数据的处理还不够精细。由于统计年鉴中关于山东省对"一带一路"沿线国家对外直接投资的统计没有系统涉及分行业、分部门的统计数据，鉴于二级行业层面对外直接投资数据的可获得性和连续性，本文采取 CSNAR 国泰安数据库中山东省制造业上市公司数据，根据《2019 国民经济行业分类表》和《2017 年投入产出表》将山东省制造业上市企业划分为不同行业，然后统计不同行业历年来在"一带一路"沿线国家建立的海外关联公司数量，以此来衡量各行业在"一带一路"沿线国家的投资力度。由于两者统计口径的区别，最终只保留了制造业部门 11 个子行业的数据。如果能涵盖全部的制造业行业部门，结果将会更加具有说服力。

（2）本研究试图构建一个全面反映融入"一带一路"区域经济合作和区域价值链对于制造业发展质量影响机制的理论模型，既包括出口贸易和对外直接投资，更应包括分工地位、价值获取能力等方面，但是由于受数理模型和数据获取所限，最终这一努力的结果并不完美，这也是未来继续努力和深化的方向。

第2章　相关文献综述

推动制造业的高质量发展，一方面，需要坚持以供给侧结构性改革为主线，从提升供给体系质量、优化要素结构升级、激发创新创业活力等方面实现制造业质量、效率、动力的内在变革；另一方面，深化对外开放格局、利用"一带一路"区域经济合作新平台和新机遇，通过与沿线国家的价值链整合、产业联动、要素互补融合等途径助推"制造强国"建设，是促进制造业转型升级和高质量发展的重要支撑。基于此，从"一带一路"区域价值链构建的要素基础、制造业高质量发展的内涵与外延、"一带一路"区域经济合作对产业发展的作用机理和作用效果以及山东省融入"一带一路"区域经济合作的现状等方面，对相关研究进行了系统的梳理和总结。

2.1　关于制造业高质量发展的相关研究

2.1.1　制造业高质量发展的内涵

"高质量发展"是我国针对当前经济发展阶段于2017年首次提出的新表述，专家学者对其丰富的内涵做出了权威解读，学者对高质量发展的内涵理解的侧重点不同，大致归为以下三类：第一类从新发展理念和系统平衡角度出发，认为高质量发展内涵体现在多个维度，除了经济层面，还应包括生态、社会、政治等多个层面的全面发展，使新发展理念贯彻高质量发展，解决不平衡不充分问题，更好地满足人民日益增长的美好生活的需要；第二类从宏中微观的不同要求角度出发，金碚

(2018)、任保平（2018a）、王一鸣（2018）、赵剑波（2019）等认为可以分别从宏观层面的国民经济整体质量、中观层面的产业结构和市场结构、微观层面的企业或产品服务质量或要素质量考察发展质量；第三类从经济高质量发展的角度定义，任保平（2018a，2018b）、麻智辉（2018）、朱启贵（2018）等学者的研究认为高质量发展是经济发展质量的高水平状态，是使用较低生产要素投入和较低的资源环境成本来获取较高的资源配置效率和较好的经济社会效益的高质量型发展水平。虽然在定义角度存在差异，但整体上学术界对于高质量发展内涵的阐释是一致的：以人民为中心、满足人民日益增长的美好生活需要为最终目标，以新发展理念为指引、创新为根本动力，将高质量发展贯彻到宏、中、微观的各个领域，实现全方位质与量有机统一的高质量发展。

关于制造业高质量发展的具体内涵，至今社会各界仍未给出明确定义。从经济高质量发展与制造业高质量发展之间的交互关系出发，可以发现制造业的高质量发展关系到经济高质量发展的全局，是其基础和前提，而制造业高质量发展又以经济高质量发展为要求目标，二者相互联系，然而制造业高质量发展内涵又有其鲜明的产业特色，并不等同于经济高质量发展。可以说，制造业高质量发展是经济高质量发展在中观产业层面的具化，经济高质量发展的内涵和外延界定和理解为我们从多元视角和维度去理解制造业的高质量发展指明了方向、提供了思路。从现有研究来看，不同学者和权威机构从以下两个角度界定了制造业高质量发展的内涵。

1. 从新发展理念角度

新时代的"新发展理念"是创新、协调、绿色、开放、共享的发展，大多学者在此基础上定义制造业高质量发展。从发展目标出发，黄群慧（2019）认为制造业高质量发展是在新发展理念指导下以更高程度满足社会需求为动机的发展，罗文（2018）提出应以质量第一、效益优先为发展原则。除了发展目标与原则外，汪小国（2019）对制造业高质量发展的内容做出了具体阐释，即实现高质量供给体系，技术创新驱动，借助智能制造、高端制造、绿色制造与优质制造，实现制造业在质量、动力和效率方面的变革，促进全要素生产率提高。相应地，余东华（2020）也以五大发展理念为指引，认为制造业高质量发展是实现低生产要素投入、高资源配置效率、高品质提升实力、绿色生态环境和良好经济社会效益的高水平可持续发展。由此可见，制造业发展质量的提升应着重于实现经济、市场、环境的质和量的有机统一，在此基础上，刘国新等（2020）提出更加全方位的制造业高质量发展框架，体现为经济增长、创新驱动、产业结构优化、开放程度扩大、生态环境和谐的全方位协调发展的模式。

2. 从宏、中、微观角度

以下学者更为细致地从多维度定义制造业高质量发展，分别从宏、中、微观角度对制造业高质量发展的含义进行阐释。黄汉权（2019）将宏观的经济高质量发展延伸成制造业高质量发展，从质量、效率、动力、区域、生态、开放和共享七个维度对制造业高质量发展进行了界定，在宏观的国家层面，制造业高质量发展表现在规模与效益并举、国际分工地位高和发展潜力大三个方面，即制造业具有规模效益并举、位居世界前列、具备良好的发展潜力，"制造强国的主要指标研究"课题组（2015）将其主要特征概括为产业规模雄厚、质量效益良好、产业结构优化和发展能力与空间可持续。从中观产业层面，黄群慧（2019）认为制造业高质量发展应具有产业高级化、产业结构合理化等特征；除此以外，罗文、徐光瑞（2013）将两化融合深化、技术创新能力提高、资源节约与环境友好、人力资源结构优化引入工业发展；周维富（2019）还认为服务化制造是提高制造业发展质量的重要着力点。在微观层面，叶芳羽（2019）认为制造业高质量发展主要是指制造业产品和服务（刘伟丽、陈勇，2019）以及制造业企业高质量发展，体现为制造产品具有高品质、高竞争力、高附加值、高复杂性、高个性化的特点，这与技术水平和生产率密切相关，同时也涉及企业生产和管理标准尤其是质量标准和技术标准的提升（彭树涛、李鹏飞，2018）。

2.1.2　制造业高质量发展评价体系

1. 制造业质量评价的相关研究

关于制造业发展质量的相关研究，国内外学者们主要从国际贸易领域、企业质量以及产业发展质量三个视角进行评价研究。

在国际贸易领域，多集中在针对产品的出口质量测算的研究。巴斯托斯和席尔瓦（Bastos & Silva，2010）、马诺阿和张（Manova & Zhang，

2012)从新贸易理论出发,将出口产品价格等同于出口产品质量,价格差异归因于质量差异,进而测算出口产品质量;拉赫曼(Rahman,1991)首次同时使用产品的出口和进口单位价格比率表示产品质量。由于学者们认为价格并不等同于产品质量,因此引入消费者对质量的偏好,即以销量和价格等需求面信息表示产品质量。肯代拉(Khandelwal,2013)提出最具有代表性的需求信息回归推断法——KSW方法;在此基础上,刘伟丽(2012)和熊俊(2018)构建了符合发展中国家的国际贸易产品质量模型和离散选择模型,对中国制造业出口产品质量进行计量分析。芬斯特拉和罗米利斯(Feenstra & Romalis,2014)认为除需求因素外,企业内生决定质量,兼顾供给与需求两方面因素,得出供给需求信息加总测算法。余森杰(2017)等采用该理论框架,并包含目前广泛使用的KSW方法,基于微观数据测算企业—产品层面的出口质量,发现中国制造业的出口质量总体上升了15%。也有学者从微观的产品视角,借鉴杜莱克(Dulleck,2015)的质量升级模型,比较中美欧制造业出口质量升级状况。

李巧华等(2019)认为制造业行业层面的高质量发展归根结底需要借助微观企业层面的高质量发展来实现,所以学者们(宋永涛、苏秦,2011;熊伟、奉小斌,2012;姜鹏等,2013;文东华等,2014;敖慧、郭彩虹,2017)将制造业企业作为研究对象进而来评价制造业发展质量。在企业层面,大多集中在对企业质量管理和企业绩效之间关系的研究,国内外学者鲍威尔(Powell,1995)、达菲(Duffy,2001)、奈尔(Nair,2006)利用统计检验、二元分析法、贝叶斯网络预测模型、企业特征变量、知识转移中间变量、结构方程模型、回归模型等模型与方法得出企业的高质量发展和管理与企业绩效呈现强烈的正相关性。基于理论研究,学者李奔波(2012)、华和钦(Hua & Chin,2000)、库尔玛和胡尔西德(Kumar & Khurshid,2014)利用不同国家的制造业企业数据进行实证分析,进一步验证了二者的正相关关系,发现改善企业质量管理将明显改善企业绩效指标。此外,还有学者(胡志强,2020;张广胜、孟茂源,2020)具体分析了影响制造业企业发展质量的因素,认为技术创新、高质量要素投入、生产率、内部控制与媒体关注、企业组织模式、利益相关者共赢等因素都会影响企业绩效从而影响企业发展质量。瓦格纳(Wagner,2014)、赵玉忠(2009)等还在综合质量管理评价基础上，建立了一套适合中国制造业企业的质量管理评价指标体系。

将产业质量的研究回归产业本身，只有少部分学者（余红伟、胡德状，2015；王宗军，2011；汪建，2015）基于中观产业视角对制造业发展质量及其影响因素进行分析。制造业发展质量多集中在指标体系的构建和产业发展质量的测算，指标关注产业发展效益、产业创新、产业结构、产业可持续等的构建，测算方法主要包括时序指数、三阶段 DEA 方法、主成分分析法、回归预测与灰色预测模型等方法。赵玉林（2018）等首次采用 TFP、全球价值链经济地位与技术含量测度制造业发展质量，此外，"制造强国"课题组也将"制造强国"定位于产业评价进行测度。而针对制造业发展质量的影响因素分析较为少见，李春梅（2019）以产业内外部划分影响因素，阮建青（2010）、史卡利（Scully，1969）、辛格拉（Singla，2018）对单个或多个因素展开研究，外部因素如环境因素、外部危机等，内部因素如生产率与人力资本、技术推动与需求拉动等。祝树金（2019）、李廉水（2015）从制造业的某一方面或特征出发，基于制造业服务化、新型化视角评价制造业发展状况。

李春梅（2019）、彭树涛（2018）等将以上三个视角结合起来，把制造业评价定位于产品、企业、产业三层面综合评价制造业发展质量。

2. 制造业质量竞争力体系的相关研究

除上述研究视角外，还有学者开辟了质量内涵下对制造业质量竞争力测评体系的构建。针对质量竞争力的测评多集中在国际贸易、企业质量和产业发展上，如罗素（Russell，1994）、福内尔（Fornell，1996）、金碚（1997）、哈拉克和西瓦达桑（Hallak & Sivadasan，2013）、蒋家东（2015）、萨拉夫（Saraph，1989）、蔡茨（Zeitz，1997），但针对制造业这一产业质量竞争力研究较少，现存研究由于研究侧重点不同，所以评价体系与方法差别较大，不能直接用于制造业质量竞争力分析。国内关于制造业质量竞争力的评价最具代表性的是国家质检总局 2005 年开始颁发的全国制造业质量竞争力指数，但缺乏国内外的横向对比，而汪建等（2015）从宏观上利用多元回归法和灰色预测理论法对国内外制造业质量竞争力进行测度比较，得出我国仍处于制造业高速发展阶段。波特基于产业层面提出的"钻石模型"为评价产业竞争力提供了较完整的分析框架，他认为，国家的竞争优势归根结底是产业的竞争优势。曹虹剑和余文斗（2017），程虹和陈川（2015），杨芷晴（2016）在这一分析框架的基础上，构建了制造业质量竞争力模型与测评体系。

3. 制造业高质量发展评价指标体系的相关研究

对于制造业高质量发展评价指标体系的构建，国内大多数学者和机构在总体框架上是一致的，从以往的追求规模速度的单一指标围绕着"高质量发展"的"三大变革"与内涵丰富发展成多指标的综合评价体系，并在多项指标上达成一致，大多数学者认为制造业高质量发展评价指标体系中应涵盖质量效益、技术创新、资源环境、绿色发展、两化融合、结构优化指标（陈瑾、何宁，2018；唐红祥，2019；徐光瑞，2014）。贺正楚（2018）认为人才供给、市场资源配置、企业发展、对外开放也体现制造业发展质量，而除了经济期望与环境期望指标，《山东省新旧动能转换重大工程实施规划》和李春梅（2018）将民生或社会贡献度引入制造业质量指标体系中。构建制造业质量评价指标体系除指标的优化，还包括确定指标权重的评价方法选取。现有研究多集中在采用客观赋权法或主客观赋权法相结合的方式确定指标权重，客观赋权法更具客观性如因子分析法、主成分分析法、熵值法、变异系数法等，主观赋权法考虑了经济发展现状与政策导向，一般采用德尔菲法和层次分析法。

2.1.3 制造业发展质量的提升对策研究

在对我国制造业高质量发展的不同视角进行测度分析后，学者们从不同角度提出制造业高质量发展的提升路径，目前已经总结了许多具有实践性的策略建议。

吕铁和刘丹（2019）、尚会永和白怡珺（2019）认为从高速增长过渡到高质量发展，关键在于转变发展动力，实现高端要素投入即以创新驱动为主，加快建设制造业创新体系，而创新驱动实际上也是人才驱动，实现制造业高质量发展的基础依靠高质量人才。制造业是资源要素最为集中的领域，推动制造业与现代服务业深度融合是实现制造业高质量发展的重要途径（李琳、周一成，2019；张志元，2020）。同时，要为制造业发展需要营造良好的发展环境，彭树涛和李鹏飞（2018）建议从质量监管、市场竞争和产业增长三个着力点发力，塑造有利于产品质量变革大环境，全面提升中国制造业的供给质量。此外，陈岩等

（2015）从我国当前制造业监管体系的弊端入手，引入行业异质性和区域异质性，强调了政府参与度对制造业企业发展质量、创新绩效的显著调节作用。

2.2 "一带一路"区域价值链及其构建基础的相关研究

2.2.1 价值链理论发展

价值链相关理论是全球经济一体化发展的产物，同样也是提高企业或组织竞争优势的有效工具。有关价值链概念的思想最初来源于迈克尔·波特（Michael Porter，1985）的著作《竞争优势》，波特的价值链理论通常被视为传统意义上的价值链，以微观的视角研究单个企业的价值活动，强调企业从中获得的竞争优势，如图 2-1 所示，认为价值链是从原材料转化成产品的一系列生产活动的过程，企业价值增加活动包括基本活动和辅助活动。

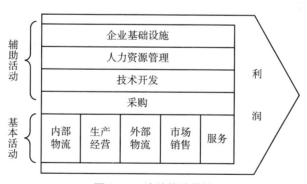

图 2-1 波特的价值链

随着国际商品服务外包业务的开展，迈克尔·波特（1985）把研究单个企业的视角扩展到不同的企业之间，进一步提出价值链体系的概念。这一观点是价值链概念的源头，也是价值链理论体系形成的基础，对企业或组织等分析竞争优势具有重要意义，但是该思想并没有强调生

17

产环节的重要作用。美国学者布鲁斯（Bruce，1992）进一步提出了分析国际战略优势的价值增值概念，强调了生产环节在价值链增值中的关键作用，这一观点更能反映价值链的垂直分离和全球空间再配置之间的关系。

为了将价值链理论和全球空间生产网络组织相结合，格里芬（Gereffi，2000）在研究中提出全球商品链理论，认为价值链的跨国生产活动都是由某个具有领导性质的企业所支配的，这些支配企业在整个价值链条活动中起着主导、指挥和推动的作用。并依据不同类型的领导型企业，把驱动价值链的动力分为"购买者驱动"和"生产者驱动"两种类型，这一观点围绕商品概念展开，认为跨国公司作为国际生产网络的主导者，将国际范围内的相关企业通过商品生产各环节紧密地联系到商品的全球生产链中，虽然将价值链与全球空间配置结合起来，但是缺乏价值创造和获取的研究。因此，随着国际生产活动中分散配置行为的演变，全球价值链的概念应运而生，这个概念的提出揭示了世界经济动态运行的特征，提供一种在全球范围内分析生产活动布局的方法，考察生产活动中的价值创造和分配，进一步发展了价值链理论。同期卡普林斯基（Kaplinsky，2000）、莫里斯（Morris，2011）等进一步指出，价值链中每个环节创造的利润是不相同的，只有战略环节才在价值链中起关键作用。因此，一旦企业抓住了战略环节，也就控制了整条价值链的生产。这一观点在全球价值链理论研究中具有重大意义。

随着企业跨国价值生产活动的开展，价值链体系逐渐发展完善，联合国工业发展组织（UNIDO）给予较为充分的价值链概念："全球价值链是一种在全球范围内的生产组织活动，为实现商品或服务而连接的设计、生产、销售、运输、售后服务和回收处理等一系列的价值创造等环节。"散布全球的众多企业通过参与价值链中不同的环节，捕获不同利润分配，通过与其他跨国企业一起维持该价值链条的持续运作，强调了参与价值链不同环节的各企业间的关联互动和博弈。同样，随着全球价值链深刻而广泛的发展，国际上较多采取对当前全球价值链理论的广泛定义（英国 Sussex 大学）：全球价值链是包含从产品概念设计到报废的整个生命周期创造价值的全部活动组合。这一观点围绕跨国生产组织活动，注重价值增值和各企业间的利润分配，体现了全球价值链广泛的概念。

金融危机后，新兴国家海外需求扩张，进口额大幅增长，而发达国家却陷入"贸易坍塌"状态，进出口额明显下跌，这也加速了全球价值链中的主要市场由北方发达国家向南方发展中国家的转换（Kaplinsky & Farook，2011）。鲍德温（Baldwin，2012）研究指出这一趋势的转变促进了发展中国家构建区域价值链的步伐，在当前价值链中产品价值创造的环节更多地呈现出区域化的特征，相对全球化的特征并不明显。进一步，鲍德温（Baldwin，2013）采用中心—边缘国家分析法，运用 WIOD 消费、服务和自然资源数据的对比分析，对这一特征进行检验，得到证实。莫里斯（Morris，2000）对区域价值链的概念给予的解释是：GVC（Global Value Chain）中主要市场由发达国家向发展中国家转变的这一趋势下，RVC（Regional Value Chains）依托区域内厂商的直接联系，大大缩短了产品生产运营的流程，加快了对市场需求变化的反应速度。

伴随区域价值链的发展，不同的价值增值环节同样得到学者的广泛关注，汉弗莱和施密茨（Humphrey & Schmitz，2001）指出了价值链中的企业具有不断向价值链更高位置移动的动机与行为，并且部分新兴国家因此获得了分工地位的提升。但现实中也有国家受到一系列诸如技术水平、熟练劳动短缺等要素限制，导致在全球价值链重构的过程中，仍被锁定在低端环节。究其原因，丁宋涛和刘厚俊（2013）、葛顺奇和谭人友（2015）、毛蕴诗（2015）等认为全球价值链构建过程中，主导因素表现为劳动力国际上的成本差异、技术水平、高端环节巨大的利润空间刺激等，而跨国公司的控制力量、初始人力资本的选择与垂直专业化不同阶段的不相匹配则成为发展中国家产业价值链升级的主要障碍。

综上所述，已有文献对价值链构建的基础及其驱动方式进行了探索，并对全球价值链体系的企业嵌入方式进行了研究。在价值链分析过程中，部分研究通过理论拓展，将价值链范畴从全球价值链细化到了区域价值链，进一步论证了区域内价值链体系的存在及其成因。整体至区域化发展的特征受国际形势和经济发展等多方面因素的影响，一方面体现了发展中国家生产能力的提高，参与跨界价值链深度加强；另一方面也表现了全球经济发展区域化趋势以及各国经济发展的诉求。已有文献对价值链研究做出了巨大贡献，但价值链构建的具体驱动因素和原因尚未得到充分论证，需要进一步的研究与探索。

2.2.2 "一带一路"价值链构建和区域经济合作动能因素研究

"一带一路"价值链的构建基于区域价值链理论的发展。鲍德温（Baldwin，2012）、安特拉（Antras，2003）的研究表明，当前的价值链在一定程度上并不仅是全球化的，而是区域化的，即在融入价值链分工的过程中，依据上下游的依赖关系和最终需求的依赖关系，一国会对某些特定国家依赖程度更大、参与程度更深、产业关联程度更加紧密，这从理论和实践上进一步证明了"一带一路"价值链构建的必然性和必要性（刘重力、赵颖，2014；程大中，2015）。

"一带一路"沿线国家的合作不仅具有坚实的历史文化基础，而且同时具有要素互补、产业互补、技术互补等现实经济基础（金玲，2015a；冯宗宪，2014；邹嘉龄等，2015）。

首先，从沿线国家合作的政治原因与历史基础来看，"一带一路"价值链的构建是基于中国与沿线国家和地区双边政治、历史、文化以及国际合作等多维度因素考虑，这一倡议的提出既满足了沿线各国的发展要求，能够很好地实现区域间的相互合作，同时历史上的经济和民心相通性又为沿线各国的区域合作奠定了深厚的历史基础，有利于打造"一带一路"沿线国家经济发展的"命运共同体"，从而为沿线国家和地区之间开展区域经贸合作提供了新的模式和新的平台，有利于"一带一路"沿线国家和地区形成更为紧密的经济合作和经济联系（金玲，2015b；盛斌、黎峰，2016）。

其次，从沿线国家合作的现实基础来看，"一带一路"倡议在理论机制等各方面都表现出对经济的各种利好，但是这些蓝图究竟能否实现，在现实经济中是否具有扎实的基础，究竟能否构成沿线国家合作的动力和传导机制，肯辛（Keesing，1994）也进行了验证。从国际贸易理论的角度看，新生产要素理论赋予了生产要素更加丰富的内涵，不仅包含传统的土地、劳动和资本，还包括技术、人力资本、研发能力、信息、管理等新型生产要素，各国所拥有的各项新型生产要素，将会改变其在国际分工中的比较优势，从而构成新的合作格局。针对"一带一路"沿线国家的现实合作基础，葛飞秀和高志刚（2014）、张恒龙和周元诚（2015）等学者分别运用 RCA 指数、敏感性行业度量、k 值聚类算法、引力模型、CGE 仿真模型等方法测算和分析了中国与"一带一路"沿线国家在不同产业上的竞争性和互补性，明晰了中国与沿线国家合作的现实基础，不管是从要素禀赋、比较优势还是从规模经济方面来看，双方合作都具有一定的可行性。

最后，从沿线国家合作的未来趋势和经济得利来看，"一带一路"价值链的构建不仅对中国和沿线国家的经济发展具有重要的意义，而且对于完善沿线国家的基础设施建设、健全能源合作机制同样具有重要的意义（韩永辉，2015；许娇等，2016）。总体来说，从区域合作的未来得利角度，探讨中国与"一带一路"沿线国家合作的基础，可以归为三个方面：一是合作符合双方共同的经济利益，可以促进域内各国经济发展；二是可以减轻我国在能源进口方面的压力，降低我国单一能源进口结构所带来的风险；三是以基础设施建设为合作对象，既可以带动国内相关产业产品和技术出口，同时也可以完善沿线国家基础设施，促进当地的经济发展。

对已有"一带一路"国家合作的原因与动力方面的文献，在历史基础、现实基础和经济政治等方面做了研究，结果表明：中国与"一带一路"沿线国家的合作顺应时代的发展，同时也符合双方的共同利益，不管是从历史角度还是现实经济角度都具有一定的可行性。已有研究为本书奠定了良好的基础，但是"一带一路"价值链构建的过程中，哪些因素对于价值链的构建起到决定性作用，各因素之间的传导关系和内在作用机理如何，中国与"一带一路"沿线国家在构建区域价值链的过程中，是否符合价值链的构建规律，对于这些问题的探讨，直接关系到"一带一路"价值链构建的基础和未来发展前景，因此，我们有必要明确在"一带一路"价值链构建过程中的影响因素以及各因素之间的传导机制和逻辑关系。

自从 2013 年习近平总书记提出"一带一路"倡议以来，以"共商、共建、共享"为原则，"一带一路"倡议行稳致远，已经成为沿线国家经济发展、民生改善的重要国际合作平台，在对外经贸交流、国际产能合作等方面取得了丰硕成果，但也面临着不少的风险和挑战，仍需进一步研究和探索。综合相关研究文献分析，首先，在当前价值链发展动态过程中，生产领域出现的碎片化生产方式是全球价值链产生的现实基础，企业或是为追寻收益、利润的最大化，或是为追寻战略市场扩大等不同目标在全球分布或参与产品不同环节的生产，这种现象是基于全球经济一体化发展而产生的。但是由于2008年金融危机后，世界经济结构的非均衡性逐渐显露，以发展中国家为代表的新兴经济体快速崛起，与此同时，世界范围内的区域经济合作日益深化，战略性跨国企业为了拓展市场，发掘市场发展潜力等因素，逐步将研发环节和技术创新环节转移和配置到以发展中国家为代表的新兴经济体，这种"逆向创新"推动了新兴经济体的发展，促进区域经济合作发展的步伐。加之当前国际单边主义和贸易保护主义势力抬头，世界经济一体化发展面临重重障碍，更加快了区域合作的深化，因此当前全球价值链在动态发展过程中逐渐呈现区域化发展的特征。在此背景下我国提出"一带一路"倡议，丰富了国际经济合作的理念和多边贸易主义的内涵，为促进世界范围内的经济增长、实现各国共同发展提供了重要途径。

综合"一带一路"价值链构建的研究文献分析，"一带一路"价值链动能因素是多方面的，但是无论是从外部或者内部因素来看，"一带一路"倡议都顺应了国际经济发展趋势、适应了我国当前经济发展诉求，"一带一路"价值链是多方合作的有效平台，是加强区域各国合作交流和促进平等共同发展的渠道。

2.3　出口贸易与产业发展的相关研究

2.3.1　出口贸易与经济增长

有关出口贸易与经济增长的研究长期以来就是经济学领域的研究焦点，不论是马克思主义经济学还是西方经济学总体上都对贸易促进经济增长的观点持肯定态度，如巴拉萨（Balassa，1978）、卡乌西（Kavoussi，1984）、金（Jin，1995）等。马克思经济增长理论认为贸易通过实现资本积累或规模经济、技术进步等促进经济增长；在西方经济理论中，早期经济学家，如亚当·斯密的"剩余产品出口"学说、以克鲁格曼为代表的"新贸易"理论，关注的是贸易带来资本积累的静态收益，后期才开始探讨规模经济效应、技术进步效应等动态收益，如罗伯特逊的"增长引擎"理论、以罗默为代表的"内生增长"理论。不同的理论还从不同的角度解释了出口贸易促进经济增长的影响机制，包括利用闲置资源出口促进要素流动从而拉动经济增长、通过出口扩大获取规模经济进而降低成本以推动经济增长、出口刺激技术创新最终提升经济等。国内外其他学者也验证了出口对经济增长的重要作用（林毅夫、李永军，2003；赖明勇，2004；吕惠娟、许小平，2005；尹敬东，2007）。

除了以上从出口贸易总量角度研究其与经济增长的关系，还有部分学者在出口贸易结构层面深入研究出口贸易与经济增长的关系。卡乌西（Kavoussi，1986）较早发现工业制成品出口对经济增长作用明显，随后马宗达（Mazumdar，1996）经过理论分析认为贸易对经济的推动作用取决于贸易结构，莱文和劳特（Levin & Raut，1997）利用新古典增长理论同样发现初级产品出口对经济的拉动作用小于工业制成品出口。除了按照初级商品和工业制成品分类外，沃兹（Worz，2005）、肖特（Schott，2008）、樊纲等（2006）按技术要素密集度分类，认为中高技术密集型或高附加值产品出口有利于经济的长期增长，出口贸易结构优化与经济增长密切相关（苏振东、周玮庆，2009；董翔宇、赵守国，2017）。

2.3.2　出口贸易与产业发展

产业是经济发展的载体，一个国家的经济增长在中观层面的本质是产业的发展，下面聚焦于产业层面的发展对相关研究进行文献梳理。

1. 出口贸易与产业结构

（1）出口贸易额与产业结构。

关于出口贸易规模与制造业产业发展的研究主要集中在产业结构的视角。米夏埃尔（Michaely，1977）、肖云（1994）、代尔福（Deardorff，1980）认为对外贸易能促进产业结构的调整，主要通过资源禀赋和技术外溢两种方式产生影响，认为国际贸易是建立在要素禀赋基础上的，在开放条件下，国际贸易能使一国发挥资源优势，进而影响产业结构变动，带动产业结构跨越式升级（林毅夫、李永军，2003；王丽萍，

2000；刘正良、刘厚俊，2008；张云、赵富森，2017）。

出口贸易如何对产业结构产生影响呢？学术界对其影响机制和作用路径存在不同观点。牛文育（1995）从带动效应和优化效应角度分析外向型经济发展战略下，对外贸易对产业结构的作用。此外，杨继军（2016）、刘秉镰和刘勇（2006）、王恕立和吴永亮（2017）等学者还提出了产业循环、产业依存等路径。钟昌标（2000）还将传导路径细分为直接与间接影响路径，一方面，出口贸易额直接影响产业结构；另一方面，通过国际贸易构建起的国际产业关联将会起到产业结构传导作用。但在出口贸易过程中，随着贸易对象、发展阶段的差异，对产业结构会产生不同程度的影响（陈明森，2003；李勇、仇恒喜，2007）。在实证方面，钟昌标（2000）、庆波和范厚明（2010）从总量角度通过线性回归、协整及因果检验来验证出口贸易与产业结构的关系，得出出口贸易对产业结构升级起到促进作用的结论，且对第二、第三产业的促进作用更加显著。

（2）出口贸易结构与产业结构。

国际贸易探讨的不仅是进出口方向问题，更是对外贸易商品结构与产业结构的关系问题（胡倩，2000），学者的研究对象从贸易总量深入到贸易结构问题。皮特（Peter，1987）、李悦（1998）、王岳平等（2007）发现出口贸易结构与一国的产业结构之间存在显著联系，对于这一问题的认识，学术界较为统一的观点是：贸易结构和一国的产业结构之间的影响是交互的，即产业结构决定贸易结构，贸易结构又反作用于产业结构，且贸易结构的优化有利于产业结构的合理化与高级化（袁欣，2010；孙金秀、杨文兵，2011；范爱军、李菲菲，2011；邓平平，2018）。基尔帕特里克和米勒（Kilpatrick & Miller，1978）利用美国贸易与产业数据，也认为产业结构决定贸易模式。

目前，研究的焦点更多地关注对外贸易结构对产业结构升级的作用，国外学者米夏埃尔（Michaely，1977）较早的检验出口通过资源优化配置、技术转移等路径促进产业结构优化升级，齐建民和孙旭杰（2013）通过 VAR 模型等动态经济计量分析方法对这一问题进行了实证分析，结果显示对外贸易结构的优化能够有效推动产业结构的升级。赵岩（2012）、孙晓华和王昀（2013）将产业划分为三次产业，产品分为初级产品和工业制成品，发现工业制成品出口能拉动第二产业比重，对第一产业和第三产业不显著。

但是关于出口贸易结构如何带动产业结构的优化升级问题，学者们还没有得出一致的结论（刘斌斌、丁俊峰，2015）。石冬莲等（2009）认为国际贸易从供需角度影响技术进步进而推动产业结构升级；王菲（2011）通过理论分析，认为出口贸易结构通过联动效应、要素累积效应、技术进步效应、体制效应和稳定效应影响产业结构；马骥（2017）从中国对"一带一路"沿线发展中国家的出口贸易视角出发，论证通过贸易结构先导效应、贸易自由化竞争效应和市场规模扩张效应促进中国产业结构升级；蔡海亚等（2017）从资本积累、技术进步、制度变革和环境负担等角度论述了出口贸易对产业结构升级的作用机理。关于出口贸易结构优化是否能够促进产业升级的实证方法主要集中在协整检验、半对数回归模型、中介检验、向量自回归等方法上（李荣林和姜茜，2010；徐承红和张泽义，2017；石峰等，2018）。

2. 出口贸易与产业经济效率

除了产业结构视角，产业经济效率的提升对产业发展质量水平的提升同样至关重要。国家之间的经贸往来会促进 R&D 溢出现象的产生，科埃和赫尔普曼（Coe & Helpman，1995）研究发现，发达国家研发资本存量对别国全要素生产率的提高有促进作用，但腾普尔和沃斯（Temple & Voth，1998）研究发现，贸易的技术溢出存在门槛效应，随着经济发展水平的提高，国际贸易对全要素生产率的影响由负转正，这一结论得到李小平、朱钟棣（2004），迟旭蕾（2014）等学者的验证。许多国外学者选择具体行业研究贸易开放对全要素生产率或劳动效率的影响，如马尔肖（Malchow，2015）在比较服务业和制造业中，国际贸易对生产率的增长作用发现，出口对制造业生产率有显著增长作用。但邵敏（2012）发现企业在出口行为的短期内，劳动生产率有显著提高，此后影响作用并不显著。

关于出口贸易促进全要素生产率的途径，不同学者存在不同见解，主要包括出口学习效应（阿罗，1962；关兵，2010）、出口溢出效应（范剑勇、冯猛，2013）、规模经济效应（吕大国、耿强，2015），以及阿尔瓦雷斯和洛佩斯（Alvarez & Lopez，2004）、菲德尔（Feder，1883）提出的技术溢出效应，西汇津和罗宾斯（Nishimizu & Robinson，1984）、伯纳德（Bernard，2003）提出的出口竞争效应等。而随着贸易自由化产生的进口竞争效应也会对资源再配置效率产生积极影响（杜艳等，2016）。米什拉（Mishra，2011）等引入出口复杂度的概念，认为出口复杂度对经济效率的影响程度要大于贸易规模。李春顶和唐丁祥（2010）提出了我国对外贸易的出口"量"并不能促进产业全要素生产率的提高的现象，张少华和蒋伟杰（2015）将其归因为出口贸易方式的不同，把出口分为一般贸易、加工贸易和其他贸易，结果表明一般贸易和其他贸易对全要素生产率的增长有显著促进作用，而加工贸易则反之。还有学者关注微观企业绩效表现的其他因素，卡利恩和罗斯（Caliendo & Rossi，2012）将组织结构纳入分析框架中，发现出口贸易使得出口企业组织结构优化，分散决策，产生了更高的生产率。

3. 出口贸易与产业绿色效率

绿色发展已经成为产业生态效益的重要表现，是破解产业发展的资源、环境约束的重要突破口。现有文献就贸易对环境影响的评价褒贬不一。戴利（Daly，1993）、李锴和齐绍洲（2011）、沈利生和唐志（2008）认为贸易对绿色发展起负面作用，自由贸易加剧污染物的排放，"向环境标准底线赛跑"效应大于环境的收益效应，所以国际贸易对环境影响是负面的。李怀政（2010）、彭水军等（2013）意见相反，贸易开放能降低资源密集型产业比重，出口贸易促进出口结构的优化和技术进步，减少环境污染，对环境产生显著的正效应。刘修岩等（2017）认为虽然出口贸易对环境的影响不确定，但高科技产业的出口对环境污染存在缓解效应。刘胜（2015）、王磊等（2020）将制造业出口技术复杂度指标引入分析框架中，认为出口技术复杂度的提升能有效避免高污染产业陷入低端锁定风险，出口贸易通过产业结构优化和技术进步，显著地减少污染物的排放。余官胜（2010）、傅京燕等（2010）还从人力资本的角度出发，认为贸易通过强化资源禀赋、人力资本等中间投入品影响环境质量。格罗斯曼等（Grossman et al.，1993）最早将贸易对环境的影响划分为规模效应、技术效应和结构效应，即国际贸易规模的增加对环境产生负效应、国际贸易专业化分工反映为双向结构效应以及污染技术和清洁技术扩散的技术效应。在此基础上，安特韦勒等（Antweiler et al.，1998）将三种效应模型化，实证发现贸易自由化对环境的影响是积极的，塞尔登（Selden，1994）、格罗斯曼和克鲁格（Grossman & Krueger，1995）、庄惠明（2009）均检验三效应成立。陈诗一（2010）、李谷成（2004）、何枫等（2015）构建了产业绿色效率指标，对出口贸易与环境进行实证分析。

2.4 "一带一路"沿线国家对外直接投资与制造业高质量发展的相关研究

实现制造业高质量发展的路径既包括供给体系质量、要素结构升级、创新创业活力等方面质量、效率、动力的内在变革；同时推动新一轮高水平对外开放，大力加强与"一带一路"沿线国家产能合作，通过 OFDI 的产业关联效应和空间集聚效应促进规模报酬，优化母国产业发展质量，同样可以达到制造业高质量发展的效果。

2.4.1 "一带一路"沿线国家对外直接投资对制造业结构的影响研究

国外关于对外直接投资对产业结构升级影响的理论探究较早，比较有影响力的理论有小岛清的边际产业扩张理论、维农的产品生命周期理论、刘易斯的劳动密集型产业转移理论以及后来针对解释发展中国家蓬勃兴起的对外直接投资与产业结构升级关系的技术创新理论和增长阶段模式理论等（李建，2021）。陈和库（Chen & Ku，2000）的研究发现对外投资对日本国内经济结构尤其是产业结构升级优化有着非常重要的影响，因为对外直接投资不仅可以增加企业产品销量，还可以提升企业国内外生存能力。图安（Tuan，2004）等学者发现对外直接投资对中国香港制造业集聚能力和生产能力提高也同样存在显著影响。在中国加入 WTO、开始加快走出去步伐前后，国内学术界也开始涌现了大量关于对外直接投资与产业结构升级关系的理论和实证研究。学者们基于不同研究视角和方法，理论分析和实证检验相结合，既有与理论相契合的结论，也有截然不同的结果。如赵云鹏（2018）和李梦溪（2020）都发现对外直接投资可以显著促进产业结构升级，但有明显的滞后效应。而汪琦（2004）却发现对外直接投资对投资国产业结构升级存在明显的正负效应。尚涛和尚德强（2019）得出对外直接投资对产业升级的促进作用在东中部地区比较明显，而在西部地区略显不足的结论。除此之外，贾妮莎（2018）采用非参数面板模型，实证检验了双向 FDI 对产业结构的影响及其动态变化趋势，结构显示双向 FDI 能著促进投资母国产业结构升级和调整，OFDI 对产业结构的促进弹性呈现"J"型。

由于数据缺乏沉淀，基于"一带一路"视角探究对外直接投资对产业结构升级的促进作用的文献较少，而且结论方面也未达成一致意见。理论和案例分析方面，李闻芝（2015）阐述了"一带一路"倡议对能源行业尤其是高度依赖进口的油气产业的转型升级有着非常重要的战略意义。"一带一路"倡议深刻影响了产业升级机会的来源和内容，以及企业转型升级的路径和产业结构优化的机制（李军、杨学儒，2016）。实证研究方面，杨英（2015）基于所选取的 64 个沿线国家，运用 VAR 模型实证检验了对沿线国家的投资与产业升级的关系，发现投资沿线国家对我国产业升级的影响并不显著，反而我国产业结构的不断调整升级会反过来促进中国企业走出去，加速对外直接投资。而王纪鹏（2018）却得出了和从整体国家层面视角探究的一致结论，认为沿线投资可以显著促进中国产业升级，但存在时滞效应。

2.4.2 "一带一路"沿线国家对外直接投资对制造业创新的影响研究

关于对外直接投资存在技术外溢性已经在国内外学术界得到了普遍认可，然而 OFDI 的创新效应尚未得到一致结论。国外学者章（Chang，2013）、黄（Huang，2013）以及塞尤姆（Seyoum，2015）等均发现 OFDI 可以显著促进母国技术创新、带动企业研发投入增加。普拉丹和辛格（Pradhan & Singh，2009）利用印度汽车行业层面的研究也发现对外直接投资对国内技术进步有着正向作用。国内学者赵婷和汪琦（2019）基于不同生命周期理论，实证分析了中国制造企业对外直接投资的双元创新效应，结果发现，无论是成长期还是成熟期的制造企业，OFDI 均能显著促进双元创新，且对探索性创新的促进作用要大于开发性创新。韩慧（2018）发现对外直接投资可以通过不同效用途径提升一国创新能力，但只有在最优技术差距区间才可以发挥最大作用。还有学者基于要素市场扭曲（姜能鹏，2018）、顺逆向投资（张楠，2019）、投资广度和深度（黄远浙，2021）等视角也得出了相同结论。然而部分学者探究结果表明对外直接投资对母国创新的影响不明显或呈现抑制作用（白洁，2009），是否存在显著逆向技术溢出效应促进投资国创新能力提升还取决于母公司吸收能力、国内金融发展水平和融资约束等门槛异质性（殷朝华，2017；罗军，2017）。除此之外，基于"一带一路"视角，李延喜（2020）从东道国特征入手检验了对外直接投资对我国企业创新的影响，发现对沿线国家投资可以显著促进我国企业创新，尤其是"一带一路"倡议提出后，促进作用更加显现。曹虹剑（2021）等学者研究检验结果还发现，企业参与"一带一路"倡议可以显著提升先进制造业创新能力，其中对计算机通信和其他电子设备制造业以及专用设备制造业和仪器仪表制造业的创新激励效果最明显。

2.4.3 "一带一路"沿线国家对外直接投资对制造业产能发展的影响研究

制造业优质产能无法有效利用是造成制造发展质量不高的重要原因之一，在进行对外直接投资的同时借助国内比较丰富的基础设施建设经验和完善的产业链体系，一方面可以纵向延长我国产业链体系带动相关产业上、下游产品和技术的出口，与"一带一路"沿线国家形成产业依存和产业互补关系；另一方面巴里奥斯等（Barrios et al.，2016）研究发现，跨国公司反向进口其所需要的中间产品，可以有效提高国内生产企业的生产能力利用率。瓦特和玛索（Vahter & Masso，2006）利用爱沙尼亚企业层面数据发现对外直接投资可以提高企业生产率。温湖炜（2017）利用倾向得分匹配法为中国工业企业找到了可匹配的对照组，在此基础上利用倍差法检验了对外直接投资是否带动了国内产能的优化和效率的提升，发现企业开展对外直接投资后对于企业产能和效率的积极改善效应。王月升（2018）基于"一带一路"视角的实证研究也证实了投资"一带一路"沿线国家对我国与发展中国家开展产能合作、形成产业依存和互补的重大意义。李天籽（2020）、何有良（2020）发现对外直接投资提升不同性质的企业的产能利用率的效果也有所差异，对外直接投资规模或与企业产能利用率存在"U"型关系。

2.4.4 "一带一路"沿线国家对外直接投资对制造业价值链地位提升的影响研究

在当前全球价值链分工模式下，对外直接投资仍然是发展中国家参与全球化、改变以往被动嵌入模式转向主动主导模式的有效路径。而帕纳德（Pananond，2014）认为对外直接投资在全球价值链模式下发挥价值链攀升的机制不仅仅是传统产业生命周期延长效应和逆向技术溢出效应等途径，更有新的路径和新的内涵。阿泽姆和纳尔维克（Azmeh & Nadvik，2014）、朱利亚尼等（Giuliani et al.，2004）的研究也肯定了对外直接投资对一国实现价值链攀升的重要意义，且既有投资发达国家更有利于价值链地位提升的结论，也有投资发展中国家、新兴市场国家更能影响价值链地位的结论，如赫兹（Herzer，2012）。卡普林斯基（Kaplinsky，2001）等学者提出发展中国家可以通过工艺升级、功能升级、产品升级和链条升级等途径实现企业升级。

罗军和冯章伟（2018）理论分析了 OFDI 通过产业互补效应、关联效应、技术进步效应和服务创新效应促进制造业全球价值链的机理，实证检验发现对外直接投资会通过技术进步和服务创新等途径推动制造业价值链升级。刘斌（2015）、李俊久（2018）从企业角度检验了企业 OFDI 对企业创新力和竞争力以及价值链地位提升的效果。另外，李俊久（2018）基于"一带一路"视角的研究也佐证了沿线投资对我国制造业价值链地位攀升的促进作用，而且沿线投资对我国价值链地位提升的影响要大于东道国。同时科宁斯（Konings，2001）认为技术溢出效应与发达国家对发展中国家的低端锁定存在相互作用，这导致全球价值链与技术创新之间呈现倒"U"型关系。

然而科克（Kokko，1994）认为对外直接投资不利于一国价值链地位攀升，主要的理论来源是"产业空心论"，认为对外直接投资是造成国内制造业萎缩发生产业空心化的直接诱因。企业在进行对外直接投资的过程中，会有一些来自东道国政策和贸易壁垒上的优势，增大企业成本优势，然而对外直接投资会减少企业研发创新的可能性，阻碍企业的技术进步，而且对外直接投资对母国价值链地位的影响还取决于企业对技术的吸收和模仿能力以及本国制度环境和市场完善程度的情况，即

OFDI 对投资国价值链地位的促进存在众多门槛（蒋殿春，2008）。

2.5　山东省与"一带一路"沿线国家 和地区经贸关系的研究

山东位于"丝绸之路经济带"和"21 世纪海上丝绸之路"的交汇处，具有明显的区位优势。山东省参与并融入"一带一路"区域价值链建设是贯彻中央方针的重要使命，是山东省正在实施的创新工程的重大课题，也是山东省长远发展的必然选择。自倡议提出以来，山东省对"一带一路"外贸发展、国际产能合作、境外合作区建设、基础设施合作、设施互联互通以及人文交流合作等方面都取得了显著成果，但仍存在一些薄弱环节，如与沿线国家经贸合作基础不够坚实、高层次交流平台和合作机制不够多、与国内沿海省份交流合作不够频繁等。当前关于山东省与"一带一路"经贸关系的文献比较有限，而且多采用定性分析方法，定量分析较少，内容主要以山东省融入"一带一路"建设发展、推进与沿线国家经贸合作往来的宏微观背景（董彦岭，2015）、优势和坚实基础（刘冰，2015）、机遇和挑战以及路径选择（李广杰，2015）等内容为主，并最后辅以政策性建议。郑贵斌、李广杰在《山东省融入"一带一路"建设战略研究》一书中做出详细研究，对山东省参与"丝绸之路"建设进行深入的 SWOT 分析，提出山东省参与并推进"一带一路"建设的思路、定位、目标和布局，并从贸易合作、投资合作、产业合作等方面进行深入探讨和研究。除此之外，在高质量发展背景下，山东省对"一带一路"经贸关系建设也应以高质量为目标，要切实关注企业境外投资行为和社会责任承担情况，普及绿色投资概念，立足山东、面向全国，谱写山东对外开放和经贸往来新篇章。

2.6　文　献　评　述

本书对国内外关于制造业发展质量、出口贸易和对外直接投资与产业发展的关系等相关文献进行梳理，发现在该领域取得了较为丰硕的研

究成果,为本书的研究提供了坚实的理论基础。总体来看,结合本书选题,当前研究的主要观点以及需要进一步拓展的方向体现如下:

首先,关于制造业发展质量的研究,主要集中在:一是关于"制造业高质量发展"内涵,目前尚未有明确解释,基本认为制造业高质量发展涵盖动力变革、效率提升、结构优化、绿色发展、社会共享、融合发展、竞争力提升等方面内容。二是对制造业发展质量的评价研究,已有国内外学者分别从国际贸易领域、企业质量以及产业发展质量三个视角或以综合视角对制造业发展质量进行评价;此外,还有在质量内涵下基于制造业质量竞争力构建模型与测评体系。三是针对制造业高质量发展评价指标体系的构建,从研究现状上看,有关制造业高质量发展评价指标的选取与体系的构建方法正在逐步地丰富与完善,大多数学者认为体系指标应涵盖质量效益、技术创新、资源环境、绿色发展、两化融合、结构优化指标。四是制造业发展质量的提升对策研究,主要集中在发展动力、融合发展、产品质量监管、发展环境和发挥市场机制作用等方面。在现有研究基础上来看,对以下三个方面有待深入探讨研究:一是阐明"制造业高质量发展"内涵,只有在准确把握制造业高质量发展内涵的基础上,才能对制造业高质量发展更加全面地衡量。二是对制造业高质量发展评价指标体系的研究较少,有一部分学者从新发展理念视角对制造业质量构建评价体系,却忽略了微观产品与企业质量状况,也有部分学者缺乏对指标体系的实证检验,所以理论上还没有形成一套规范科学的制造业高质量发展评价指标体系,就难以有效衡量制造业高质量发展水平。三是现有相关文献的研究对象基本上是以宏观视角对中国制造业整体发展质量水平进行测度分析,缺乏针对某一特定区域的制造业高质量发展水平测度分析。

其次,虽然当前研究在价值链以及"一带一路"价值链领域中有较为丰富的理论和实践成果,但是在具体相关领域研究仍需从以下几个方面进行拓展和深化:一是在价值链构建理论中,是什么因素导致价值链的构成、分工地位、获利能力以及产业联系等方面产生差异,即在不同驱动机制下,影响或推动价值链运作的因素是什么?关于这一问题,仍需进一步探讨。二是从山东省制造业融入"一带一路"价值链中的角度分析,山东省是制造业大省,又处于"一带一路"中的有利位置,山东省通过什么方式能够更好地嵌入该价值链中,或者说是什么因素影响山东省制造业嵌入"一带一路"价值链？对于这一问题的回答，对山东省制造业融入"一带一路"经贸合作，从而实现产业质量提升具有重要的现实意义。三是从山东省制造业当前发展状况的角度出发，在嵌入"一带一路"区域价值链动能因素角度，山东省制造业目前是否具有嵌入"一带一路"价值链的发展基础？即当前山东省制造业在相关因素中的发展状况或发展的质量又是如何？这一问题对山东省制造业发展的重点或方向具有重要指导意义。

最后，关于"一带一路"区域价值链构建与产业发展关系的相关文献，从两个方面展开：一是以贸易方式嵌入"一带一路"区域价值链促进制造业高质量发展的作用机理。关于出口贸易和产业发展关系、与产业结构、产业经济效率的关系，学术界对该方面研究较多，本书秉承从总量深入到结构的分析方法，并对内在机理展开探讨，总量方面存在资源禀赋、技术外溢、产业转移、产业循环等路径，结构方面通过理论分析和协整检验、中介检验等实证分析方法验证二者互动关系，主要作用机理有贸易结构先导效应、要素累积效应、技术进步效应、体制效应、竞争效应和规模效应等。关于出口贸易对产业经济效率的促进作用研究，国外研究一般选择具体某一产业，探讨贸易条件下劳动生产率或全要素生产率变化情况，发现出口对生产率增长有显著推动作用，关于传导路径未得出一致结论，但主要集中在出口学习效应、规模经济效应、出口竞争效应、技术溢出效应等。二是以对外直接投资的方式嵌入"一带一路"区域价值链促进制造业高质量发展的作用机制和作用效果，现有文献从 OFDI 的制造业产业升级效应、逆向技术溢出效应、市场规模效应等角度探讨了"一带一路"沿线投资对产业发展的影响，强调"一带一路"沿线国家 OFDI 有利于优势要素的获取和产业链的延伸，通过空间产业差异化投资战略与"一带一路"沿线发展中国家和地区展开产业合作和产能合作，实现优质要素的共享和国内产业效率的提升；与此同时，"一带一路"沿线国家 OFDI 可以通过外围技术剥离、研发成本分摊、研发成果反馈等逆向技术溢出渠道促进母国企业技术创新和升级；源于熊彼特的创新理论，强调市场扩大对企业发展、创新的激励作用，OFDI 的发展促进了中国与"一带一路"沿线国家的贸易开放度和市场规模，在提高资源配置效率的同时，激发市场活力和企业创新能力。不过，延续克鲁格曼（Krugman，1994）"东亚无奇迹"的研究结论，也有学者认为"一带一路"沿线国家 OFDI 投资效率不高，未发现带动制造业产业升级的作用，因此，针对"一带一路"沿线国家经贸关系能否促进制造业的发展质量提升问题，仍需要我们进行深入探讨。

学者的研究为本书提供了借鉴，但从现有文献研究上来看，结合本选题，认为在以下几个方面有待深入探讨：一是研究对象大多停留在产业结构和产业生产率方面，结合制造业产业发展质量的研究几乎没有；二是产业结构视角下的出口贸易、对外直接投资与产业升级的相关文献中，大多将产业划分为三次产业，将产业升级视为结构变化，关注产业间的研究居多，对产业内的研究较少，学术界目前对于出口贸易、OF-DI 影响产业结构的影响机制以及作用机理尚未达成一致；三是将出口贸易、OFDI 对产业经济效率，特别是产业绿色效率的影响机理分析存在不同见解，需要构建新的逻辑思路进行探讨。因此有待结合产业高质量发展内涵，扩展研究对象，探讨以出口贸易和 OFDI 方式嵌入"一带一路"区域价值链对于制造业产业发展质量的作用机理。

本书在准确把握"制造业高质量发展"内涵的基础上，结合现有研究，构建一套全面合理的制造业高质量发展综合指标评价体系，并对山东省及我国其他主要省份的制造业高质量发展水平进行测度，对比分析山东省制造业发展的优势与不足。随后，从制造业高质量发展内涵出发，以产业发展质量为研究对象，借鉴已有文献的理论研究，将出口规模、出口结构、出口质量、OFDI 对制造业产业发展质量水平的影响纳入理论分析框架中，从作用机理的理论分析和实证检验两方面探讨"一带一路"背景下，山东省融入"一带一路"区域价值链对制造业发展质量的提升效应。

第3章 "一带一路"区域经济合作的背景和意义

丝绸之路起始于古代时期的中国，是连接亚洲、非洲和欧洲的古代商业贸易路线。这条路线形成的初期主要用来运输古代中国出产的瓷器、丝绸等商品，后来逐步演变成为构架东西方政治、经济、文化融合的桥梁，成为东西方国家和地区进行经济、文化交流和融合的主要道路。"陆上丝绸之路"是由西汉时期张骞出使西域时开辟的一条连接亚欧、横贯东西的商路，被认为是联结亚欧大陆的古代东西方文明的交汇之路。"海上丝绸之路"始于秦汉时期，是古代中国与西方国家和地区进行经济、文化交流和政治、外交往来的海上通道，从中国的东南沿海城市出发，经南洋到阿拉伯海，甚至远达非洲东海岸，连接了亚洲、欧洲、非洲的海上贸易。从历史上看，"陆上丝绸之路"和"海上丝绸之路"都起源于古代时期的中国，最终都演变为促进中国与世界各国进行经济、文化往来的主要桥梁。伴随时代发展和政治经济融合，"丝绸之路"成为古代中国与西方国家和地区进行经济、文化、外交往来通道的统称。

"一带一路"（The Belt and Road，B&R）是"丝绸之路经济带"和"21世纪海上丝绸之路"的简称，分别在2013年9月和2013年10月由中国国家主席习近平在出访中亚和东南亚国家和地区时，向睦邻国家提出了合作倡议，共同致力于建设"新丝绸之路经济带"和"21世纪海上丝绸之路"。"一带一路"合作倡议旨在依靠中国与沿线国家和地区间既有的双边和多边机制，借助和依靠已存在的、行之有效的国家间和区域间合作平台，积极发展中国与"一带一路"沿线国家和地区的经济合作伙伴关系，高举和平发展的旗帜，各个国家一起致力于打造一个政治互信、经济融合、文化包容的利益共同体、命运共同体和责任共同体。2015年3月28日，国家发展改革委、外交部、商务部联合发布了《推动共建丝绸之路经济带和21世纪海上丝绸之路的愿景与行动》（以下简称《愿景与行动》），打造陆海内外联动、东西双向开放的全面开放新格局。这既是我国推动地区包容性发展、构建全方位开放格局的重大发展战略，同时也是顺应世界政治、经济、外交格局新变化的迫切需要。充分发挥沿线各国发展活力、构筑互惠共赢关系，既为中华民族伟大复兴的"中国梦"打下良好的基础，也为世界和地区稳定和繁荣创造了新的机遇。

3.1 "一带一路"倡议的宏观背景、战略意义和基本构架

"一带一路"倡议的提出，是在全球经济深度调整、地缘政治日趋复杂、中国经济转型攻坚背景下，我国秉持开放的区域合作精神、致力于维护全球自由贸易体系和开放型世界经济而提出的创新发展模式，旨在拓展对外开放空间、推进区域经济一体化大发展。

3.1.1 "一带一路"倡议提出的宏观背景

1. 国际背景

由于"丝绸之路"沿线国家和地区具有重要的区位优势、丰富的资源和巨大的发展潜力，相关大国都曾提出过针对这一地区的发展战略，如韩国2013年提出的"亚欧合作倡议"，旨在开发中亚地区，推动欧亚经济合作，构建"欧亚和平共同体"；美国2011年提出的"新丝绸之路战略"，意在建立美国主导的"中亚—阿富汗—南亚"经济体。"丝绸之路"经济带连接亚欧非大陆，辐射经济、文化、外交各领域，为我国谋求多边和双边共赢、推动和平崛起必将起到积极的推动作用。

（1）区域经济一体化蓬勃发展。

区域经济一体化在现实中表现为以大量的区域性实践为形式和基础，向全球范围内的经济活动融合。当今世界经济发展进程中，伴随着多边贸易体制的徘徊不前、贸易投资保护主义的升温、经贸摩擦政治化

倾向的凸显，区域经济一体化因其合作伙伴、合作领域、合作方式灵活多样的安排而蓬勃发展，逐步成为经济全球化的重要推动力量和各国提升国际竞争力的重要途径。北美自由贸易区（NAFTA）、欧盟（EU）、东盟（ASEAN）、亚太经合组织（APEC）等各种形式的区域经济一体化组织不断发展，合作层次逐步深化，区域经济合作的实效逐步显现。2008 年国际金融危机之后，世界经济增长陷入持续低迷时期，虽然在这期间出现了经济发展的恢复和反弹，但是直至目前来看，全球经济增长始终处于低位运行。从 2008 ~ 2017 年期间，世界经济平均增速仅为 2.38%，截至 2019 年，世界经济增长已经呈现"五连降"，增长率仅为 2.3%。加之从 2020 年以来受"新冠"肺炎疫情的影响，世界经济发展举步维艰。而近十年来，新兴发展中国家的经济发展与此形成了明显的对比，新兴经济体经济发展稳中向好，成为拉动世界经济增长的重要引擎。从 2008 ~ 2017 年新兴经济体 11 国（E11）经济平均增速为 3.69%，其中中国、印度、印尼的增速分别为 8.24%、7.05%、5.64%，经济的强势增长显著带动了世界经济的回暖。① 进一步地，在世界经济发展的进程中，伴随着近年来发达经济体贸易保护主义的抬头，新兴市场对发达经济体的贸易依存度正逐渐减弱，与发展中国家和地区之间的贸易联系正逐渐加强，双边贸易潜力逐步显现，国际分工体系得以重新布局。在这一过程中，传统的价值链分工模式正在得以突破，新兴经济体国家和地区的企业正在通过积极学习发达国家跨国公司的先进技术和管理经验，利用对外直接投资的技术外溢效应，加强技术的引进、消化和吸收，提升创新能力，更多地参与到产业的技术研发和设计、营销服务等传统的由发达国家主导的高附加值分工环节，大大提升了在全球价值链的分工地位。世界各国贸易、投资等经贸往来日益密切，彼此间相互联系、相互依存的产业关系不断加深，使得全球价值链和产业链分工日益呈现出多极化的新态势。

但是，值得注意的是尽管全球价值链分工面临重塑可能，但是这一过程中，仍然体现出由发达国家主导的特征。以德国和法国主导的欧盟区域经济合作是当今世界区域经济一体化程度最高的经济组织，以美国为首的北美自由贸易区也具有最强的合作基础、发展潜力和综合实力。

37

---

① 韩晶、孙雅雯：《借助"一带一路"倡议构建中国主导的"双环流全球价值链"战略研究》，载于《理论学刊》2018 年第 7 期，第 33 ~ 39 页。

在这一背景下，亚洲地区也开始加快了区域经济合作的进程，东盟以及东盟＋中日韩"10＋1"和"10＋3"的合作正在积极推进。东亚作为亚洲重要的经济体，面对全球经济一体化进程受阻、区域合作主体地位流失的情形，在 2011 年 2 月，东盟尝试提出了《区域全面经济合作伙伴关系》（RCEP）的倡议，在历经 31 轮谈判和协商后，终于在 2020 年11 月修成正果，除印度外的其他 15 个国家（东盟 10 国、中国、日本、韩国、澳大利亚、新西兰）成功签署协定，旨在消除成员国之间的关税与非关税贸易壁垒，实现成员国之间的贸易自由化。2022 年 1 月，《区域全面经济合作伙伴关系》（RCEP）正式生效，域内经济总量达 26 万亿美元，占全球经济总量的 30%，域内总人口达 22.7 亿人，出口总额达 5.2 万亿美元，成为参与人口最多、成员结构最多元、发展潜力最大的自由贸易协定。数据显示，已核准成员国之间 90% 以上的货物贸易将最终实现零关税；到 2030 年，RCEP 有望带动成员国出口净增加5190 亿美元，国民收入净增加 1860 亿美元。[①] 可见，当前各种区域性经济组织和经济集团已经成为当代国际经济关系的主体，由于便利化的贸易和投资政策，带来了区域经济组织的对内相容性和对外排他性，如果不积极融入区域经济一体化组织，不但无法享受内部便利化的优惠经贸关系安排，而且会由于区域经济集团的对外排他特点，受到利益排挤。因此，这一背景下，我国积极参与和融入区域经济一体化建设，在优化本国对外经贸环境、扩大发展空间的同时，与"一带一路"沿线国家和地区积极寻求在经济、文化、外交等领域的合作，将东南亚、中西亚、欧洲甚至非洲的部分国家联合起来，以新兴国家和发展中国家集体的力量共同谋求发展，这一发展模式既是"一带一路"沿线国家和地区共同谋求经贸合作、实现共同发展的战略需求，同时也体现了通过多层次、多维度、多领域的区域经贸合作和经贸往来，进一步实现新兴经济体和发展中国家的集团利益最大化、实现域内各国经贸"共赢""互利"的必然选择。

（2）世界经济格局进入深刻转型过程。

当前，伴随着世界经济持续低迷、各国价值链和产业链回流和重构的过程，世界经济进入到深刻转型的历史新阶段，体现在现实经济发展

---

① 中国"一带一路"网，https：//www.yidaiyilu.gov.cn/xwzx/gnxw/155689.htm。

过程中，我们可以看到，国与国之间、地区与地区之间在国际经贸规则的制定权、世界范围内价值链和产业链的主导权方面的竞争日趋激烈，区域全面经济伙伴关系（RCEP）、"一带一路"倡议等区域经济合作的形式在一定程度上来说均是这种激烈竞争的必然结果和产物。① 世界经济已然步入"百年未有之大变局"阶段，以美国和欧洲为主导的西方发达国家意图引领区域经济和世界经济重构的版图，在这一背景之下，给新兴经济体为代表的发展中国家提出了巨大挑战，因此，新兴经济体必须紧紧抓住区域经济合作的机遇，"搭乘区域经济合作的便车"，实现跨越式发展。

2008 年国际金融危机之后，不少发达国家深陷债务泥潭，经济复苏软弱无力，总体尚未走出经济衰退的阴影。欧美日等传统发达国家尽管提出了"制造业回流"、量化宽松的货币政策等经济振兴方案，但是要完成经济和金融结构转型、探求新的经济增长点还有一段较长的路要走。而与此同时，新兴经济体快速崛起，依然成为拉动世界经济增长的重要一极，全球经济增长的重心正在发生转变，这也为中国以更加开放的姿态融入世界经济、提升价值链分工地位、提高国际规则话语权提供了重大机遇。作为"一带一路"倡议的倡导国，中国与"一带一路"沿线国家和地区开展的区域经济合作模式，必然会对全球经贸规则的制定产生深远的影响，为新兴经济体融入全球经贸规则制定、提高新兴经济体的地位和话语权产生积极的影响。在世界范围内产业链、价值链重构的过程中，有利于以新兴经济体为代表的发展中国家提高在全球价值链的地位、提升世界经贸规则制定的话语权和主导权，是对现有的经贸规则进行提升和完善的有力挑战，是对以发达国家为主导的经贸体系的冲击，会敦促现有经贸体系、金融体系的进一步完善，弥补现有国际合作机制对于发展中国家的立场上存在的缺失与不足，提升发展中国家在国际经贸发展过程中的地位。

特别是伴随着中国经济的崛起和国际影响力的提升，地缘经济和冲突日益显现，发达国家意图通过双边或区域性组织来制定区域内一系列贸易投资新规则，并试图将其转化为多边规则，从而重塑国际经贸秩序，提升自身话语权，主导全球经济治理。在这一背景下，以中

① 门洪华：《"一带一路"规则制定权的战略思考》，载于《世界经济与政治》2018 年第 7 期，第 19~41 页。

国为代表的新兴经济体在国际经贸关系中，遭受的不公平待遇、不利的经贸条件和发达国家可以设立的贸易壁垒逐步增多，迫切需要通过加强区域经贸合作提升发展中国家在国际经贸关系中的地位和在国际经贸规则制定过程中的影响力和话语权，打破发达国家对于世界经济、经贸规则制定的垄断地位，而"一带一路"倡议的提出、推进和不断深化的过程，恰好为新兴经济体提供了相互合作、相互助力提升经贸地位的机遇和平台，满足了发展中国家提升经贸地位的需求。对于中国而言，"一带一路"倡议的提出和推进为中国带来了更多的贸易伙伴，为提升中国经贸影响力提供了平台；对于沿线国家而言，"一带一路"区域经济合作为沿线国家和地区加强对外交往、提升经济地位、参与经贸规则制定提供了丰富的途径。"一带一路"倡议秉承"共商、共建、共享"的基本原则，以发展中国家为重点，以构建陆上和海上经济合作走廊为主要形式，以运输通道为纽带，以互联互通为基础，以多元化合作机制为特征，以打造命运共同体为目标，体现了中国意图推进全球化经贸规则向包容、普惠、公平、共赢方向发展的基本理念。在国际经济格局重塑和国际经贸规则重建的过程中，中国必然在规则制定过程中担当倡议者、引领者，以"一带一路"为平台，发挥主动权和主导权，抓住国际经贸规则的参与权、话语权和制定权，以"一带一路"建设为契机，纳入中国元素、彰显中国智慧，在新的全球治理模式和新的国际经贸规则制定中赢得主导地位，寻求利益共享，实现共赢目标。

（3）亚欧国家合作日益紧密。

2020年英国脱欧增加了国际秩序的不确定性，冲击了欧盟各国的内政外交及其国际地位，因此需要在新形势下重新思考欧盟内部关系走势以及中欧双方在"一带一路"建设上的合作前景。上海社会科学院副院长黄仁伟研究员指出，一方面，英国脱欧使欧盟经济和政治影响力被削弱，在美欧关系中的地位更为失衡，需要重新考虑其与北约的关系，而其内部要求改革美国盟国体系的呼声高涨。另一方面，英国脱欧也引发了英镑、欧元的汇率下跌，国际金融秩序的混乱势必影响到亚欧合作中的金融货币和资本稳定。在此情况下，中国应致力于形成中—欧—俄三方合作以促进亚欧大陆的稳定，从而缓解亚欧合作与"一带一路"面临的经济和地缘政治风险，这也为欧亚国家和地区之间的经济合作以及中欧之间经贸关系的发展提供了机遇。

亚欧大陆面积广大，地形复杂，国家众多。从现实上看，亚欧地区整体而言"隔而不通，通而不畅，畅而不大，包而不容，紧而不密"（李兴，2017），构成了经济进一步发展的压力和瓶颈。伴随着亚洲国家的崛起，带来了全球经济重心东移，欧洲逐渐从金融危机中复兴，亚欧之间的联系正在加强，中国的"一带一路"能有效增强亚洲和欧洲的黏合度，以基础设施建设推动亚欧形成一个"自我循环"的经济圈。2022 年 1 月 25 日，商务部综合司发布 2021 年商务运行情况，[①] 2021 年我国与"一带一路"沿线国家和地区的货物贸易总额达 11.6 万亿元，同比增长 23.6%，占我国对外贸易的 29.7%，创 8 年来新高；我国企业对沿线国家和地区的非金融类对外直接投资 1384.5 亿元，同比增长7.9%，占我国对外直接投资的 14.8%；我国企业在沿线国家和地区承保工程营业额为 5785.7 亿元，占我国对外工程承保总营业额的 57.9%。总体来看，我国同亚欧地区各国已经建立起友好合作的关系，"一带一路"价值链的构建具有牢固的政治和经济基础。

哈萨克斯坦、吉尔吉斯斯坦、塔吉克斯坦、土库曼斯坦和乌兹别克斯坦是"丝绸之路经济带"沿线的重要国家，也是中国通往欧洲开展经贸投资合作的关键结点。中国与中亚五国的合作，从短期发展看，将为双边经贸合作的发展提供便利条件，并逐步形成点、线、面结合的经贸发展新格局；从长期合作看，这条"丝绸之路经济带"向内可通达亚太经济圈，向外可连接欧洲经济圈，将为"丝绸之路经济带"海陆连接通道的拓展起到积极的推动作用。

从 1996 年 7 月开始，中国和东盟建立全面对话伙伴关系，双边的经贸关系步入提质升级的新阶段，全面突破以往的经贸关系，形成了共赢、互惠、互利的新型发展格局。特别是 2020 年"新冠"肺炎疫情暴发后，世界范围内的经贸关系陷入停滞阶段，东盟一跃成为中国最大的贸易伙伴。2020 年第一季度，中国与东盟之间的双边贸易额突破 1400亿美元，双边经贸关系有了质的提升。之后，伴随着 RCEP 的正式签署和生效，不断推进的双边关系带来贸易和投资的便利化，使双边贸易额和投资额不断扩大。2021 年，中国与东盟国家实现贸易额总计 8782.1

---

① 光明网，https：//m.gmw.cn/baijia/2022–01/25/35472677.html。

亿美元，同比增长 28.1% 。其中，中国向东盟出口额为 4837.0 亿美元，中国从东盟进口额为 3945.1 亿美元，东盟已经连续两年成为中国第一大货物贸易伙伴，其中越南、马来西亚、泰国是中国在东盟十国中的前 3 大贸易伙伴。① 中国—东盟经贸关系不断深化，带来了中国对东盟的直接投资、工程承包等领域的合作关系不断发展，双边在产能合作、基础设施建设、工程和劳务合作，甚至人文交流等领域形成了利益共同体，双边产业分工更加紧密，贸易和投资往来不断向更深层次和更宽范围拓展，产业链和价值链构建日趋高端化、复杂化，双边产业融合更加紧密。随着《区域全面经济伙伴关系协定》（RCEP）生效红利加速释放、中国—东盟自贸区 3.0 版建设即将启动，为中国东盟全面战略伙伴关系注入强大能量。

（4）大国丝路沿线竞争日趋激烈。

"一带一路"区域价值链串联起了亚欧非大陆，牵手活跃的东亚经济圈和发达的欧洲经济圈，中间是发展潜力巨大的发展中国家，其区位优势具有十分重要的意义，同时由于该区域蕴藏着巨大的市场潜力和丰富的自然资源，所以，"一带一路"沿线国家和地区不仅是中国主要的经贸伙伴，同时美国、欧盟、俄罗斯、日本等也提出一系列有关丝绸之路的规划，与我国倡议的"丝绸之路经济带"在地理、议程、甚至名称上都有契合之处，丝路沿线大国竞争和博弈日益显现（见表 3 - 1）。

表 3 - 1　　　　　　　　　　丝路沿线大国战略

国家和地区	名称	时间	主要内容
美国	新丝绸之路	2011 年	以阿富汗为中介桥梁，建立连接中亚和南亚并延伸至中东的国际经济运输网络
欧盟	新丝绸之路计划	2009 年	修建经中亚至东欧的能源运输南部走廊，促进中亚及其周边国家在能源、经贸、信息等领域合作
俄罗斯	欧亚经济联盟	2015 年	加强产业、投资、科技、金融等领域合作

① 中华人民共和国驻东盟使团，http：//asean. china - mission. gov. cn/stxw/202201/t20220114_10495620. htm。

国家和地区	名称	时间	主要内容
日本	丝绸之路外交	1997 年	将中亚及高加索等地区统称为"丝绸之路地区",推动"中亚＋日本"对话机制,全面发展互动关系
韩国	欧亚合作倡议	2013 年	重点开发中亚地区,推动亚欧经济合作,构建"亚欧和平共同体"

资料来源:根据山东省商务厅、山东省发改委、山东省文化厅等发布资料整理。

美国早在 20 世纪 90 年代末就曾经提出过"丝路"战略,推动中亚国家"经济市场化和政治民主化"。2007 年,美国学者弗雷德克里·斯塔尔提出"新丝绸之路"设想,欲以阿富汗为枢纽,通过加强交通运输将石油、天然气等资源丰富的中亚、西亚与印度、东南亚等国家和地区连接起来,促进地缘政治和经济领域合作。2011 年 10 月,时任美国国务卿的希拉里正式将其命名为"新丝绸之路"战略,以期谋求美国在中亚地区的长期控制力,充分利用该地区丰富的油气资源和矿产资源,建立由美国主导的中亚、南亚新秩序。欧盟几乎在同一时期于 2009 年提出了"新丝绸之路计划",通过修建从中亚里海地区经过土耳其、保加利亚、罗马尼亚、匈牙利延伸至奥地利的"纳布卡天然气管线",建立起能源合作南部走廊,从而缓解对于俄罗斯油气资源的依赖,进一步促进中亚及周边国家在能源、经贸、人员和信息等领域的合作。

俄罗斯也将亚欧地区视为重要的战略伙伴。2011 年,时任俄罗斯总理普京就提出建立欧亚经济联盟的想法,意图将原苏联加盟共和国联系起来,建立一个类似于欧洲经济联盟的超国家结合体,在经济上与美国和欧盟相抗衡。2012 年,普京重新当选俄罗斯总统后,以欧亚联盟为基础,正式命名为"欧亚经济联盟",俄罗斯、哈萨克斯坦和白俄罗斯正式签署《欧亚经济联盟条约》,2015 年 1 月 1 日正式启动,在世贸组织规则的基础上运作统一的市场,实现商品、服务、资本和劳动力的便利化流动。

日本为了加强与中亚国家和地区的经济合作、增强日本在这一地区的政治和经济影响力与辐射力,1997 年桥本内阁首次提出"丝绸之路外交"设想,将中亚和高加索地区统称为"丝绸之路地区",并对该地区提供了大量的政府开发援助,推动了丝绸之路沿线国家和地区公路、铁路和电力等基础设施建设。2004年，日本推动"中亚+日本"对话机制的建立，标志着日本与中亚国家的经贸合作向规范化、多边化、全面化发展的互动关系演变，双边在政治、经贸和文化等领域的合作和联系不断加强。

总体来看，"一带一路"沿线国家和地区因其丰富的资源、独特的区位优势以及重要的战略地位，存在着复杂的大国之间博弈，是大国之间在世界范围内的主要利益争夺点之一。在区域经济合作日趋紧密的背景下，大国之间在"一带一路"沿线国家和地区之间的竞争和博弈也日趋激烈，在这种背景下，作为古代"丝绸之路"的创始国和发起国，中国实时提出互惠互利的"丝绸之路战略"，促进沿线国家和地区共享繁荣、共同发展。

2. 国内背景

（1）我国深化开放战略的迫切需要。

改革开放40多年来，我国的经济建设取得了举世瞩目的成就。40多年来的改革开放实践充分证明，不断深化对外开放是经济取得长足发展的重要法宝之一。开放带来进步，封闭必然落后。习近平总书记在2018年12月18日庆祝改革开放40周年大会上的讲话中指出："中国发展离不开世界，世界的繁荣也需要中国。我们统筹国内和国际两个大局，坚持对外开放的基本国策，实行积极主动的开放政策，形成全方位、多层次、宽领域的全面开放新格局，为我国创造了良好的国际环境、开拓了广阔的发展空间。"① 在这一过程中，我国始终支持开放、透明、包容、非歧视的多边贸易体制，促进贸易和投资的自由化和便利化，推动经济朝着更加开放、包容、普惠、平衡、共赢方向发展。构架"一带一路"区域经济合作是深化对外开放的必然选择，是世界经济共同繁荣和共同发展的新平台、新动力。

20世纪80年代以来，我国通过引进资本、技术和管理经验，以渐进改革的方式逐渐融入经济全球化进程之中，并且建立起与之相适应的治理机制，总体的开放进程表现为：一是建立先行的经济特区、经济开发区，形成改革试验田，突破理念和体制上的禁锢；二是建立起一批沿海开放城市，扩大改革开放的领域和深度，形成以改革开放拉动经济增

---

① 习近平：《在庆祝改革开放40周年大会上的讲话（2018年12月18日）》，人民出版社，2018。

长的格局；三是延伸到长江经济沿线，形成全国范围内的开放格局。我国的改革开放取得了斐然的成绩，作为一个拥有 14 亿人口的发展中大国，我国在过去几十年中，成功保持了接近两位数的年均增长速度，经济总量由 1978 年的 1495.41 亿美元增长到 2021 年的 17.77 万亿美元，占全球经济总量的比例由 1.73%增加 18%，并于 2010 年成功跻身世界第二大经济体。受新冠肺炎疫情影响，2020 年世界经济呈现负增长，而中国经济一枝独秀，对世界经济的拉动作用十分显著，[①] 成为引领世界经济恢复的重要力量。虽然，中国目前只能被称为经济大国，而非经济强国，但已经成为世界经济格局的塑造者和影响者。

但是，伴随着持续了 30 多年的"人口红利"和"政策红利"的消失，我国经济增长正步入"新常态"，部分劳动密集型产业正在失去原有的竞争优势，与此同时，由于产业政策和技术水平的原因，我国各省份产业结构趋同、产业发展缺乏后劲，亟须寻求新的增长极，在这种背景下，"一带一路"倡议下的产业合作为我国产业结构的优化、产能效率的提升扩展了新空间和新领域。通过"一带一路"倡议下的贸易和投资自由化和便利化安排，双边国家和地区适度开放贸易和投资领域，提升经济开放度，对于中国和"一带一路"沿线的国家和地区来说，是互惠共赢的安排。建设"一带一路"是中国对外开放政策的演化升级，为新一轮改革开放的深化增加新的发展动力和活力，为我国产业结构的升级和调整提供新的途径和平台；与此同时，"一带一路"推动以中国为中心的地区经济一体化，也为第三世界国家的发展提供机遇，是探索世界经济普惠、包容发展的一次有益尝试。可以看出，"一带一路"倡议的提出，顺应了时代潮流的发展，是中国经济借助世界舞台实现再次腾飞的必然选择，同时，也是契合沿线国家和地区经济发展和融合、加深与中国经济合作、搭乘中国经济发展顺风车的迫切愿望和需要。

（2）我国经济发展"新常态"下经济发展的新思路。

改革开放以来，中国经济历经了长达 30 余年的高速增长阶段，经济建设取得了显著成效。但是从 2008 年金融危机以来，伴随着劳动力红利、政策红利的逐步消失，以及长期以来粗犷式、外延型发展所带来的供求、结构等方面矛盾日益突出，经济增长速度逐渐回落，结构性矛

① 根据国家统计局数据计算整理所得。

盾开始凸显，经济增长的后劲和动力明显不足。特别是2020年以来，伴随着新型冠状病毒在全球的蔓延和泛滥，全球经济雪上加霜，进一步拖累中国经济的可持续增长势头，2020年经济增长速度降到2.3%，2021年GDP同比增长8.1%，过去两年平均增长5.1%。2022年政府工作报告调整预期，将未来GDP的增速目标确定在5.5%左右。[①] 数据表明，从2003~2007年间我国持续保持两位数以上的增速，到2008年金融危机以来，经济增速的持续下降，说明这种变化并不是短期调整，而是中国经济发展进入了一种"新常态"，是我国经济发展的重要转折点。这种增速的回落不是短期调整，也不是经济景气循环周期波动，而是一种趋势性、结构性的变化，预示着我国经济发展进入了一个重要的转折点。习近平总书记在2014年5月于河南省考察时指出："我国发展仍处于重要战略机遇期，我们要增强信心，从当前我国经济发展的阶段性特征出发，适应新常态，保持战略上的平常心态。"这是我国首次提出"新常态"的概念。[②] 同年年底，在中央经济工作会议上，习近平总书记进一步指出："我国经济发展正处于增长速度换挡期、结构调整阵痛期、前期刺激政策消化期'三期叠加'阶段"。[③] 事实证明，我国当前经济增速回落的问题，可能要持续一段很长的时间，需要调整结构、转换动力，需要一个筑底、回升的过程。从高速增长阶段平稳过渡到稳定增长阶段，实现回落期的平稳过渡，决定了一个国家工业化最终能否成功，决定了一个国家能否避免经济长期停滞、陷入"中等收入陷阱"的困境。因此，新常态是经济发展的质量提升期、是对外开放的深化期、是经济发展方式的转变期，需要从发展方式、发展动力、经济结构等各方面做出相应的调整和创新，从而推动我国经济发展向着形态更加高级、分工更加复杂、结构更加合理的方向转变和演化。而"一带一路"区域经济合作和区域价值链的构建，恰恰为我国拓展经济发展的新空间提供了机遇，构成了有效的发展动力。特别是在新一轮科技革命和产业革命正在全球范围孕育和发展，主要发达国家都在积极调整产业发展策略和提高研发水平，通过产业结构和经济结构的不断演进提升自身在全球价值链和产业链中的地位，各种高端制造业、高端生产者服务业以及高新技术产业成为各国竞争的主导产业，这也对我国的经济发展提

---

① 资料来源：《中华人民共和国2021年国民经济和社会发展统计公报》。

②③ 光明网，https://m.gmw.cn。

出了巨大的挑战。面临全球价值链和产业链的重构、面对新一轮产业规模带来的全球经济大调整，我国必然要选择合适的战略，为自身经贸地位的提升做好准备、创造条件，而"一带一路"倡议正是我国应对全球经济结构调整、提升自身产业地位的有效途径和平台。通过"一带一路"倡议展开区域经济合作，从而提升我国参与国际经济竞争和产业分工的能力，有助于我国经济在世界经济发展格局中赢得了更加主动的地位。[①]

3.1.2 "一带一路"倡议的战略意义

"新丝绸之路经济带"和"21世纪海上丝绸之路"是国际和国内经济发展共同影响的结果，为寻求我国经济发展新的增长点以及推动全球化进程、共建人类命运共同体而提出的战略构想。2013年11月，党的十八届三中全会通过的《中共中央关于全面深化改革若干重大问题的决定》，正式将"推进丝绸之路经济带、海上丝绸之路建设，形成全方位开放新格局"作为统筹中国全面对外开放的国家战略。这一政策的提出，是经济全球深入发展以及世界经济格局变化的结果，"一带一路"政策秉持开放、和平、交流、合作、共赢的精神，为我国对外开放以及经济发展提供了政策性支持，具有深远的战略意义。

1. 深化国内开放水平

中国自2001年加入世贸组织以来，是创造"中国经济增长奇迹"的20年，历史和事实证明，全球化和对外开放是一国经济发展必经之路，中国也一直在积极融入世界经济。"一带一路"倡议显示了中国对全球化以及多边主义发展的支持，通过实施更为主动的开放政策，深化国内开放水平。同时随着RCEP等区域性贸易组织的蓬勃发展，区域贸易成为经济发展不可阻挡的趋势。单边主义、贸易保护主义的露头，为中国的对外贸易制造了重重困难。"一带一路"倡议是构建全方位对外开放格局的重大战略，有利于深化国内开放水平，它的提出为解决当前中国对外贸易问题以及政府部门处理"引进来、走出去"等问题提供了政策性指导。

---

① 张磊：《关系全局的重大判断——深入领会习近平总书记经济发展新常态的重要论述》，载于《经济日报》2017年6月23日。

（1）有利于"引进来、走出去"。

中国过去30年的经济增长主要驱动力是依靠出口，当然内地庞大的需求市场也吸引到不少外资，但由于自身发展水平较低，外资在我国的投资并未带来显著的技术外溢性，对外出口多是处于全球价值链低端的商品。随着其他新兴发展中国家的崛起，以及中国经济持续发展的需要，中国需转变经济发展结构，增强外贸竞争力。

2021年我国对外货物和服务贸易总额居全世界首位。随着"一带一路"的实施，我国贸易结构不断优化，新兴市场进出口占比升到58.6%，知识密集型服务贸易占服务进出口额比重升至44.5%。[①]"一带一路"提倡多边合作，不断提高对外贸易标准，积极融入国际市场，并在2018年实施外商投资负面清单，帮助内地吸引到优质外资，加强与沿线国家的资金、贸易等方面的合作，实现地区资源的合理配置，推动经济高质量发展。2021年，我国吸引外资再创新高，达到1.15万亿元，首次突破1万亿元人民币关口，近10年来首次实现两位数增长，其中，高新技术产业吸引外资比例首次超过30%。[②]2022年中央经济工作会议强调，要进一步扩大开放，优化营商环境，吸引外资要"保稳""促优"，即稳存量、优结构。在复杂多变的国际环境下，中国企业要单靠自己的努力"走出去"面临的阻碍较多。而在"一带一路"倡议下的政策沟通、设施联通、贸易畅通、资金融通、民心相通已为中国企业走出去提供了平台以及政策性支持，以国家特定优势帮助企业走出去并实现成功经营。根据商务部发布的2020年统计公报，2020年对外直接投资1329亿美元，对外承包工程新签合同额1414.6亿美元，同比增长55.4%，其中亚非国家占八成以上。

（2）有利于优化营商环境。

随着中国越来越融入全球经济，中国的发展也越来越离不开稳定的国际环境。而在多边机制进展缓慢的情况下，区域性协定已经成为国家间战略竞争合作的重要手段，并进一步削弱了WTO多边机制的作用。"一带一路"倡议的提出正是应对区域性贸易发展的重要措施，以经济

[①] 资料来源：中华人民共和国商务部，http://mo.mofcom.gov.cn/article/tjsj/zwfengsu/202203/20220303283603.shtml。

[②] 资料来源：中华人民共和国中央人民政府，http://www.gov.cn/xinwen/2022-04-24/content_5686891.htm。

利益为前提的合作有助于建立与各国的良好关系。"一带一路"倡议的实施,为中国企业谋求新发展带来了新的机遇,进一步扩大了双方的投资和贸易规模,拓宽了与沿线国家的合作领域,同时增强对周边国家的影响力,为我国的发展谋求了良好的合作伙伴,优化了对外营商环境。世界银行发布的《营商环境报告2020》中显示,中国营商环境排名至31位,与之前的市场环境相比,改善巨大。《优化营商环境条例》以放宽市场准入、持续缩减负面清单等重要举措的实施目标,推动中国建立市场化、法制化、国际化的营商环境。"一带一路"倡议使得中国与国际市场的合作更加紧密,我国以更规范的市场环境与各国加强合作,有利于实现全方位、更高质量的对外开放。

在当前国际环境不稳定的情况下,中国拥有巨大的进口贸易以及国内金融体系发展的需要,当然需要防范系统性金融风险。为促进"一带一路"的顺利开展,中国政府成立亚投行、金砖国家开发银行以及丝路基金等方式,深化金融合作,推进亚洲货币金融稳定体系、投融资体系和信用体系建设。在与沿线国家的贸易合作中以人民币为交易,可省去美元贬值带来的巨大损失,有效地防范国内系统性金融风险。

(3)有利于构建全方位开放新格局。

世界经济周期改变了中国的经济发展速度,同时也要求中国经济发展向着高质量方向改变。在经济新常态时期,对外开放战略也面临转型,在"引进来""走出去"两方面国家也更加重视。贸易区域化是全球经济发展的潮流,在保护主义发展的今天,中国坚定地维护多边主义以及自由贸易主义。随着"一带一路"倡议的发展,中国加快贸易区、自由贸易港建设,从海上、陆上两方面展开合作,同时加大与各国的技术、金融、生产、文化等方面的合作,深化了对外开放,推动构建全方位开放新格局。

2. 促进我国经济转型升级

近年来,我国经济发展面临国际国内双重压力。国际方面,自2008年国际金融危机以来世界经济疲软,以及中美贸易摩擦和新冠肺炎疫情的影响,我国对外贸易面临较大阻力;国内方面,我国出生率的下降,人口红利逐渐消失,人力资本生产率下降导致经济发展速度明显放缓。当然在新时代下,中国仍有自己的发展优势,例如庞大的内部市场规模、持续优化的营商环境、大幅提高的科技实力、稳定的宏观环

49

境。随着新兴国家以及发展中国家地位的上升，外部环境的不稳定性以及不确定性增加，为适应新的发展格局以及实现经济的持续健康增长，我国必须提高技术研发能力，实现经济结构的转型升级。通过"一带一路"合作建设，有利于推动国内产能优化和效率提升、促进企业转型升级、提升我国在全球价值链中的地位，进而促进我国经济转型升级，促进我国经济高质量发展。

（1）有利于促进企业转型升级。

在新发展阶段，随着新兴国家的发展，我国传统竞争优势减弱，为寻求经济持续健康发展，寻求国际合作和竞争新优势，企业要逐渐地脱离政府支持，增强风险意识，促进转型升级。新一轮科技革命的到来是企业转型的良好机遇，在国际贸易市场中增强自身应对风险的能力，科学应变、主动求变，才能在国际竞争中获得优势。

新发展阶段，我国面临着前所未有的机遇和挑战，习近平总书记称之为"百年未有之大变局"，但是在这一变局之中，国与国之间的开发和合作、互利和共赢仍是长期发展趋势，"一带一路"倡议则是相当符合当前我国的经济发展要求：地区间的合作有利于降低生产成本，同时也能够优化资源配置——取长补短，实现合作共赢；更加开放的市场环境能有效促进市场竞争，推动企业转型升级，增强自主研发能力，提高产品竞争能力，从而在国际市场竞争中占据有利地位。

（2）有利于促进国际产能合作。

2019年4月，国家主席习近平在第二届"一带一路"国际合作高峰论坛主旨演讲中指出：共建"一带一路"为世界经济开辟了新空间，为国际贸易和投资搭建了新平台，为完善全球经济治理扩展了新实践，为增进各国民生福祉做出了新贡献①。由此可见，"一带一路"倡议的提出为各国寻求多元化的对外贸易和投资合作、适应新的国际经济形势、实现经济发展的内生动力和外生动力有机结合提供了重要的途径和机遇。

在这一过程中，中国与"一带一路"沿线国家和地区进行产能合作，一方面，可以充分发挥自身禀赋优势和技术优势，以基础设施的互联互通为基础，带动一部分相关配套产业、产品和技术的出口，发挥与

50

---

① 新华网，http://www.xinhuanet.com/politics/leaders/2019 - 04/26/c_1124420187.htm。

沿线国家和地区产能合作潜力;另一方面,也可以实现带动"一带一路"沿线国家自主生产能力和供给能力的升级,加快发展中国家和地区经济的外向型转型,参与到全球价值链中,实现双边共赢。

(3)提升中国全球价值链地位。

自改革开放以来,我国凭借着低廉的劳动力成本以及国内丰富的资源吸引了大量外资。后危机时期,国际经贸格局的重大变革导致我国利用传统优势参与全球价值链的竞争力减小,因此经济转型升级迫在眉睫。在当前以西方发达国家为主导的国际体系中,很难与其互惠,从而提升我国在国际分工中的地位。同时由于新冠肺炎疫情的影响,世界各国要实现在金融危机下的经济快速发展十分困难,西方国家为阻止发展中国家的发展,试图改变国际贸易规则。

因此,发展中国家和新兴国家要想提高国际话语权,维护自己的利益,就必须积极参与到全球化中,提升本国产品在价值链中的地位。"一带一路"基于自身发展水平以及与沿线国家在资源禀赋度上的互补性,通过不同种类、技术产品的价值网络实现规模效应以及效率提升,从而实现我国以及沿线新兴经济体国家在全球产业链和价值链地位的提升。总之,全球化和产业链、价值链体系是世界经济发展的必经之路,发展中国家需增强彼此的交流与合作,从而更好地实现在新的世界格局下的经济发展。

3. 构建全球政治经济新秩序

自 2008 年金融危机以来,世界政治经济格局发生巨大变化,中国通过对国际形势的正确把握获得了高速发展,国际地位进一步提高。在国际局势多变的当前,中国坚决贯彻中国新型国际关系和人类命运共同体的理念,提出了"一带一路"倡议。"一带一路"的提出是中国为实现可持续发展构建的一个开放式平台,通过积极与各国进行贸易合作,秉持共商、共建、共享的原则,携手各国应对世界经济的挑战,谋求新的发展动力,拓展新的发展空间,构建全球政治经济新秩序。

(1)有利于构建合作共赢的世界经济秩序。

WTO 成员由于在自身经济发展方面存在较大的差异,发达国家与发展中国家、发达国家之间已经很难在 WTO 内部通过多边谈判取得一致性。在国际合作中,发展中国家处于较低地位,而中国作为世界上最大的发展中国家,在世界经贸发展中已取得一定的优势和经验。通过

"一带一路"加强与各国的经贸合作、文化交流，同时可传授在经济发展中的经验，实现合作共赢，从而促进世界新经济秩序的建立。

通过"一带一路"推动合作共赢的世界经济新秩序的建立：一是深化与发展中国家以及新兴国家的合作，发挥中国资金、技术、人才等方面的优势，推动周边国家基础设施、实体经济的发展，从而带动发展中国家在国际竞争中的地位，增强我国对周边国家影响力。二是扩大中欧合作，欧洲国家先进的技术以及高标准的经贸环境有利于促进中国的对外发展。首先加大对欧洲国家的投资力度，学习欧洲国家先进制造业技术，缓解当前欧洲国家所面临的财政和就业危机，同时也能提高我国在欧洲市场的地位。同样为实现在欧洲市场的顺利发展，中国需提高自身经贸标准，从而向更高标准的市场环境前进。在"一带一路"倡议的推动下，亚洲、拉丁美洲等多数发展中国家及新兴国家成为全球经济增长最突出的地区：该地区人口占世界总人口的60%，GDP占世界的1/3，且年增长速度长期高于5%，是世界同期增速的两倍以上，发展中国家成为支撑世界经济增长的重要一极。

（2）有利于构建全球经济治理新模式。

伴随着新一轮产业革命和技术革命的雏形初显，国际规则和国际合作的主导权之争越发激烈。随着中国等新兴国家的崛起，在国际经济政治事务中的作用和影响逐渐增大，以美为首的西方国家试图阻止中国的发展，对中国的经贸壁垒和不利规则逐渐增多。

我国为顺应区域性贸易合作的潮流，从维护自身发展利益的角度出发，中国提出"一带一路"倡议，能够更好地加强地区的经贸合作，提高国际话语权，打破欧美国家在国际经贸中的绝对地位，同时打破西方国家对我国对外贸易的区域规则限制，积极参与国际规则的制定，有利于构建全新的全球经济治理新秩序，更好地维护我国的主权以及发展利益。

（3）有利于提升中国在全球经济治理体系中的地位。

"一带一路"建设以一种比较灵活的地区经济合作模式，通过海陆共通的合作模式，以实现共同发展为目标，与亚欧非各国以开放包容的姿态展开合作，为实现贸易自由化、投资便利化、金融风险防范、经济发展互助等方面的合作机制，为构建人类命运共同体而努力。"一带一路"建设现已与超过140个国家展开合作，通过政策沟通、道路联通、贸易畅通、货币流通、民心相通，为合作国家经济发展带来动力，促进世界经济深度融合与发展。

对外贸易以及投资受到多重因素的影响，其中当然不只包括要遵循两地的法律法规，同时东道国与本国之间的政治亲缘关系也有很大程度的影响。在现实经营生产中，跨国公司的国际化经营有着相对于东道国企业所面临的外来者劣势。因此，跨国公司为在东道国顺利进行经营生产，除了要了解并遵循当地的法律法规之外，同时还要了解当地的政商环境，了解当地居民及政府对本国的贸易态度。"一带一路"倡议不仅仅是经济方面的往来，同时也有文化的交流。中国加强与其他国家的合作不但对经济发展有着影响，同时也有助于通过合作加深对本国的了解，提高东道国对中国的友好民意和社会基础，从而带来正的经济外溢性。良好的合作关系的建立对中国的对外投资产生正向影响，对中国企业走出国门产生了积极影响。企业间良好合作关系的建立促进了政府间的沟通合作，增加了中国在国际上的友好国家，提高了我国的国际影响力，有利于提升我国在全球经济治理体系中的地位。

3.1.3 "一带一路"倡议的基本构架

丝绸之路源于古代与欧亚非各国的丝绸和瓷器的经济文化交往，经过发展，重新连接世界各国进行贸易往来，与古时不同的是，现在的"丝绸之路"是海上、陆上同时进行交往合作，不仅限于经济往来，还包括文化、生产、技术、金融等方面。随着世界格局的深刻变化，世界经济复苏缓慢，各国发展面临严峻的挑战。"一带一路"倡议顺应全球化的潮流，致力于维护自由贸易体系以及多边主义，与世界各国携手推动命运共同体发展。"一带一路"建设以"五通"为基本内容，以"共商、共建、共享"为基本原则，依托"六廊"的战略布局，通过政策沟通、贸易合作、金融合作、文化交流的方式进行，与沿线国家展开合作，加强不同文明之间的文化交流与经贸合作。新的形势使亚欧非各国的联系更加紧密，促进了世界和平与发展。

1. 基本内容

《愿景与行动》中提出："一带一路"致力于亚欧非大陆及附近海岸的互联互通，建立与加强沿线国家的合作伙伴关系，构建全方位、多层次、复合型的互联互通网络，实现各国的多元、自主、平衡、可持续发展。因此各国要通过合作实现资源合理配置，利用各国的互补优势，实现各国经济高质量发展，应以政策沟通、设施联通、贸易畅通、资金融通、民心相通为基本内容，强化合作重点。

（1）政策沟通。

《愿景与行动》中指明政策沟通是"一带一路"建设的重要保障。加强政府间的沟通是双边和多边进行国际经济合作的基础和基石。作为区域经济一体化的重要载体和表现形式之一，"一带一路"区域经济合作作为政府倡导的产物，应该加强政府间的有效沟通，促进政治互信、搭建沟通桥梁，促进合作共识的达成。在充分考虑双方的国情以及战略目标的前提下，共同商讨、制定合作的规划和措施，并出台专门针对合作中可能会出现问题的相关规则及法规，规范合作方式，着力解决好合作中的问题，构建良好的合作关系。同时推动政府间的统计合作的信息交流，为务实合作和互利共赢提供决策支撑。

为促进"一带一路"项目的良好发展，政策沟通上，成立了"一带一路"建设工作领导小组，来指导和协调"一带一路"区域经济合作的推进与建设。与此同时设立国际合作高峰论坛咨询委员会、联络办公室、促进中心等机构来推动各项工作开展，积极开展大国外交和周边外交政策，签订了一系列合作文件，扩大了"一带一路"沿线国家和地区的合作范围。截至2022年1月，我国已经与147个国家以及32个国际性组织，共同签署200多份共建"一带一路"合作文件，涵盖了亚欧大陆、非洲、拉丁美洲及南太平洋等广大地区。[①] 政治沟通有效地提高了政治互信，同时为企业对外投资增强了信心，在制度层面优化了营商环境，深化了对外开放水平。

（2）设施联通。

基础设施互联互通是"一带一路"建设的优先领域。各国合作需要通畅的设施保证，因此设施建设是各国合作的前提，作为优先领域，在尊重各国家主权安全和领土完整的基础上，与各国加强基础设施建设规划、技术标准体系的对接，逐步形成连接亚欧非的基础设施网络。同时《愿景与行动》中提到，要强化基础设施的绿色低碳和运营管理，

① 资料来源：国务院新闻办公室网站，http://www.scio.gov.cn/31773/35507/35513/35521/Document/1719146/1719146.htm。

在建设过程中要充分考虑全球气候变化带来的影响。

作为"一带一路"建设的优先领域，我国与亚欧非国家的基础设施建设取得了重大成效，强化了协同发展。在设施联通建设方面，中国与亚欧非各国建立了"六廊六路多国多港"的合作格局，完善道路安全防护设施和交通管理设施。截至2020年底，"六廊六路多国多港"设施联通的总体布局已基本形成。在陆运通道完善的同时，2017年发改委和海洋局联合发布了《"一带一路"建设海上合作设想》，为我国的对外贸易建设三条蓝色海洋通道，分别是沿海—大洋洲—南太平洋、沿海—印度洋—非洲—地中海、沿海—白令海峡—北欧—西欧三条海洋通道。同时拓展民航全面合作的平台和机制，加快提升航空基础设施水平，为对外经贸合作建立良好的海陆空通道设施。

基础设施建设促进了区域双边贸易的畅通，同时为"引进来""走出去"提供了设施上的便利，优化了我国的对外营商环境，并对合作国的营商环境提高也有很大作用。依据"一带一路"所建立的全球物流和贸易网络规划，运输项目占"一带一路"所有项目的47%，约1.88万亿美元；电力和水力行业在建项目占全球所有项目的23%，金额达9260亿美元。

（3）贸易畅通。

进行贸易领域的双边合作是"一带一路"区域经济合作建设的重点内容，基于此，着力解决域内国家的贸易便利化问题以及贸易壁垒，为双边合作构建畅通无阻的营商环境应该是建设的重点内容，从而促进建设自由贸易区，激发市场合作潜力，推动贸易发展。2017年5月，第一届"一带一路"国际合作高峰论坛专门举行"推进贸易畅通"平行主题会议，并发布了《推进"一带一路"贸易畅通合作倡议》，旨在构建便利化的贸易环境，促进双边贸易往来和贸易合作。"一带一路"沿线国家和地区覆盖全球近1/2的人口，市场需求与潜力巨大。因此要建立良好的贸易通道，健全服务贸易促进体系，拓宽贸易领域，优化贸易结构，消除贸易壁垒，保证贸易合作的通畅。

根据商务部数据显示，即使在新冠肺炎疫情的影响下，2020年我国企业在58个沿线国家非金融类投资1177.9亿美元，同比增长18.3%，较上年同期提升2.6%；对外承包工程方面，我国企业在沿线61个国家新签订对外承包工程项目合同共计5611份，其中新签合同

1414.6 亿美元，占同期我国对外承包工程的 55.4%。根据 2021 年 1～9月对外投资来看，我国对 56 个国家非金融类直接投资 962.3 亿元人民币，占同期总额的 18.4%，主要投向新加坡、印度尼西亚、马来西亚等国家和地区；在对外工程方面，在沿线 60 个国家中新签合同额占5229.5 亿元，占同期对外承包合同额的 50.6%。① 总体来看，我国贸易通道建设大大推动了国家的对外经贸合作。

（4）资金融通。

资金融通是"一带一路"建设的重要支撑。当今世界金融市场不稳定、不确定可能会给发展中国家的经济发展带来巨大冲击，因此各国要加强在经常项目和资本项目的合作，分散经济金融风险。为防范系统性金融风险，"一带一路"沿线各国需要进一步深化金融合作，稳步推进亚洲货币体系、融资体系以及信用体系的建设。为促进"一带一路"项目的正常发展以及各国合作的开展，中国致力于以金融带动沿线区域基础设施建设，并为各国贸易和投资提供金融资源保障，我国设立了亚洲基础设施投资银行、丝路基金，并支持国内银行进行债券发行等支持"一带一路"项目的投资与建设。

截至 2021 年，亚投行已有 105 个成员，包括 91 个正式成员和 14 个意向成员，成为仅次于世界银行的全球第二大多边开发银行，已经向 28个国家（地区）投资了 180 个项目，累计投资额约 350 亿美元。② 中国先后与 21 个国家地区建立双边本币互换安排，推动了人民币国际化进程，与 35 个国家（地区）的金融监管当局签署了文件，与国际金融公司、欧洲复兴开发银行、泛美开发银行、非洲开发银行等多边开发机构开展的第三方合作不断深化。③ 2013～2020 年，中国对"一带一路"沿线国家累计直接投资 1398.5 亿美元，年均增长 8.6%，比同期中国对外直接投资年均增长率高出 3.4 个百分点，在沿线国家设立企业超过 1 万家。④ 同时设立"一带一路"专项投资基金，而且这些丝路资金大多是由中外金

---

① 资料来源：中华人民共和国商务部，http：//kz. mofcom. gov. cn/article/jmxw/202101/20210103033348. shtml。

② 资料来源：亚投行官方网站，https：//www. aiib. org/en/projects/list/index. html。

③ 资料来源：中国人民银行，http：//www. pbc. gov. cn/goutongjiaoliu/113456/113469/3815148/index. html。

④ 资料来源：中华人民共和国商务部，http：//tradeservices. mofcom. gov. cn/article/ydyl/yaowen/gnyw/202203/131916. html。

融实体合作共建的。2014 年 12 月，丝路基金设立，注册资本 400 亿美元，专注于为中长期投资多边互联项目融资。[①] 同时还设立了丝绸之路黄金基金和中国—中东欧投资合作基金，分别为投资矿工、化学加工基础设施和中东欧的高科技以及清洁能源企业提供资金。

（5）民心相通。

民心相通是"一带一路"建设的社会根基。当前贸易保护主义抬头、逆全球化潮流复苏，中国继续加深与各国的合作交流，坚定地支持全球化，推动共建人类命运共同体。"一带一路"倡议的提出，不仅是经济方面的交流，还有文化方面的交流，让西方国家更加了解中国的历史、文化，从而加强各国的经贸合作。民心相通正是通过文化交流的方式，让世界加强对中国的了解，有利于缩短文化距离，消除文化差异带来的贸易壁垒。同时，文化交流为国家的贸易、投资合作提供了社会基础和民意保障，有助于优化营商环境，促进合作两国的经济发展。

《愿景和行动》表示，文化沟通是民心相通的基础，是双边合作不断深化的基石。只有传承和弘扬"丝路文化"，才能进一步为双边合作奠定民意基础。为此，双边的留学生交流、合作办学等教育方面的合作需要进一步推进和加强。旅游合作规模、合作方式、合作品牌也应该逐步多元化。例如，2015 年 10 月 17 日，中国 30 余个"一带一路"沿线城市在河南开封组建了"一带一路"城市旅游联盟，共同谱写丝路华章。该方式推动了国际交流，将全方位带动沿线城市的文化旅游发展以及文化交流。在民心相通上，推动科教文卫等各领域的民间合作。2017 年 11 月成立了丝绸之路沿线民间组织合作网络论坛，成员迅速扩充至 310 家。

当代中国与世界研究院发布的《中国国家形象全球调查报告 2020》显示，海外受访民众对中国的整体印象为 6.22 分，与 2015 年相比，其中对中国形象打分涨幅最大的三个国家均为发达国家：意大利、加拿大、英国。发达国家和发展中国家一致认为的国际地位和全球影响力将会持续增强，中国将引领新一轮全球化，为全球治理做出重大贡献。同时在疫情期间，中国政府以及民间团体组织也展现了大国担当，积极向疫情国家捐献物资，并传授抗疫经验，防止疫情的扩散，树立了良好的

57

---

① 资料来源：人民网，http://politics.people.com.cn/n/2014/1109/c1001-25998323.html。

大国形象。

2. 基本方针与原则

"一带一路"建设致力于亚欧非大陆及附近海域的互联互通，以"共商、共建、共享"为基本方针和原则，建立和加强沿线各国互联互通的伙伴关系，积极推进与沿线国家发展战略的相互对接，旨在构建全方位、多层次、复合型合作模式，从而推动沿线国家和地区实现多元、平衡、自主和可持续的发展，互利合作，使亚欧非各国的联系更加紧密。共商：共商就是沿线国家在相互尊重基础上共商合作大计，从各国的国情和自身发展目标出发寻求利益共同点，达成合作共识。共建：在充分利用各国的资源禀赋和比较优势的前提下，共建国际经济合作新平台，从而实现合作共赢。共享：共享就是分享合作机遇和成果，帮助沿线国家发展，使沿线国家和人民有真实的获得感。

3. 战略布局

《推动共建丝绸之路经济带和21世纪海上丝绸之路的愿景和行动》提出，加强各国的"五通"合作，其中设施联通是"一带一路"建设的重要基础，区域两通的主体框架是"六廊六路多国多港"，丝绸之路的建设将依托国际陆路大通道，以通道上的城市为战略节点，以沿线国家经贸产业合作园区为平台，共同打造中国—巴基斯坦、孟中印缅、中国—中南半岛、中国—中亚—西亚、中蒙俄经济走廊和新亚欧大陆桥六大经济走廊。基于地理划分的经济走廊，根据不同的合作方式，从而形成不同的合作机制，推动"一带一路"建设。

（1）中国—巴基斯坦经济走廊。

中巴一直是良好的合作盟友，同时巴基斯坦是中国的"全方位、全天候战略合作伙伴"，在地理位置上，巴基斯坦是丝绸之路经济带和21海上丝绸之路的海路重要交汇点，具有极其重要的区位优势，因此在"一带一路"沿线的国际产能合作中具有重要的战略意义。2014年2月，巴基斯坦总统侯赛因访华推进了中巴经济走廊建设；2014年11月，谢里夫总理再次访华，签署了《中巴经济走廊远景规划纲要》，两国合作开启新阶段；2015年4月，习近平主席访问巴基斯坦，签署了涵盖基建、能源、矿藏、经济特区等多领域的合作协议，中巴合作进入全面发展时期。中巴经济走廊贯通南北，两国主要围绕水电、太阳能、风能、光伏等领域展开能源合作，切实贯通合作共赢的合作理念。

巴基斯坦属于劳动密集型产业国家，主要行业是皮革、纺织原料、纺织制成品和建筑材料。但巴基斯坦作为发展中国家，国内基础设施落后，导致经济发展速度缓慢。我国在基础设施建设方面有大量的技术和经验，能帮助巴基斯坦建立适合未来发展的道路、通信体系；同时巴基斯坦具有较强的农业发展优势，但技术方面发展比较落后，我国可积极传授、投资现代化农业发展技术，并展开合作，保证我国的未来农业安全；同时，巴基斯坦的低廉劳动力成本，以及纺织业的迅速发展，参与纺织业、服装业的国际分工，可以提高巴基斯坦制造业部门的国际竞争力。中巴双方已初步形成一定的产业合作布局，即以中巴经济走廊建设为中心，以瓜达尔港、能源、基础设施建设、产业合作为四大重点，构建起了"1+4"合作布局和合作模式，对于"一带一路"区域经济合作具有较强的示范效应。

（2）孟中印缅经济走廊。

孟中印缅经济走廊是2013年5月李克强总理访问印度时提出的，以加强区域间的互联互通，并得到了印度、孟加拉国、缅甸的积极响应。孟中印缅通过两次会议确定了开展合作的方面主要是在商贸、物流、投资、基础设施建设、人文交流等领域，并根据各国的国别报告，重点研究了各国在互联互通、货物与服务贸易、贸易便利化、投融资、能源、人力资源、扶贫、人文交流、可持续发展等各领域的合作机制建设。

从整体来看，中国，孟加拉国、印度、缅甸都属于发展中国家且地理位置相近，但均具有各自的产业优势，在制造业、贸易方面展开合作充分利用各国优势，能对经济发展产生巨大的推动作用。但从现实来看，各国的宗教文化差别较大，且由于美、日等国对于国家间关系的过度参与，使国与国之间的合作面临着许多的不确定性，因此需要政府间加强沟通、协商，加强政治互信，从而顺利开展经济贸易合作。

从三国分别来看，印度、孟加拉国、缅甸三国的产业优势不尽相同，在合作方面有较大的区别。印度是世界的粮食生产大国之一，且拥有巨大的人口规模，而中国的农业现代化已基本实现，因此中印双方在农业合作方面潜力巨大；同时印度工业体系较完整，化工、钢铁等产业具有较强的竞争力，我国可与之加强合作，形成强强联合，推动国际新规则的形成和构建；软件业、制药业则是印度的优势产业，我国的发展

59

明显不足，落后于印度的相关产业部门发展水平，因此加强两国在软件业和制药业等相关领域的合作，有利于提高我国的软件行业、生物制药行业方面的竞争优势。孟加拉国的优势产业是纺织业和食品加工行业，我国的纺织业也具有较强的竞争优势，与孟加拉国相比，我国的机械化生产技术较高，而孟加拉国则主要依靠原材料和劳动力，我国可一方面加强与孟加拉国的纺织业的合作，出口纺织器械和技术，推动孟加拉国的纺织业发展，也可以为我国纺织业出口提供新的发展空间；另一方面我国巨大的内需市场可推动与孟加拉国的食品加工产业的合作，促进两国经贸发展。缅甸境内具有丰富的矿产资源、水能资源以及广阔的林地资源，但由于基础设施发展落后，开发程度较小，所以双边的合作主要集中于两个领域：一是作为有名的"稻米之国"，我国与其加强农业合作，提高缅甸的农业生产率；二是加强基础设施建设，我国可以在伊洛瓦底江 7 级水电站、中缅油气管道建设的基础上，进一步延长产业链，共同开发，共同受益。

（3）中国—中南半岛经济走廊。

中国—中南半岛经济走廊是以珠江三角洲经济区为起点，南至新加坡，主要包含越南、老挝、柬埔寨、泰国、马来西亚和新加坡 6 个国家，并带动辐射其余"一带一路"沿线的东南亚国家；以沿线南宁、昆明、凭祥、河内、金边、万象、曼谷、新加坡的中心城市为依托，以贯穿中南半岛的国际和洲际铁路、公路为枢纽；以物流、人力、资金流、信息流为基础；以跨境经济合作区、人文交流等合作内容为重点，以区域分工合理、产业优势互补开发为目标形成区域经济战略空间和通道。

珠三角作为该经济走廊的起点，经济发展快、产业链完整、辐射能力强，能够有效促进资源的流动，推动沿线的经贸投资、交通物流、旅游服务、产业园区的合作。从各国家来看，越南的支柱产业是农、林、渔业，且我国是主要进口国，应加强双方合作，促进双方经济交流，保障两国社会福利的增加；同时越南也可引进我国先进的矿藏采掘业技术、资金，促进产业发展，实现产业的互补。老挝的水电产业是国际合作重点，我国水电站建设技术成熟，加强两国合作，有效地开发老挝境内的水能；同时老挝耕地资源丰富，人口密度低，光照时间长，加强两国农业合作，有利于保障我国的粮食安全。和老挝类似，柬埔寨农业是支柱产业,应加强合作,保障粮食安全;同时柬埔寨可充分利用自身廉价劳动力优势与我国劳动密集型产业进行分工合作,促进柬埔寨的制造业发展,又有利于我国经济的转型升级。泰国服务业发展迅速,与我国可加强旅游文化沟通。马来西亚的支柱产业是制造业,机电产业的竞争力较强,应加强产业技术合作,实现产业的优势互补;此外,两国还可加强在石油、天然气方面的合作。新加坡作为东南亚的发达国家,且其是马六甲海峡的出入口,作为世界第一大货物贸易国,加强无仓储和海港产业合作,有利于维护我国的战略物资安全;同时加强石油化工冶炼技术、生物医药、金融、旅游方面的合作,学习先进的技术和管理经验,促进我国相关领域的技术进步。加强与中南半岛的各个国家经济合作,不仅能推动沿线地区的经济社会发展,还能加快中国—东盟自由贸易区的发展,有利于我国与东盟各国形成利益共同体、命运共同体、责任共同体。

(4) 中国—中亚—西亚经济走廊。

中国—中亚—西亚经济走廊从新疆出发,到波斯湾、地中海沿岸和阿拉伯半岛,主要经过中亚哈萨克斯坦、吉尔吉斯斯坦、塔吉克斯坦、乌兹别克斯坦、土库曼斯坦五国,以及西亚伊朗、伊拉克、土耳其、沙特阿拉伯、以色列、阿联酋六国。尽管中西亚地区资源丰富,但基础设施落后,资金技术缺乏等问题尤为突出。通过中国—中亚—西亚经济走廊的建设,加强经贸交流,吸引外资,加强基础设施建设,促进经济发展水平。

从中亚五国来看,其主要特征是拥有丰富的自然资源。例如哈萨克斯坦,其在中亚地区位置极为重要,拥有丰富的天然气资源和矿产资源,能源开采业成为哈萨克斯坦的支柱产业,这为两国在能源领域展开合作提供了契机。一方面,中国拥有先进的技术和资金,能够促进哈萨克斯坦的能源开采业发展;另一方面,中国还可以加强在该国的基础设施投资,为能源运输提供良好的设施基础,促进当地经济发展。从西亚来看,我国历史上与西亚各国的合作源远流长,随着中亚—西亚经济走廊的建设,推动了我国与西亚各国的紧密合作。例如对伊拉克来说,其油气、天然气资源丰富,但由于战争的影响,其发展落后于邻国。而我国油气资源稀缺,与我国形成良好的互补,在石油天然气的勘探、开采、炼化展开合作,提高了伊拉克的开采技术,也保证了我国的能源安全；同时加大对了伊拉克的基础设施投资，为两国开展区域经济合作奠定基础，同样也为伊拉克与世界市场接轨奠定基础。

（5）中蒙俄经济走廊。

中蒙俄经济走廊主要包含中国、蒙古国、俄罗斯，三国在资源禀赋上各有优势，双边贸易具有极强的互补性。打造中蒙俄经济走廊对于加强三国在能源合作开发、基础设施建设、跨境运输合作等领域的务实合作具有重要的战略意义。根据中方设想，中蒙俄经济走廊分两条线路：一是从京津冀—呼和浩特—蒙古国—俄罗斯；二是东北地区从大连—沈阳—长春—哈尔滨—满洲里—俄罗斯赤塔。两条线路互补形成一个新的开放经济带，将丝绸之路经济带同俄罗斯跨亚欧大陆、蒙古国草原之路进行对接。

蒙古国在中国以北，属于资源优势性国家，主要产业是煤矿、羊毛等动物原料、铁以及其他金属矿；俄罗斯位于欧亚大陆北部，横跨亚欧两大洲，是世界上国土面积最大的国家，属于资源优势性国家，主要有煤、原油、天然气、石油气，且俄罗斯在钢铁、有色金属以及加工木材有较强竞争力。中俄双方正致力于建设全面战略协作伙伴关系。在双边经贸关系发展中，中俄产业合作首先是加强对基础设施上的投资建设，为中俄油气合作奠定基础；同时作为全面战略协议伙伴，中俄加强在高科技领域、航空航天、核能等项目的投资合作，以打破西方的垄断地位。

（6）新亚欧大陆桥经济走廊。

新亚欧大陆桥经济走廊又被称为"迪尔亚欧大陆桥"。新亚欧大陆桥全长10900公里，是辐射范围最广的经济走廊，途径中国江苏、安徽、陕西、甘肃、青海、新疆等七个省份，到中哈边界的阿拉山口出国境。出国境后有三条路线：中线与俄罗斯铁路友谊站接轨，进入俄罗斯铁路网，途经切利诺格勒、古比雪夫、斯摩棱斯克、布列斯特、华沙、柏林达荷兰的鹿特丹港；北线经阿克斗亚、切利诺格勒，到彼得罗巴甫洛夫斯克，再经莫斯科、布列斯特、华沙、柏林到达鹿特丹港；南线经过阿雷西、伊列茨克、布良斯克，再经过布列斯特、华沙、柏林到达鹿特丹港。也可从阿雷西分路，通过伊朗的马什哈德到德黑兰，还可从布良斯克分岔至乔普到达匈牙利的布达佩斯。

新亚欧大陆桥对环太平洋经济圈具有重要的协调作用，拉近了中国与世界市场的距离。同时新亚欧大陆桥连接欧洲和亚洲,一方面,将西方国家的资金、技术和管理优势与广大的亚洲发展中国家连接起来;另一方面,可以将前景广阔的亚太地区的市场与急切寻求新经济增长点的欧洲市场连接起来,使两地区的经济发展拉近了距离,降低了交易成本,实现了合作共赢。

4. 合作机制

当前,区域经济合作正在蓬勃兴起,各国应积极寻求合作方式,在当前国际背景下,积极携手寻求新机遇、应对挑战,寻求经济发展的新增长点。"一带一路"倡议的提出,为多边合作提供了机会,需要各国商讨探求合作新机制,从而实现合作共赢。在合作方面,中国与各国的合作主要是政策沟通、多边合作、文化交流、金融合作的方式。

(1)政策沟通机制。

政策沟通是"一带一路"建设的重要保障,双边关系的开展,首先要有良好的沟通,双方从自身国情出发,考虑经济发展目标,政府部门进行沟通交流,签订合作备忘录或者合作规划,增强政治互信,才能顺利地开展项目合作。随着项目的进行,双方应反复沟通交流实施方案,同时加强规则意识,积极融入国际市场。"一带一路"倡议的提出,本身就需要各国领导人在政策沟通的前提下开展,只有充分了解政策才能保证方案朝着我们希望的方向发展。

(2)多边合作机制。

"一带一路"建设主要依靠的是以多边合作的方式进行,同时多边主义是国际合作不可阻挡的潮流。多边合作是指三个以上国家的合作,多边合作和区域贸易有利于全球化,也有利于应对全球危机。《愿景和行动》中提出,要发挥中国—东盟"10 + 1"、亚太经合组织(APEC)、亚欧会议(ASEM)等区域经济合作组织的重要作用和合作机制,树立互信机制,加强国家沟通,让更多国家和地区参与"一带一路"建设,共同推进亚洲一体化,提高亚洲国际市场地位,对于构建全新的世界格局有重要意义。

(3)文化交流机制。

"一带一路"建设不只是经济、贸易、技术方面的往来,同时也要求各个国家加强文化交流,更多地了解中国历史、中国文化和中国人。让更多的国家和人了解这五千多年仍在发展的国家和国家里的人。加强文化交流与沟通，积极承担展会、博览会、世界经济论坛的开办，通过承办这些世界性活动不但可以促进我国的经济发展，同时也有助于展示我们的文化。同时，积极与沿线国家进行旅游合作，鼓励各地区与沿线国家开展文化交流活动，可以更多地了解古丝绸之路、古文化中的故事。

（4）金融合作机制。

"一带一路"项目的正常进行离不开资金的支持，作为世界第二大经济体，同时是"一带一路"倡议的提出者，中国更应承担大国责任，设立亚洲基础设施投资银行等，积极与各国银行展开金融合作，为投资项目的顺利进行提供贷款，有效支持贸易和投资等商业活动，是开发性金融机构的有效补充。当然，为了对冲企业海外投资发展的风险，中国出口信用保险公司为参与"一带一路"的企业提供信用保险和信用担保等保障型金融工具，为"一带一路"沿线经贸合作提供了重要的风险管理工具。

3.2　山东省融入"一带一路"区域经济合作的意义和策略

3.2.1　山东省制造业嵌入"一带一路"区域经济合作的战略意义

山东省位于我国中原沿海一带，处于黄河下游，且山东半岛位于黄海和渤海之间，与朝鲜半岛和日本海相望，与辽东半岛相对。山东省自然条件优越，资源相对丰富，且位于"一带一路"倡议中陆路和海路的衔接点，山东省制造业嵌入"一带一路"区域价值链中，对山东经济发展具有重要战略意义。

1. 国家东西双向开放的"桥头堡"

从地缘和区位来看，山东省嵌入"一带一路"倡议中占有绝对优势。"一带一路"分为两条：陆上丝绸之路和海上丝绸之路。"一带一路"贯穿亚欧非大陆，连接经济活跃的东亚经济圈和发达的欧洲经济圈，中间又涵盖了广大中西亚地区国家，经济发展潜力巨大。山东省是"丝绸之路经济带"与"海上丝绸之路"的重要交汇点，是国家东西双向开放"桥头堡"：向西通过西亚欧大陆桥可以连接中西部地区及中亚五国；向东与东北亚各国相邻，可以直接面向东亚以及整个环太平洋地区，是亚欧板块和亚太板块的交汇点，具有深化国际国内合作、聚集生产要素、吸引各方投资和带动区域经济良好发展的区位条件和广阔的辐射能力，为我国中西部经济发展打造动力强大的新引擎和增长点。

山东省是新亚欧大陆桥经济走廊的重要区域，是沿黄地区发展的龙头，是环渤海经济圈的核心要塞，具有良好的产业基础、丰富的能源储备、健全的产业链分工，发展潜力十足，具有较强的辐射带动作用。因此，山东省应充分利用自身优势，以打造新亚欧大陆桥经济走廊的经济增长引擎为目标，塑造自身在价值链分工中的核心地位和主导地位，强化产业支撑、技术支撑、品牌支撑和政策支撑，完善和深化顶层设计，切实加强山东省要素集聚、经济辐射能力，带动西亚欧大陆桥经济走廊的经济发展。

2. 海陆交汇的经贸枢纽

山东省位于中国东部交通要道，是"一带一路"区域经济合作海陆交汇的经贸枢纽。从国内来看，山东省位于京津冀和长三角的接合部，经济总量居全国第三，有利于区域间的经济交流与合作。推动山东融入京津冀可以充分发挥山东经济的规模优势，辐射带动北方区域资源要素的集聚和增长速度提升的同时，充分激发京津冀鲁地区的内生增长动力和活力，进一步缩小南北方经济差距。积极融入长三角，有利于打开市场空间，打开投资空间，用系统的理念谋划乡村振兴，助力山东省新旧动能转换。同时山东省位于我国东部沿海，海岸线绵长，占总海岸线的1/6，内外、海陆交通网络发达，是我国重要的经贸枢纽。从省内来看，"四纵四横""五纵四横一环"的高速公路网络与沿海港口以及内陆紧密地联系在一起，有利于"一带一路"国内区域间的交流与合作。同时，山东省海上交通便利，港口条件优越，青岛港、烟台港、滨州港为山东省的对外贸易提供了便捷的交通运输。深化与长江经济带、京津冀、环渤海地区合作，建设区域性现代物流中心、国际产能协作发展中心、国家海洋经济中心，充分发挥海陆交汇的经贸枢纽作用。

65

3. 区域性商贸中心

山东省省内基础设施完善，基本形成涵盖公路、铁路、航空、港口等综合立体的交通网络。从沿海城市发展来看，山东省具有显著的港口优势和物流中心产业优势，对于东北亚区域以及大陆桥沿线国家和地区具有较强的集聚力和辐射力，对山东省加入"一带一路"形成区域性贸易中心具有重要意义。加快建设东北亚地区国际航运综合枢纽，培育具有电子交易、公共信息、金融支持、口岸通关等多位一体的商贸物流平台，吸引国际贸易、国际投资相关厂商设立中转基地和加工中心，拓宽合作领域和合作层次，推动形成东北亚地区重要的国际现代物流中心和商贸中心，搭建与"一带一路"沿线国家和地区经贸交流合作的纽带与桥梁。

根据省政府工作报告，2020年山东省的外贸外资逆势上扬：全年实现进出口总额达到2.2万亿元，增长2.7%，实际使用外资达176.5亿美元，增长20.1%，高于全国15.6个百分点。2020年，山东省增开和加密国际航线共计52条；陆路运输方面，"齐鲁号"欧亚班列开行1506列，增长43%；跨境电商方面，实现出口总额、市场采购贸易出口额分别增长366.2%、84.5%。从海关数据来看，在"一带一路"的推动下，山东加强与沿线国家的贸易往来。从2021年前三季度数据看，东盟、美国、欧盟、韩国、日本、巴西为山东省前六大贸易伙伴，山东省对东盟进出口2980.9亿元，增长47.3%；对美国进出口2407.8亿元，增长53.9%；对欧盟进出口2092.7亿元，增长27.2%；对韩国、日本、巴西进出口也实现了34.3%、20.3%和28.6%的增长。同期，山东对"一带一路"沿线国家进出口6597.1亿元，增长41.3%，占进出口总值的31.1%；对RCEP其他成员国进出口7420.5亿元，增长37.4%，占进出口总值的35.0%。

4. 海洋经济发展的重要平台

在"一带一路"倡议实施的大环境下，山东省沿海城市，例如青岛、威海、日照、东营等城市，有助于抓住地区优势，大力发展海洋经济。《愿景与行动》中明确指明，要加强青岛港、烟台港的港口建设。同样青岛市政府也制订了新的港口扩展建设方案，增加港口吞吐规模，提升港口吞吐效率，大力发展海洋经济。《2020年山东海洋经济统计公报》显示，2020年山东海洋生产总值13187亿元，占地区生产总值的

18.03%，占全国海洋生产总值的16.48%。山东省具有海洋科学研发的国家级平台和科研院所以及山东半岛蓝色经济区和青岛西海岸新区建设战略，这些都无疑构成了山东省发展海洋产业的重要基础。2021年山东省政府工作报告指出，2017~2020年期间，山东省信息制造业、高端装备产业、新能源新材料产业增加值分别增长28.9%、25.7%和34%，海洋生产总值约占全国的1/6，青岛船舶等产业集群和海洋牧场示范区占全国总数的40%。

基于海洋经济优势和国家海洋战略，在"一带一路"倡议的推动下，山东省的海洋高新技术产业获得快速增长，打造了具有国际竞争力的现代海洋产业集群和教育核心区。伴随"新冠"肺炎疫情后经济回暖，2021年前三季度山东省进出口总值2.12万亿元人民币，比去年同期增长36.8%，比2019年同期增长41.9%。其中，实现出口总额为1.23万亿元，增长39.3%，比2019年同期增长52.0%；进口总额为8854.6亿元，增长33.4%，比2019年同期增长29.8%。① 山东省进出口、出口和进口增速均高于全国平均水平，增速在前六大主要外贸省市中均位居首位。

3.2.2 山东省制造业融入"一带一路"区域合作行动方案

作为"一带一路"建设的桥头堡，尤其处于经济转型的关键时期的山东省来说，要采取积极的行动方案，抓住"一带一路"倡议不断深化的良好契机，提升经济发展质量，顺利实现新旧动能转换，构建新发展格局，从而更好辐射带动北方省份的经济发展。

1. 加强连通，构建全方位开放格局

山东省处于亚太经济一体化的重要交汇点，尤其是位于山东半岛的青岛、烟台、威海等城市一直处于山东乃至全国对外经贸合作的前沿地带，在推动国家间和中西部经贸关系的协调健康发展上发挥了重要的作用。

山东省结合自身的区位优势、资源和市场等综合优势，提出构建"一线串联、六廊展开、双核带动、多点支撑"的对外开放空间布局，

---

① 资料来源：中华人民共和国济南海关，http://www.customs.gov.cn/jinan_customs/zfxxgk93/3014222/3014291/500345/3960293/index.html。

为山东省提升对外开放水平、深化新旧动能转换、提升产业发展层次带来了新的机遇。积极融入"一带一路"区域价值链的构建，对山东省和沿线国家与地区的要素有序自由流动、资源有效配置、市场深度融合具有重要意义。同时，山东省在新时代经济发展寻求新思路和新格局，有利于提升经济发展质量，转变发展形势，从而在全球价值链构建中占据有利地位。

2. 开放思路，推动国际经济合作深化

山东省作为"丝绸之路经济带"和"海上丝绸之路"的重要交汇点，同时拥有港口优势、基础设施优势，且省内经济发展基础良好，是门类齐全、产能雄厚的经济大省。因此在现代化建设的新时代，借助"一带一路"倡议的实施，积极融入沿线国家和地区的产业分工，通过推进与沿线国家和地区的产业合作和经贸合作，把自身产业发展转向以质量和效益为主导，实施创新驱动发展战略，调整产业结构、提升产业层次，建立具有国际竞争力的高端产业圈，加快形成国际产能协作发展中心。

相对上海、广东等沿海经济大省，山东省要想在对外贸易发展中占据一席之地，就应着力于新的立足点。山东省要以"一带一路"倡议为契机，加强与南亚、中东、非洲、东欧等国经贸合作，立足于能源开发、资源互补、基础设施等领域进行产业融合；海上丝绸之路南线国家及我国的海南等省，以环南海经济合作圈为突破口，共建海陆对接，实现跨区域合作的海洋现代产业体系，形成全新的现代海洋产业合作发展格局，实现共赢发展。

3. 突出重点，提升省内产业质量

当前世界经济格局正在发生深刻变化，保护主义、单边主义抬头，多边主义和自由贸易体制受到冲击，不确定性因素增加。中国经济发展进入新阶段，作为全国经济缩影的山东，更应重视经济发展质量。由于过去投资过度集中在资源开发和初级加工领域，因此山东经济发展在第一、第三产业发展具有良好基础，但同样资源在深加工、高端制造业、商贸物流、科技研发等领域发展较弱。山东省要想在全国经济发展以及"一带一路"建设中取得优势，就要强化对外贸易实力，提高经济发展质量，深化新旧动能转换，突出改革发展重点，着力培养合作新业态和新模式，大力实施招大引强、招才引智工程，增强省内经济发展动力。

面对新发展机遇，山东省要结合自身优势，从实际出发，培养一批具有自身优势的企业,推动这些企业走出去,同时构建具备良好结构布局、强有力支撑带动力的配套性的现代产业集群。把经济发展着力点放在实体经济上,积极引入人才,提升企业创造能力,发展智能制造,推动数字产业化,以创新驱动、高质量供给引领和创造新需求。主动融入新发展格局,大力创新全国行业标准,积极参与国际规则制定,提升企业产品和服务质量。同时要加快构建全链条现代流通体系,培育具有核心竞争力的现代流通企业。优化国内国际市场布局、商品结构、贸易方式、贸易投资融合工程,促进对外贸易。

4. 优化创新举措,为开放格局助力护航

促进对外贸易发展,实现强有力的竞争核心,要有自主品牌。在企业对外走出去的过程中,要不断加强自身的自主创新能力,同时加强企业自身的研发能力和技术创新,才能顺利地在国际竞争中占据有利地位,为开放格局助力护航。企业创新需要人才,这就要求政府出台更多的人才优惠政策,为人才提供优越的发展环境,才能形成强大的创新能力;同时企业要增强创新能力,需要政府重视科技创新,通过适当的政策鼓励科技创新,加强对科技创新企业的财政投入或者是减免一定的税收,以科技创新带动产业发展。

随着服务业的发展,服务业在贸易中的比例不断上升,服务贸易有助于提高经济运行效率、优化产业结构、促进对外贸易升级。因此山东省在"一带一路"倡议的推动下,依托省内先进的建筑业、制造业等优势,大力发展服务贸易,如计算机信息、金融业。虽然当前山东省的服务业发展取得一定成效,但与部分南方省份相比较仍显不足,因此政府要加大对服务业的支持,鼓励企业积极开阔国际服务贸易市场,加强学习周边国家与地区的先进服务贸易发展,同时也能促进省内新旧动能转换。

3.2.3 山东省参与"一带一路"区域经济合作的定位目标和发展策略

1. 山东省参与"一带一路"区域价值链的定位目标

"一带一路"倡议提出后,山东省委、省政府于 2016 年 4 月 25 日正式对外公布《山东省参与建设丝绸之路经济带和 21 世纪海上丝绸之路实施方案》。该方案指出,"一带一路"建设要以"包容开放"为理念，以"经济合作"为主题，以"人文沟通"为基础，打造利益共同体和命运共同体。

在"一带一路"区域经济合作和区域价值链的构建过程中，山东省在地理位置、产业基础、开放模式、人文环境、科技发展等方面具有一定的优势和坚实的合作基础。作为"一带一路"两线交汇的重要节点，山东省是"一带一路"区域经济合作的重要战略支点，具有得天独厚的发展条件。因此，山东省在融入"一带一路"经济建设的过程中，其定位是"海上战略支点"和"新亚欧大陆桥梁经济走廊沿线的重点地区"。总体来说，山东省结合自身的区位优势、资源和市场等综合优势，提出构建"一线串联、六廊展开、双核带动、多点支撑"的对外开放空间布局，其含义如表3-2所示。

表3-2   山东省落实"一带一路"倡议空间布局

空间布局	发展要点
一线串联	以"海上丝绸之路"为依托，以沿海港口群为支撑，以海洋经济新区为载体，以中外合作园区为途径，推进沿海城市、港口与沿海国家和地区进行紧密合作，将山东省沿海七市打造成海上合作港口城市群
六廊展开	以新亚欧大陆桥、中蒙俄、中国—中亚—西亚、中国—东南半岛、中巴、孟中印缅六条国际经济合作走廊为主体，推进双边合作，形成"多端束状"贯穿新亚欧大陆桥的合作格局
双核带动	发挥济南省会优势和青岛蓝色经济区优势，参与"一带一路"核心区域建设和蓝色领军城市建设
多点支撑	各类中外合作园区、重大工程项目作为支撑

资料来源：邓学飞（2019）。

可以看出，"一带一路"倡议的提出，为山东省提升对外开放水平、深化新旧动能转换、提升产业发展层次带来了新的机遇。积极融入"一带一路"区域价值链的构建，可以为山东省和沿线国家与地区带来要素的有序自由流动、资源的高效配置、市场的深度融合，山东省应在这一过程中，努力形成对外开放合作的新思路和新格局。

（1）打造新亚欧大陆桥经济走廊的经济增长引擎。

山东省是"丝绸之路经济带"与"海上丝绸之路"的重要交汇点，

向西通过西亚欧大陆桥可以连接中西部地区及中亚五国，向东与东北亚各国相邻，可以直接面向东亚以及整个环太平洋地区，是亚欧板块和亚太板块的交汇点，具有深化国际国内合作、聚集生产要素、吸引各方投资和带动区域经济良好发展的区位条件和广阔的辐射能力，[①] 为我国中西部经济发展打造动力强大的新引擎和增长点。经济增长引擎和增长极是带动区域经济发展的重要实现途径，其自身不仅应该形成强大的规模经济效应，还要对其他生产环节和产业链分工产生提振作用、乘数作用和增长的空间溢出效应，进而带动整个区域的经济持续、健康发展。山东省是新亚欧大陆桥经济走廊的重要区域，是沿黄地区发展的龙头，是环渤海经济圈的核心要塞，具有良好的产业基础、丰富的能源储备、健全的产业链分工，发展潜力十足，具有较强的辐射带动作用。因此，山东省应充分利用自身优势，以打造新亚欧大陆桥经济走廊的经济增长引擎为目标，塑造自身在价值链分工中的核心地位和主导地位，强化产业支撑、技术支撑、品牌支撑和政策支撑，完善和深化顶层设计，切实加强山东省要素集聚、经济辐射能力，带动西亚欧大陆桥经济走廊的经济发展。

（2）夯实"五个中心"的战略定位。

山东省是新亚欧大陆桥经济走廊的重要沿线地区和海上丝绸之路的重要战略支点，在参与和融入"一带一路"建设过程中，山东省应着力利用自身区位优势、资源优势和技术优势，打造面向日韩、辐射东南亚、贯穿中亚欧的北方综合枢纽和海上战略支点。

第一，建设国际物流和商贸中心。山东省具有港口优势、基础设施优势和业已形成的物流中心产业优势，对于东北亚区域以及大陆桥沿线国家和地区具有较强的集聚力和辐射力，培育具有电子交易、公共信息、金融支持、口岸通关等多位一体的商贸物流平台，吸引国际贸易、国际投资相关厂商设立中转基地和加工中心，拓宽合作领域和合作层次，推动形成东北亚地区重要的国际现代物流中心和商贸中心，搭建与"一带一路"沿线国家和地区进行经贸、文化等方面交流合作的纽带与桥梁。

第二，建设现代海洋产业集聚中心。《2020年山东海洋经济统计公报》显示，2020年山东海洋生产总值13187亿元，占地区生产总值的

----
① 郑贵斌、李广杰：《山东融入"一带一路"建设战略研究》，人民出版社2015年版，第109页。

18.03%，占全国海洋生产总值的16.48%。海洋经济逐季恢复、结构持续优化，表现出较强韧性，海洋经济高质量发展态势得到进一步巩固。山东省具有海洋科学研发的国家级平台和科研院所以及山东半岛蓝色经济区和青岛西海岸新区建设战略，这些都无疑构成了山东省发展海洋产业的重要基础。

第三，建设国际产能协作发展中心。改革开放40多年来，山东省的经济取得快速增长和显著成绩，逐步成长为门类齐全、技术雄厚、产能规模巨大的经济大省，特别是在以互联网、大数据等为代表的新兴高技术产业，山东省的"高端高效高质"发展战略效果显著，成功推动了山东省制造业的产业转型升级，成为山东省制造业"新旧动能转换"的重要动力源。同时，伴随着"一带一路"倡议的实施，山东省进一步推进与沿线国家和地区的产业分工合作，以对外贸易、对外直接投资、对外工程承包等方式融入"一带一路"区域价值链，强化与新兴经济体和发展中国家的产业链和价值链分工，既可以加强与世界各国的产业联系与合作，又可以为山东省内产业的发展腾笼换鸟，推动山东产业发展向中高端迈进。因此，山东省应该借"一带一路"倡议东风，通过推进与沿线国家和地区的产业合作和经贸合作，将自身产业发展转向以质量和效益为主，实施创新驱动发展战略，调整产业结构、提升产业层次，建立具有国际竞争力的高端产业圈，加快形成国际产能协作发展中心。

第四，建立国际文化合作交流中心。山东省具有丰富的历史文化和旅游资源，是建设"一带一路"国际文化合作交流中心的基础，可以通过多元化的交流平台和合作基地，进一步推动山东省传统文化与国外文化的交流和融合。

第五，建设区域经济联动发展示范中心。山东省处于亚太经济一体化的重要交汇点，尤其是位于山东半岛的青岛、烟台、威海等城市一直处于山东乃至全国对外经贸合作的前沿地带，在推动国家间和中西部经贸关系的协调健康发展上发挥了重要的作用。一方面，山东省应利用自身的区位优势，加强与长江经济带、京津冀等东部沿海地区和发达地区的经济合作；另一方面，突出经济大省地位，加强与中西部地区合作，将自身打造为"东西"经济枢纽和经济支点，同时塑造自身新亚欧大陆桥经济走廊增长极的作用。

（3）构建对外开放空间新布局。

重点突出山东省海洋经济合作优势，突出主要节点城市功能和各类园区、重大工程项目支撑，加快构建"一线串联、六廊展开，双核带动、多点支撑"的空间布局设想。在这一空间布局中，山东省在"一带一路"建设中的"点""线""面"的作用各有不同。

"一线串联"就是以海上丝绸之路为依托，以沿海港口群为支撑，以海洋经济新区为载体，以中外合作园区为途径，推进沿海城市、港口与沿海国家和地区进行紧密合作，将山东省沿海七市打造成海上合作港口城市群。

"六廊展开"以新亚欧大陆桥、中蒙俄、中国—中亚—西亚、中国—东南半岛、中巴、孟中印缅六条国际经济合作走廊为主体，推进双边合作，形成"多端束状"贯穿新亚欧大陆桥的合作格局。

"双核带动"发挥济南省会优势和青岛蓝色经济区优势，参与"一带一路"核心区域建设和蓝色领军城市建设。

"多点支撑"就是发挥各类中外合作园区、重大工程项目作为支撑，为山东省融入"一带一路"区域经济合作建设提供强有力的动力源。

2. 山东省参与"一带一路"区域价值链的发展策略

建设"丝绸之路经济带"和 21 世纪"海上丝绸之路"，是中国适应经济全球化、提升全球经济治理能力、扩大同各国和各地区利益交融共享的重大战略抉择，是中共中央深化新一轮对外开放的重大举措。山东省地处"丝绸之路经济带"和"海上丝绸之路"交汇区域。依托于区位优势、产业优势和政策优势，山东省将融入"一带一路"区域经济合作作为深化对外开放、推动新旧动能转换的重要抓手和举措，主动融入国家不断深化的开放大局，聚焦于"五通"和"五路"，积极打造"一带一路"区域经济建设的新高地，逐步形成陆海内外联运、东西双向互济的开放新格局，为山东省参与并加快融入"一带一路"区域价值链指明方向。

（1）以深化开放为主线。

伴随着世界经济格局的深刻变革，价值链和产业链逐步回流或是重构，多边主义和贸易自由体制受到来自多方压力的冲击和挑战，世界范围内经贸关系发展的不确定因素逐步增多。在 2021 年 11 月召开的"第二届中国国际进口博览会"上，习近平主席强调："我们要以更加开放

73

的心态和举措，共同把全球市场的蛋糕做大、把全球共享的机制做实、把全球合作的方式做活，共同把经济全球化动力搞得越大越好、阻力搞得越小越好。"①"一带一路"是开放包容的合作倡议，作为新一轮高水平对外开放的标志性工程，"一带一路"倡议的提出和深入实施有助于推动中国参与更大范围、更宽领域和更深层次的开放。因此，山东省在参与和融入"一带一路"建设的过程中，要始终贯穿开放合作这一主线，加快构建全方位、多领域、多元化的全面开放新格局。在"一带一路"倡议的开放合作精神引领下，山东省应该加强与沿线国家和地区在产能合作、能源合作、金融合作、技术合作等领域经贸关系的发展，促进进出口贸易、技术交流以及双边对外投资行为，形成山东省与域内国家协调、共同发展。

（2）以陆海内外联动为重点。

世界经济格局的演变和重构方兴未艾，新兴经济体和发展中国家日益兴起，新一轮产业革命正在酝酿过程中，世界经济版图在复苏趋势中逐渐重构。但是，与此同时，我们也应看到我国经济发展也正在面临前所未有的挑战和风险，国际范围内贸易保护主义正在抬头、世界经济尚未走出金融危机阴影而找到新的增长引擎、新兴国家和发展中国家在世界范围的竞争优势尚未形成等。在这一新形势下，我国迫切需要全面推进对外开放新格局的形成，即以"一带一路"建设为重点，形成对外开放的新高地和开放新格局。"一带一路"区域经济合作不仅为中国的经济发展开辟了新天地，更为增进相关国家的民生福祉打开了新空间，是一条互利共赢、繁荣昌盛之路。"陆海内外联动、东西双向互济"的新开放格局，决定了必须依托陆上、海上和空中的国际通道，以"丝绸之路经济带"沿线的中心城市为支撑，以"21世纪海上丝绸之路"重点港口为节点，对内建立自由贸易试验区及沿边重点地区开发开放试验区，对外扩大外资市场准入、增加商品、服务进出口规模，从而推动中国与欧洲、非洲等沿线国家和地区实现共赢发展。

山东省位于"丝绸之路经济带"和21世纪"海上丝绸之路"的交汇处。如果说中国是丝绸之乡，那么山东则是中国桑蚕业的起源地和古代丝绸之路最为发达的地区，是"丝绸之路经济带"和"海上丝绸之

---

① 中华人民共和国商务部，http://www.mofcom.gov.cn/article/i/jyjl/l/201911/2019110 2911676.shtml。

路"的重要源头,从历史上,便与日本、朝鲜等国,有着密切的经济联系和经贸往来。因此,作为海陆交汇的"桥头堡",山东省要以"一带一路"倡议为契机,加强与南亚、中东、非洲、东欧等地区经贸合作,立足于能源开发、资源互补、基础设施等领域进行产业融合;与海上丝绸之路南线国家及我国的海南等省,以环南海经济合作圈为突破口,共建海陆对接,实现跨区域合作的海洋现代产业体系,形成全新的现代海洋产业合作发展格局,实现共赢发展。

(3)以互联互通为基础。

"一带一路"倡议旨在通过全球的互联互通,建立合作伙伴关系,打造区域内开放包容的合作模式,因此而构建利益共同体和人类命运共同体。所以,"一带一路"倡议下开展的域内经贸合作,应以互联互通为基础,即加强以基础设施互联互通为基础的全球网络体系建设,从而使诸如货物、资本、技术、信息甚至包括人员在内的一切生产要素都可以在域内自由流动,发挥各自比较优势,得到有效的资源配置,参与者都可以从中获得投资和贸易最大化的收益,从而实现共同繁荣和共同发展。从 2013 年"一带一路"倡议提出以来,以基础设施互联互通建设为起点和重点,中国与共建"一带一路"国家紧密地团结合作,共同建设了许多重大项目,其中主要涉及铁路建设、公路建设、港口建设,对切实改善相关国家的基础设施状况发挥了重要作用。

在这一过程中,山东省着力发挥了本省在电力工程、交通运输、石油化工等大型基建领域的引领作用。数据显示,2019 年山东省对"一带一路"沿线国家和地区对外承包工程新签合同额 876.1 亿元,完成营业额 791.9 亿元;派出各类劳务人员 6.3 万人,增长 8.4%。对外承包工程完成营业额、外派劳务分别居全国第二位、第一位。[①] 同时,山东进一步拓宽开放通道,发挥毗邻日本和韩国的优势,统筹海陆发展战略,优化中欧班列资源,提升多式联运能力,致力于打造国际物流大通道,不断推进山东省与日本、韩国、东南亚、欧洲等国家和地区的互联互通水平。

(4)以创新业态和平台为载体。

2017 年 5 月,习近平总书记在首届"一带一路"国际合作高峰论

---

① 赵静:《山东:在"一带一路"交汇处发力》,载于《人民日报》2020 年 7 月 9 日。

坛开幕式上，作了题为"携手推进'一带一路'建设"的主旨演讲，他指出：要将"一带一路"建成创新之路，"一带一路"建设本身就是一个创举，搞好"一带一路"建设也要向创新要动力。① 可以看出，以"一带一路"创新共同体建设为载体，通过创新双边合作业态和合作平台，引导创新主体积极参与"一带一路"创新之路建设。在这一过程中，促进民心相通和持续发展的引导能力必然是科技创新能力的提升，所以这也就要求"一带一路"沿线国家和地区共建联合科研平台和技术转移平台、共建联合经贸合作区和科技园区、共建国际科技联盟与国际科技组织等合作平台和科技交流机制。在这一过程中，山东省也着力于培养合作的新业态和新模式，与"一带一路"沿线的双边经贸关系走向务实、深化之路。

与此同时，山东省积极推动"一带一路"综合试验区建设。2019年，山东省政府批复同意设立胶州、临沂"一带一路"综合试验区，可以说，这是山东省不断推进和深化"一带一路"建设、构建国际合作新平台的一项重大举措，对于完善"一带一路"合作新模式、探索"一带一路"合作新路径具有重要的战略意义，是对打造沿海和内陆对外开放新格局的创新性尝试。胶州"一带一路"综合试验区覆盖胶州全市域，以胶州湾国际物流园为核心，以一系列开发区、示范区为试验载体，计划在2022年，基本形成"陆海内外联动、东西双向互济"的对外开放新格局；到2025年，基本建成贸易制度创新试验区、国际产能合作引领区和国际贸易金融中心。而临沂"一带一路"综合试验区则是以兰山区为主要试验区域，旨在以平台建设、通关便捷、产能合作、人文交流为建设重点，旨在将临沂打造成为"一带一路"沿线国际物流区域性枢纽、国际商贸创新型高地、国际产能合作示范基地、国际人文交流合作平台。②

（5）以体制机制创新为保障。

"一带一路"倡议的目的在于与沿线国家和地区共同合作，打造开放、包容、均衡、普惠的区域经济合作框架，探索国际经济合作以及全球经济治理新模式，以此带动国内与沿线国家和地区形成国际国内互动、互通、互补的区域经济合作新布局，形成产业发展的新动力。"一

① 新华网，http://www.xinhuanet.com/2017-05/14/c_1120969677.htm。
② 赵静：《山东：在"一带一路"交汇处发力》，载于《人民日报》2020年7月9日。

带一路"建设从无到有、由点及面,已然成为国际政治经济格局重塑和调整的重要力量,双边国家和地区迫切需要在战略对接、规划衔接和融资安排等领域建立创新型的体制机制作为合作的保障。

2016 年,山东省出台了《山东省参与建设丝绸之路经济带和 21 世纪海上丝绸之路实施方案》,连续四年出台了配套政策文件。山东省先后成立了省"一带一路"建设工作协调推进领导小组、"一带一路"境外安全保障协调小组,与国家发展改革委签署了推进国际产能和装备制造合作的框架协议。同时,大力实施招大引强、招才引智工程,为招商引资引智创造高效平台。通过体制和机制创新实现以点带面、层层推进的局面,形成山东省融入"一带一路"建设的新优势。

3. 山东省参与"一带一路"区域价值链的配套政策

自从 2013 年"一带一路"倡议提出后,山东省委、省政府制定了《山东省参与建设丝绸之路经济带和 21 世纪海上丝绸之路实施方案》,定位于"一带一路"建设的海上战略支点和新亚欧大陆桥经济走廊沿线的重点地区,并将积极主动参与"一带一路"建设列为全省开放型经济工作的主要任务,成立专门的"一带一路"建设工作协调推进领导小组,对于山东省融入"一带一路"区域经济合作和区域价值链建设的定位、布局、战略、配套政策等方面做出明确指示,形成了多元化、系统化的政策体系,将海洋经济、经贸投资、国际产能、交通互联、能源资源、金融业务、人文交流、生态环保 8 个领域作为重点发展方向,为山东省落实"一带一路"倡议中的主要政策指明了方向、落实了抓手,从而形成了一系列具体的配套措施和政策(见表 3-3)。

表 3-3　　　　山东省落实"一带一路"倡议部分配套政策

时间	涉及领域	文件名称	政策要点
2015.12 2016.4	国际产能	《推进国际产能和装备制造合作省委协同机制的合作框架协议》《山东省参与建设丝绸之路经济带和 21 世纪海上丝绸之路的实施方案》	围绕钢铁、有色、工程机械、轮胎、炼化、建材、装备、化工、轻纺、造纸、汽车、船舶等重点领域,制定扶持激励政策,建立动态更新的重点项目库,积极推动本省企业开展国际产能和装备制造合作

时间	涉及领域	文件名称	政策要点
2017.4	人文交流	《山东省"融入'一带一路'大战略,齐鲁文化丝路行"实施意见》	加快形成国际文化合作交流中心、积极推动齐鲁优秀文化走出去、大力推进对外文化贸易
2017.4	海洋经济	《山东省"十三五"海洋经济发展规划》	发挥战略支点优势,加强与沿线国家在海洋经济发展领域的对接和项目合作,加强海产品养殖、海洋装备制造、海洋科技园区合作
2015.7 2021.9	经贸投资	《山东省跨境电子商务发展行动计划》《山东省对外贸易创新发展实施方案(2021-2022年)》	培育壮大跨境电子商务主体队伍、做大做强跨境电子商务服务平台、加快建设跨境电子商务公共海外仓等;创新传统外贸发展模式,服务构建双循环发展新格局、加快培育外贸新业态,打造贸易高质量发展新格局

资料来源:根据山东省商务厅、山东省发改委、山东省文化厅等发布资料整理。

3.2.4 山东省参与"一带一路"区域价值链的优势和劣势

2008 年国际金融危机之后,全球经济格局发生了深刻变化:一方面,欧美等发达国家正在不断强化其在新一轮经贸规则制定中的话语权,对我国的对外经贸环境优化构成了明显的不利条件;另一方面,新兴经济体迅速崛起,占全球 GDP 的比重已经超过 50%,新兴发展中国家正式为世界经济的重要增长极。而"一带一路"倡议的提出正是基于优化我国对外经贸伙伴关系、致力于新兴国家互助互惠的理念,为双边打造便利化的政治和经贸关系交往环境和治理规则。

山东省位于两条"丝路"的重要交汇之处,作为国家东西双向开放的"桥头堡",是连接亚欧和亚太板块的重要支点,具有聚集生产要素、吸引对外投资、带动区域协调发展的良好区位条件和辐射功能。在"一带一路"建设逐渐由宏观描绘的"大写意"进入深入雕刻的"精工笔"新阶段,放眼未来,山东省融入"一带一路"倡议前景看好,却任重道远。要准确把握共建"一带一路"进入全面建设新阶段的新任务,高质量参与"一带一路"区域价值链建设,需要乘势而上、未雨绸缪，认清山东省融入"一带一路"优势和劣势，才能推动"一带一路"建设走深走实、行稳致远。

1. 山东省参与"一带一路"区域价值链建设的优势

"一带一路"倡议提出以来，中国在"一带一路"沿线的朋友圈越来越大，全球100多个国家、国际组织积极支持和参与"一带一路"建设，并且"一带一路"建设的相关内容已经被纳入联合国大会、联合国安理会等重要会议决议，倡议的国际影响力进一步提升。以此为契机，我国各省市紧紧抓住这一重要机遇，纷纷出台措施，精心谋划、超前布局，加强区域发展战略联动协调，深度对接和参与"一带一路"建设，山东省出台了多项关于"一带一路"建设的政策和规划，并与国家发改委签署了相关的推进协议，设立了"一带一路"专项资金，积极布局涉外园区。根据《"一带一路"大数据报告（2018）》显示，山东省在"一带一路"参与度指数测评结果中得分仅次于广东，从2016年的第七名提升至2017年的第五名，再到2018年的第二名，提升幅度明显。可以看出，山东省正在充分发挥自身的区位优势、禀赋优势、比较优势，积极深度融入"一带一路"区域经济合作的建设之中，在政策协调、基础设施、经贸合作、人文交流等方面持续发力，取得了显著成效。

（1）区位优势。

从世界版图来看，山东省背靠亚欧大陆，东临渤海和黄海，毗邻日韩，是中国北方大陆伸向西太平洋的前缘，处于东北亚经济圈的核心地带，位于"一带"与"一路"的重要交汇处，与东北亚、东南亚、大洋洲具有良好的海陆通联条件和优势。从国内区位看，山东省处于经济发达的长江三角洲和京津冀经济圈的连接地带，北接京津冀、南联长三角，承南启北的作用非常突出，有利于与这些经济发达的省份实现资源共享、协同发展。同时，山东省作为新亚欧大陆桥经济走廊沿线的重要地区，不仅是沿黄河流域中西部地区各省市重要的出海门户，也是陆路运输"中欧班列"重要的源头地区，与我国中西部地区具有密切的经济往来和合作基础，在能源、交通运输等领域具有广泛的合作空间。

（2）历史优势。

山东省曾经是陆上丝绸之路的重要源头，海上丝绸之路的重要节点。历史上，山东地区是丝绸之路的主要源头，由汉唐长安西去的丝织品主要就是由山东供给的，山东丝绸通过"丝绸之路"的起点长安这个窗口走向西方。伴随着历史发展，后来"丝绸之路"起点东移，山东地区承接了丝绸之路起点和源头的双重身份,[①] 青州成为当时山东最大的丝绸产地。此时，丝绸之路中的北路，就是经由长安东北行，经太原、石家庄向东南，经过济南，与中路汇合。而中路则是丝绸之路的主干线，由长安出发，经过潼关、三门峡、洛阳到定陶，再东去兖州抵达济南，进而东到淄博、青州等地。丝绸之路的南路则是由长安到洛阳，经郑州、开封、商丘抵达徐州，由此向东北行，到山东莒县、诸城一带。由此可以看出，山东是陆上"丝绸之路"的重要参与者。山东的"海上丝绸之路"形成于先秦时期，持续时间更长、范围更广、影响更大。从山东沿岸经过辽东半岛，沿朝鲜西海岸南下，到达日本南部，这条航线被称为"海上丝绸之路"的东方航线，存在时间最长，促进了山东乃至中国的对外文化交流，增进了中外人民的友谊，对于山东与日韩两国的交往起到了巨大的促进作用，对于整个人类文明史、商业发展史产生了极其深远的影响。

（3）经济优势。

第一，产业优势：山东是中国的经济大省、人口大省，2021 年GDP 居全国第三位，占中国 GDP 总量的 7.5%，经济增长的速度达到8.3%，人均 GDP 为 8.18 万元，是名副其实的经济大省、经济强省。[②]近年来，山东省出台一系列推动工业由大变强、促进服务业跨越式发展、经济发展新旧动能转化、自由贸易试验区等发展政策，着力推进产业结构调整，经济发展动能转换，使得山东省有实力在"一带一路"建设中发挥更加重要的作用。

山东是农业大省，在全国占有重要的地位，第一产业增加值连续多年位居全国第一，粮棉油、瓜果菜、畜产品、水产品等主要农产品的产量居于全国前列。2021 年，山东省农产品出口 1238.4 亿元人民币，占全国农产品出口的 22.7%，在全国各省市中位居第 1，连续 23 年蝉联农产品出口冠军。[③] 山东省工业门类齐全，制造业规模庞大，是山东省

---

① 郑贵斌、李广杰:《山东融入"一带一路"建设战略研究》，人民出版社 2015 年版，第 53 页。

②③ 资料来源:《2021 年山东省国民经济和社会发展统计公报》。

经济发展的绝对推动力量。从产业结构上看，目前资本密集型产业和劳动密集型产业仍占主导地位，但整体呈逐年下降趋势，技术密集型行业占比小幅上升，山东省制造业正在经历转型升级与新旧动能转化的转型时期。作为制造业大省，山东省相继发布了《山东省新旧动能转换重大工程实施规划》《山东省装备制造业转型升级实施方案》等政策文件，推动新旧动能转换与制造业高质量发展。山东省产业体系完备，拥有41 个工业大类和 197 个中类的联合国产业分类，其中，能源、化工、建材、机械、电子、食品等行业在全国占有重要的地位。在政策的推动下，山东省高新技术产业发展迅速，电子信息、新能源、生物技术等高技术产业逐渐成为山东省产业发展的支柱力量，2021 年，高新技术产业占比达到 46.8%，高技术制造业增加值增长 18.5%。[①] 与此同时，山东省海洋经济发达，半岛蓝色经济区建设已经上升为国家层面的战略，海洋经济进入快速发展时期。据统计 2020 年，山东省实现海洋生产总值 1.46 万亿元，居全国第二位，同比增长 9%，占全省地区生产总值的比重由 2015 年的 19.7% 提高到 2019 年的 20.5%，占全国海洋生产总值的比重达到 16.3%，其中海洋渔业、海洋生物医药产业、海洋盐业、海洋电力业、海洋交通运输业等 5 个产业规模居全国第一位。[②] 全省海洋经济逐季恢复、结构持续优化，表现出较强韧性，海洋经济高质量发展态势得到进一步巩固。

"一带一路" 沿线国家和地区多数为发展中国家，经济发展水平参差不齐、产业跨度较大、基础设施落后，与山东省的产业结构之间具有较强的互补性。目前，山东省正在实施 "腾笼换鸟"、新旧动能转换等产业升级策略，完备的产业门类、良好的产业基础和巨大的市场潜力，为山东省开展与 "一带一路" 沿线国家和地区的产业合作提供了坚实的基础。

第二，对外经贸合作优势：伴随着 "一带一路" 倡议的不断推进，中国与沿线国家在经贸领域的合作也在不断加深，越来越多的企业借助 "一带一路" 倡议的政策红利 "走出去"。在深度融入开放经济的同时，通过国际要素整合、产业联动转型等途径，实现产业升级和发展质量的提升，从而在新一轮产业链的调整中占据主动地位。山东省位于两条

---

① 资料来源：大众日报，2022 - 1 - 21。

② 资料来源：《山东省 "十四五" 海洋经济发展规划》。

"丝路"的重要交汇点，近年来，以"一带一路"倡议为契机，加快了双边贸易、对外投资、深度融入开放经济的进程，对沿线国家和地区的贸易和投资额迅速增长。从国际贸易统计数据看，山东省对"一带一路"沿线国家的制造业产品出口额整体呈现增长趋势，由2009年的305.41亿美元增长至2017年的612.58亿美元，累计额307.15亿美元，年均贸易额增长38.39亿美元，年均增长速度达到9.09%。其中2009年至2014年制造业出口额持续增长，2014年达到峰值649.81亿美元，这主要是由于2008年金融危机导致制造业出口贸易受创，在我国一揽子经济刺激计划的推动下，山东省制造业出口贸易呈现复苏状态。2014年至2017年间，山东省对"一带一路"沿线国家制造业产品出口规模出现波动，2015年出现小幅度下滑，2017年降至612.58亿美元。山东省对"一带一路"沿线国家出口的制造业产品中，占比较大的行业分别为通用设备制造业、专用设备制造业、电气机械和器材制造业、计算机、通信和其他电子设备制造业、纺织业、橡胶和塑料制造业、化学原料和化学制品制造业，占山东省对"一带一路"沿线国家制造业出口总额的55%左右。从出口结构上看，高技术制造业产品出口额明显高于中等技术和低技术制造业出口额，约为低技术出口的1.7倍多，而中等技术产品出口额从2009年起，超过低技术出口额，并与其逐渐拉开差距。山东省向"一带一路"国家出口的高技术制造业产品中，以通用设备制造业和专用设备制造业、电气机械和器材制造业以及计算机、通信和其他电子设备制造业为主。[①]

从对外投资统计数据看，2013～2019年，山东省对"一带一路"沿线投资额年均增长速度达到38%，比同期山东省对外投资增速高12.5个百分点。截至2019年，山东省对"一带一路"沿线投资总额达223.06亿美元，占山东省对外投资总额的23.1%，比2018上升15.09%。双边在资本、技术、市场等方面的互补性和融合性在实现双边合作的共赢的同时，也为山东省通过对外投资实现产业结构升级和产业质量提升提供了重要的机遇。[②]

（4）人文优势。

"一带一路"是中华文明的继承与回归，是利用古代丝绸之路实现

---

① 资料来源：根据国研网统计数据库整理计算所得。

② 资料来源：根据历年《山东省统计年鉴》整理计算所得。

当代沿线国家人文交流和经贸合作的延续。发源于山东的儒家文化是中国思想文化的代表，其所提倡的"互惠互利""和平发展"等思想对中国的对外交流起到了深远的影响作用，也是"一带一路"倡议的精神所在，是山东省融入"一带一路"建设的独特优势。文化方面的交流是山东省利用自身文化优势与"一带一路"沿线国家和地区进行文明对话、价值借鉴、文化交流的有效途径，通过诸如世界入学大会、中韩儒学对话会议等平台，为国际组织、学术团体、专家学者提供沟通平台和途径，弘扬中华文化；与此同时，利用山东省"孔孟之乡"特有的文化传统和深厚根基，推动文化展示，构建国际文化交流中心。

2. 山东省参与"一带一路"区域价值链建设的制约因素

（1）跨国企业经验不足，核心竞争力欠缺。

从山东层面看，山东省对"一带一路"沿线国家和地区投资领域集中于制造业和能源业，其动因体现为资源寻求和贸易扩大。通过与"一带一路"沿线国家和地区在贸易、投资等领域进行产能合作，有规划地带动相关配套产业发展，并与"一带一路"沿线国家的优势产业、优势禀赋相结合，有利于扩大山东省与"一带一路"沿线各国各种形式的产能合作潜力释放，是拓展山东经济发展新空间、促进经济转型发展的现实需要，在这一过程中，涌现出青岛海尔、烟台万华、潍柴动力、小鸭集团等一大批践行深化"一带一路"经贸关系的企业。但是从目前的经贸关系发展现状看，山东省对外投资的规模并不大，平均规模约 140 万美元，远远低于发达国家对外投资项目的平均规模 600 万美元，也远远低于发展中国家对外投资项目的平均规模 450 万美元。据统计，2019 年共有 55 家山东上市集团企业对"一带一路"沿线国家投资，建立 213 家海外关联公司。此外，从投资结构上来看，2019 年山东省对"一带一路"沿线国家制造业投资占比最大，达到 28.6%，其次是批发零售业，占比达到 27.7%，可以看出，山东省企业对沿线国家制造业的投资偏好，这也符合沿线国家拥有丰富的、价格相对低廉的劳动力和富足的矿产资源以及经济增长阶段产品需求丰富的基本事实。其中，制造业主要集中于纺织业、轻工业以及机械加工等传统制造业，产业层次不高，甚至与印尼、越南、泰国等国在一定程度上形成了产业竞争，优势不够明显。①

① 资料来源：根据国泰安 CSMAR 数据库整理计算所得。

（2）对外经贸关系集中度较高。

山东省对"一带一路"沿线不同地区均保持着贸易往来，且各区域出口贸易额所占比重基本保持稳定，统计显示，对亚洲"一带一路"沿线国家出口额远远超过其他地区，2017 年对亚洲制造业出口额为 335.47 亿美元，占山东省对所有沿线地区出口额的 61.04%，其次是欧洲和非洲，对南美洲、北美洲与大洋洲沿线国家出口额较少，主要原因是参与"一带一路"建设的亚洲国家较多，且地理位置与山东省较近，运输成本等相对较低，导致山东省与亚洲沿线国家的贸易往来相对其他洲来说更加密切。[①]

从对外投资来看，截至 2019 年山东省对"一带一路"沿线国家投资设立的企业中，共有 135 家企业设立在亚洲国家，占比达 68.18%，仅有 31.82% 的企业对欧洲及其他沿线国家投资。其中，山东省对"一带一路"沿线投资主要集中于东南亚地区。2019 年山东省对亚洲沿线国家投资 31.71 亿美元，其中对东南亚沿线国家的投资占比达到了对亚洲投资的 53.63%，占比最大，集中度最高。其主要原因在于东南亚位于"一带一路"倡议核心区和东盟自贸区两区，可以兼顾双边的政策红利。[②]

总体来看，山东省与"一带一路"沿线的伙伴关系主要集中于亚洲地区，特别是东南亚地区，与中西亚、中东欧等国家和地区之间的合作关系尚处于起步阶段，规模较小，占比不大，而且对外直接投资主要集中于资源领域以及纺织、轻工、传统机械等领域，集中度较高。

（3）开放型体制需要进一步完善和健全。

山东省 16 地市发展中，在与"一带一路"沿线国家和地区构建经贸伙伴关系的过程中，存在着不同程度的发展战略定位相似、产业结构趋同的局面，各地市之间缺乏有效的协调和合作机制。在涉及产业园区构建、重大项目布局、城市功能定位等重大问题上，缺乏有效的统筹设计，影响了融入"一带一路"区域价值链的实际效果。此外，在涉及贸易投资便利化、自由化等方面，仍表现需要进一步完善和加强。山东自由贸易试验区从 2019 年揭牌成立，出台了一系列金融

---

① 资料来源：根据国研网统计数据库整理计算所得。

② 资料来源：根据《山东省统计年鉴》整理计算所得。

创新、便捷审批、与日韩标准互认等一系列促进对外开放的便利化措施，但是与海南自贸区、上海自贸区相比，定位不够明晰、缺乏核心竞争力等弱点较为明显，这在一定程度上也是山东省深化对外开放的所面临的重大挑战。

第4章 "一带一路"区域价值链的构建及驱动要素

4.1 价值链构建的驱动机制及影响因素的拆解与重构

"一带一路"区域经济合作表现为各国在贸易、投资、生产领域的相互依存和融合关系,这种经贸和产业链上的产业共生、依存和竞争在一定程度上构成了"一带一路"区域价值链。依据现有研究成果,对于价值链驱动因素的分析,多是以三大驱动机制和驱动原理为主,即生产者驱动、购买者驱动和混合驱动,但是在这些理论中,并未对各驱动机制内在因素进行进一步分析,也没有进一步厘清驱动机制的内在作用因素有哪些,各个驱动因素的具体作用机理是什么。本章基于上述问题,对传统驱动机制进行了拆解、提炼和重构,以探寻驱动机制背后具体要素的关键作用。进一步地,在"一带一路"区域经济合作和区域价值链构建的过程中,山东省在融入"一带一路"区域价值链中,各方面价值要素禀赋如何,也是值得我们进一步探讨的。

4.1.1 价值链驱动机制分析

全球价值链依据产品生产的不同环节把参与价值链的国家或地区联系起来,但是在这种价值链条下,究竟是什么因素或是什么动力推动整条价值链运行?在价值链条中哪些是决定链条运行的关键环节?价值链运行的机制是什么？基于这些问题，格里芬（Gereffi, 2001）提出价值链驱动机制，即依据企业领导类型分为生产者驱动和购买者驱动两种类型，国内学者张辉（2006）在此基础上，提出混合驱动模式的概念，认为价值链驱动模式分为生产者驱动、购买者驱动和混合驱动模式三种，该研究对二元驱动机制形成有力补充，更适合实际发展的客观现实。因此本书在三元动力机制的基础上对其拆解，并对其进一步分析。

1. 生产者驱动机制

生产者驱动（product-driven）指由生产者投资来推动市场的需求，形成在全球生产供应链范围内的垂直分工体系。该生产者可以是具有技术研发优势或者谋求市场扩张的大型企业，也可以是为促进地方经济发展、建立自主工业体系的一国政府。该驱动模式一般集聚为资本或技术密集型产业如钢铁、航空和汽车等，这些产业的关键环节是研发和生产，投资者牢牢抓住该价值链条中的核心研发生产环节，发展中国家或地区通过参与合资、合作或并购等方式嵌入该价值链中。

如图 4-1 所示，在生产者驱动的全球价值链中，价值增值的份额并不是均匀分布的，价值增值率由生产环节向流通环节依次边际递减，价值增值份额偏向于生产环节。因此，生产者导向型企业拥有控制整条价值链体系运作的核心生产环节，而把附加值低的环节以外包或海外投资等形式分离出去，形成"核心—边缘"的格局。核心企业由跨国公司及其分散各地的子公司组成，总公司向其子公司之间传播资本、知识信息、技术和管理经验等，共同通过参与价值链的研发生产环节，通过掌握核心生产技术，控制整条价值链的运作。边缘企业包括本地供应商、组装加工商、分销商和零售商，供应商通过向本地子公司提供原材料参与全球价值链，组装加工商通过参与生产中附加值较低的组装加工环节参与价值链运作中，分销商和零售商负责产品的销售。在生产者驱动的整条价值链中，生产者跨国投资企业起着关键的作用，控制着整条价值链运行的核心环节，通过将其他低附加值环节以外包等形式与本国或他国的企业合作，共同参与该价值链条当中，这一特征具有明显的上下游联动作用。

87

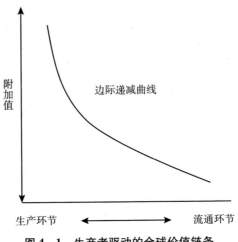

图 4 - 1   生产者驱动的全球价值链条

2. 购买者驱动机制

购买者驱动（buyer - driven）指由拥有强大品牌优势和国内销售渠道的企业或政府组织通过全球采购、OEM 或 ODM 等组织起来的跨国商品流通网络从而形成强大的市场需求，拉动奉行出口导向战略的发展中地区的工业化。在购买者驱动的价值链中，设计和营销是拥有高附加值的核心环节，发展中国家在销售环节通过贸易合作的方式，向大型跨国采购商提供符合要求的产品，从而嵌入到价值链中。购买者驱动型价值链主要集中于劳动密集型产业，如服装、纺织、家具等产业，如沃尔玛、家乐福和宜家等大型成熟的跨国零售商，该企业凭借品牌或市场的优势通过全球采购的模式控制着整个价值链条的运转，是整个价值链的动力之源。这些企业控制并形成如下空间分工协作网络：总部设立在核心国家，半边缘地区负责协调，生产集中在低薪资的边缘地带。大型跨国零售商在价值链中扮演着核心"中介"的作用，将生产企业和产品经销商联系起来，中国从 20 世纪 90 年代以来就通过购买者驱动的方式嵌入全球价值链实现产业升级和贸易增长。

与生产者驱动模式不同，购买者驱动模式的核心企业为拥有品牌或市场优势的大型零售商和国外采购商，主要负责核心设计和营销环节，而生产制造和原材料供应等附加值较低的环节主要位于边缘化的发展中国家，如图 4 - 2 所示，购买者驱动的全球价值链的价值增值份额偏向于流通环节，价值增值率由生产环节向流通环节边际递增，发展中国家通过原材料供应和生产制造等环节参与该类型的价值链中。

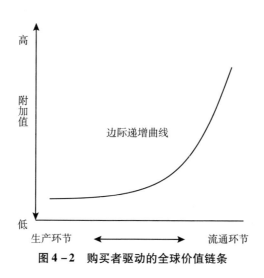

图 4 - 2　购买者驱动的全球价值链条

3. 混合模式驱动机制

国内研究学者张辉（2006）在全球价值链的双动力驱动机制的基础上，提出混合型驱动机制。双动力驱动机制是按照产业部门划分的，依据不同产品市场的进入门槛存在差异而提出的，实际上，同一产业部门内部是有可能两种动力机制同时存在的，或者同一产业部门内部不同的价值环节的动力驱动机制也有可能相悖，这是导致同一行业内行为差异的原因。格里芬（1999）也认为将价值链驱动机制分为生产者驱动和购买者驱动两种类型不能很好地与实际情况相结合，也不能通过该理论有力地解释实际企业行为策略。比如服装产业品牌GAP 没有自身生产体系，是典型的购买者驱动价值链的品牌商，而同一行业中的 Levis 就拥有自身垂直一体化的生产体系，属于生产者驱动价值链的品牌商；同样，在汽车行业，福特公司就逐渐转向购买者驱动的价值链中，但是丰田等汽车厂商仍坚持研发与生产，属于生产者驱动价值链中的品牌商；半导体行业中，Intel 采用的是生产者驱动模式的价值链体系，而 ARM 则是采用典型的利用硅谷分包模式的购买者驱动模式，由此可见同一行业内企业行为的差异并不能通过二元动力模型很好地解释。

实际上有很多价值链条处于购买者驱动和生产者驱动两种模式之间，即同时具备双驱动模式的特征。动力驱动机制在理论上应该从价值增值序列过程的具体环节划分，而不应该按照部门划分。在原有的双动力模型下，混合驱动模式的提出模糊了按部门划分的双动力驱动模型的界限，丰富了动力学说理论，也使全球价值链的动力机制研究更趋于动态化。在混合驱动模式中，呈现"核心企业"—"边缘企业"—"核心企业"的特征，混合驱动模式结合了生产者和购买者双驱动模式的特点，在生产领域中的研发和生产环节以及营销领域中的设计和营销环节都是核心企业在全球价值链条中的关键环节，其中边缘化企业负责中间环节中附加值较低的原材料供应、组装加工等环节。该驱动模式下分析企业或政策的取向需要依据实际调研分析该类产业是偏向于生产者驱动型或者购买者驱动型，然后依据具体情况做出企业行为或政策取向，按照其具体偏向位考虑发展战略，该驱动模式通过驱动动力的解构，很好地解释了在同一行业内企业行为存在差异的原因。

结合图 4-1 和图 4-2 得到混合型全球价值链图 4-3，该图形走势与微笑曲线相吻合，在该驱动模式的全球价值链中生产和流通环节都有侧重，边际价值增值率表现为先递减再递增的趋势，这是兼具生产者和购买者两种驱动模式的混合型价值链，其中生产和流通环节是该价值链条中的核心高附加值环节。

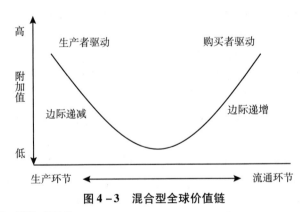

图 4-3　混合型全球价值链

资料来源：张辉（2006）。

4. 不同驱动机制下价值链构建特点

价值链的驱动机制不同，其导致的价值链在产业集群形成的方式、市场竞争的规则以及升级轨迹等方面亦不同。以下对三种驱动机制的区别进行比较，见表4－1。

表4－1 　　　　　　　生产者、购买者及混合驱动型价值链特征比较

项目	生产者驱动型价值链	购买者驱动型价值链	混合型价值链
驱动根源	产业资本	商业资本	二者兼有
核心竞争力	研发、生产	设计、品牌和市场营销	二者兼有
产业联系基础	投资	贸易	二者兼有
主导产业结构	垂直一体化	水平一体化	二者兼有
产业类型	耐用消费品、中间商品、资本商品	非耐用消费品	二者兼有
进入壁垒	规模经济、强大的技术研发能力、复杂的全球化生产网络和等级体系、标准化生产等	范围经济、产品市场营销、供应链管理及获取市场信息的高额成本等	二者兼有
辅助支撑体系	重硬环境、轻软环境	重软环境、轻硬环境	二者兼有
典型产业	航空、钢铁等	服装、鞋、玩具等	计算机等
典型跨国公司	波音等	沃尔玛、耐克等	戴尔等

资料来源：格里芬（Gereffi，1999）和张辉（2006）。

生产者驱动型的全球价值链和购买者驱动型的价值链有着不同的运转规则。生产者驱动型价值链以产业资本为原动力、重视产品的研发生产环节、强调科技研发创新能力的提高，通过产业垂直一体化生产体系强化规模经济效应以及注重基础设施等设备硬件的建设等，因此在生产者驱动型价值链中，提高其科技研发核心技术能力的策略是企业在面对全球竞争规则选择的正确路径。购买者驱动型的全球价值链以商业资本为原动力，强调产品在流通领域中的市场营销能力，拓展销售渠道以获得范围经济，加强信息等软环境的建设能力。因此，在该驱动模式的价值链条下，企业在面临全球贸易竞争中需更加注重拓

展销售渠道的营销能力。同样，企业在参与混合型驱动模式的全球价值链中，应把科技研发生产能力和销售营销能力作为应对世界贸易领域竞争的关键。

4.1.2 驱动机制影响因素的拆解与价值要素体系重构

由前面分析可知，不同驱动机制下推动价值链构建的因素不同。以产业资本为驱动根源的价值链更侧重于以资本的投入、稀缺资源获取等为原始动力，因此在此种类型的价值链条下，资本、资源要素是构建价值链不可或缺的因素。但是在以商业资本驱动的价值链下，则更关注市场规模大小、获取信息速度以及品牌塑造等，因此，市场、信息和品牌等因素对该类型的价值链构建相对更为重要。综合来看，生产者、购买者和混合驱动价值链的构建分别具有不同的核心推动力因素，资本、资源等因素在推动生产者驱动型价值链构建发挥重要作用；市场、信息和品牌等因素是推动购买者价值链运作的主要动力；混合模式兼具以上两种类型价值链的推动因素。虽然不同因素在不同驱动机制下的价值链构建各发挥不同的作用，但是从整体价值链构建的角度分析，国际经济形势、国家政策以及科技革命带来的发展突破等同样对价值链的构建产生重要作用。

已有研究多从三重动机角度解析融入、构建价值链的动因，但各动机内部的影响因素存在交叉，仅分析三种动机的价值链驱动机制可能缺乏对现实运作机理的解释能力，因此有必要对各传统价值链驱动力进行拆解、提炼和重构。依据上文，本节将生产者驱动、购买者驱动以及混合驱动模式拆解为如下12项具体价值链构建及融入的影响要素：政策因素、产业因素、能源资源、投资因素、市场因素、品牌因素、技术因素、文化因素、资金因素、信息因素、人才因素、研发因素。

考虑因素间的相关性，本书对在作用价值链构建、融入路径机理时具有相似路径的因素进行了重构。依据各因素的价值导向位置，将12项具体因素归为价值基础要素、价值核心要素、价值提升要素和价值保障要素四类：

（1）价值基础要素：本书将价值链构建的前提基础性作用的要素

作为价值基础要素，价值基础要素体现的是驱动价值链构建的基本动力，主要以国家政策形势为代表的外部要素和以产业因素为代表的内部要素两大方面对价值链构建形成牵引力，因此定义价值基础要素为国家政策因素、产业因素。

（2）价值核心要素：价值链的构造、融入价值链等都需要跨国公司以具体目的为转移核心，既在构建、融入全球价值链或区域价值链时具备产业转移的核心价值因素。依据企业投资动机异质性理论，跨国公司对外直接投资的核心动机可分为资源获取、市场获取、技术获取以及效率获取四种动机，由于世界范围内投资主要为顺梯度投资，逆梯度的技术获取型投资动机较少，因此不作为主要考虑范畴，进而可以将能源资源、投资因素和市场因素三个方面归结为价值核心要素。

（3）价值提升要素：依据现有理论，解除产品生产的低端锁定，从而实现产业在价值链中地位的稳固与提升，需要一国跨国企业或行业至少在技术创新、文化及管理优势拥有其一。在价值链构建、融入过程中主要以品牌、文化和科技内涵为主拉动嵌入链条，通过企业或组织内部增强其竞争力和影响力的方式来达到提升企业或组织嵌入价值链的深度和宽度。从微观角度，价值提升要素实质是在价值链构建过程中起到推动企业深度嵌入或共同构建价值体系的深度和宽度；宏观上，价值提升要素表现了在企业或部门构建价值链条过程中的价值链形成的深度、质量问题。因此可将品牌、技术和文化等因素作为价值提升要素。

（4）价值保障要素：以资金、信息要素为主的硬件支撑和以人才、研发要素为主的软件支撑作为价值链构建的要素，在价值链形成过程中起到保障作用。产业资金储备和以科技发展为前提的信息获取和流通的能力始终是企业或地区在嵌入价值链体系的后备保障。本书将资金因素、人才因素、信息因素和研发因素纳入价值保障要素的范畴。

基于前文分析和"一带一路"价值链的特征，本书将价值链驱动因素拆解、总结、归纳为"一带一路"区域价值链构建的产业升级动能系统，如图4-4所示。

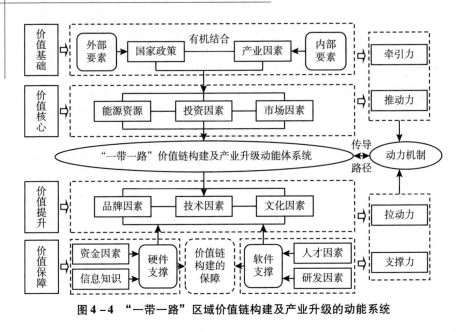

图4-4 "一带一路"区域价值链构建及产业升级的动能系统

基于系统论和整体观，拆解、提炼、重构全球价值链上引发价值活动的各项关联要素，将贯穿价值链系统中价值创造和价值增值全过程的要素看作一个集合体，识别出各种要素在构建价值链中的动力效用，从而形成"一带一路"价值链构建的动能，将这些动能的关键要素模块化、网络化，提炼出构建价值链的动能要素系统，即：四大模块要素和四条动力链条，价值基础要素是构建价值链的牵引力、价值核心要素是构建价值链的推动力、价值提升要素是构建价值链的拉动力、价值保障要素是构建价值链的支撑力。

综上所述，基于消费者驱动、购买者驱动和混合驱动三种价值链驱动模式的特征，对三种驱动模式拆解、提炼，最终形成了12项具体驱动因素，即政策因素、产业因素、能源因素、投资因素、市场因素、品牌因素、技术因素、文化因素、资金因素、信息因素以及人才与研发因素。根据不同具体因素的特征和在促进企业嵌入价值链过程中的作用，将12项驱动因素归为四大价值要素，即价值基础要素、价值核心要素、价值提升要素以及价值保障要素，形成了价值链的价值驱动体系。

4.2 "一带一路"背景下价值要素的驱动机制及转型升级作用机理

通过对三大价值链驱动机制的拆解、提炼和重构,将影响价值链嵌入的12项基本因素归为四大价值要素并分别讨论了每个要素的含义。然而,在"一带一路"背景下,四大价值要素对企业嵌入"一带一路"区域价值链构建的作用机理是什么?其具体因素又是如何影响企业个体或产业整体嵌入"一带一路"区域价值链分工体系并促进转型升级的?此类问题尚未解决。基于此,本章内容主要从四大要素出发,阐述了"一带一路"背景下各具体因素对价值链体系构建的作用机理。

4.2.1 价值基础要素的牵引作用

价值基础要素以国家政策因素和产业因素两大方面对价值链构建形成牵引力,主要以国家政策因素的支持作用和产业因素的吸引作用力为核心,通过政策因素的提振效应以及经济结构的相互补足效应和新兴产业效应对价值链构建、嵌入构成牵引力,进而提升企业的价值链分工地位,通过"腾笼换鸟"或企业自身革新的方式促进产业转型升级。"一带一路"背景下,政策因素主要表现为中央及地方政府对企业参与"一带一路"建设的支持政策,产业因素为"一带一路"沿线国家与我国省市间的经济补充基础。

1. 政策因素

国家政策是引起价值链和产业链空间格局变动的重要因素,基于本地企业参与"一带一路"区域价值链的角度,可从微观、中观及宏观三个角度进行分析。从微观角度看,"一带一路"倡议下中央及地方政府推动的强制性制度变迁对企业的出口、投资均有明显的提升和拉动作用。从产业角度看,中央及地方政府通过提升政策效率及透明度提升企业积极性,制定企业参与"一带一路"建设的相关产业政策、金融支持政策、鼓励设立"一带一路"海外产业园区等提高企业效率、降低生产成本、促进产业集群溢出,进而影响企业生产效率、产品质量以促进对"一带一路"的投资和出口,加快本地企业产业转型升级。从宏观角度看,通过鼓励本地具有比较优势的产业对"一带一路"沿线国家投资或增加出口等,促进企业融入"一带一路"区域价值链,进而促进产业转型。

(1)宏观制度变迁。

习近平主席在第二届"一带一路"国际合作高峰论坛上指出:"中国将加强同世界和主要经济体宏观政策协调,共同促进世界经济强劲、可持续、平衡、包容增长"。"一带一路"倡议具有开放性、包容性、多元性的机制内涵,沿线国家和地区中,发达国家和发展中国家并存,经济差距、文化特点、政治体制均呈现出巨大的不同,因此需要宏观制度的协调促使该合作平台发挥更大的作用。总体上,从中国视角来看,国家出台了一系列国家沿边开发开放政策、金融综合改革政策、综合保税区政策、自由贸易试验区政策以及各省、市各个层面也有具有自己的地域性资金、对外经贸、税收等支持政策,对于中国企业融入"一带一路"区域经济合作具有很强的推动作用。

总体看,宏观政策类型一类可以看作促进开放型政策,通过税收、金融等手段,为国内企业提供便利化的出口、投资环境,促进产业发展和产业质量升级;同时通过设置预警平台等政策,防范国际经济风险,为企业的对外经贸合作提供稳定的国际环境,促进贸易、投资和创新活动的开展,达到提升产业发展质量的目的(见图4-5)。

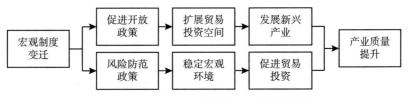

图4-5 宏观制度变迁的产业质量提升路径

(2)产业制度优化。

中央及山东省政府优化营商环境,提升政策透明度和政策效率,减少行政审批项目,提升本地及跨国公司企业家信心、激励企业生产经营,提升企业效率,提升企业竞争力,推动对外投资融入"一带一路"区域价值链分工;政府制定鼓励产业发展的产业支持政策,通过设立省内区域产业园区，改善区位优势以吸引外商直接投资，使省域内的本地外企业通过竞争效应、"干中学"、人员流动效应使本地企业获取国外新技术、新管理经验，提升本地企业核心竞争力，通过比较优势加强企业嵌入"一带一路"区域价值链的能力，如对"一带一路"沿线国家的直接投资与对外出口等，并依靠资金获取与"一带一路"区域价值链分工地位的提升推动企业转型升级；政策导向鼓励本地企业设立"一带一路"海外产业园区，通过产业集聚效应加快境外企业间人员、技术、管理经验的流动，提高与"一带一路"沿线国家的技术与经验交流，进而起到推动企业生产效率提升的效应，提高对外投资能力，通过学习技术及管理经验推动产业转型升级。其作用路径如图4-6所示。

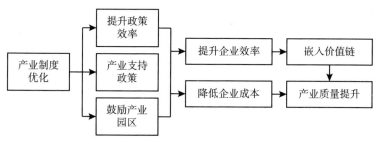

图4-6 产业制度优化的产业质量提升路径

（3）微观制度改良。

"一带一路"倡议展示了中国坚定不移地扩大对外开放的信心和决心。在"一带一路"倡议下，中国企业也加快了"走出去"的步伐，开始从事跨国经营生产，构建全球一体化的生产体系。但是不可否认，在进行国际化经营的过程中，中国企业仍面临着缺乏国际化经验和创新能力的瓶颈和困境，亟须企业进行微观制度的改革和调整。

创新能力是企业从事国际化经营成功的基础性因素，通过提升研发投入、完善激励政策等措施，从根本上增强企业的创新能力，提升企业的生产效率，从而提升企业的国际竞争力。与此同时，企业应该提升自身国际化经营能力。从事国际化经营的企业应该通过完善人才培养机制、构建企业跨文化经营能力、搭建国际风险防范平台等途径提升自身综合实力，增强在国际社会的企业运营能力，提升企业形象和企业盈利能力，促进企业转型升级，提升产业发展质量。微观制度改良的产业转型升级路径如图4-7所示。

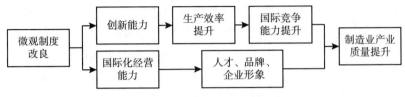

图4-7 微观制度改良的产业质量提升路径

2. 产业因素

从要素角度看，不同国家产业间的经济要素互补程度决定了二者能否形成价值链补足部分，而"一带一路"沿线国家与我国部分省份之间存在价值链构建基础。资本技术丰裕的产业投资于劳动密集区域，通过获取当地廉价劳动力继续从事生产活动以减少生产成本，从而促进企业嵌入价值链分工体系。通过将本国的优势资源与"一带一路"沿线国家和地区的要素禀赋相结合，可以释放国内被占用的边际效率已经降低的生产要素，使其配置到具有更高边际生产率的新兴产业部门，以实现产业转型升级，同时亦可满足"一带一路"沿线国家的工业化需求。

（1）比较优势强化机制。

在要素互补的基础上，将省域内资本技术丰裕型产业与"一带一路"沿线国家和地区的优势要素相结合，实现双边产业融合与依存，增强区域价值链构建的产业基础。相比"一带一路"沿线大多数发展中国家而言，山东省制造业企业自身具有比较优势，主要体现在电子、家电、钢铁、纺织等领域。在"一带一路"沿线国家进行生产经营过程中，将自身的优势产业与沿线国家的禀赋进行有效融合，既可以进一步提升自身的优势，提高企业盈利能力提升在"一带一路"区域价值链及全球价值链的分工地位；又可以促进东道国优势要素的释放，提升当地就业和收入水平，促进东道国产业质量的提升。同时，通过增加研发投入，建成境外产业基地等途径，实现规模经济效应，推动企业嵌入"一带一路"区域价值链的深度和广度，实现双边优势要素的耦合嵌入以及企业自身转型升级。比较优势强化的产业转型升级路径如图4-8所示。

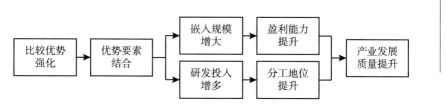

图4-8 比较优势强化的产业质量提升路径

（2）生命周期延伸机制。

生命周期理论认为，产品从研发、成熟直至退出市场，是一个动态过程，不同的产品生命周期阶段，产品所蕴含的密集型生产要素也具有不同的特征，因此，决定了企业在产品和产业不同的生命周期阶段，其国际化经营的策略也应该有所不同。当产品处于成熟期或是标准化时期，此时产品生产过程中密集使用的生产要素转变为资本和劳动，如果能将产品的生产和与之相匹配的要素禀赋结合，既可以提升产品的生产效率，延长产品生命周期；又可以有效释放东道国的优势要素，发挥禀赋优势，获得要素溢价。因此，在"一带一路"沿线国家和地区从事国际化经营的企业，如果能够以要素互补为动力进行产业融合，既可以提升自身生产效率，又可以有效促进东道国优势要素的释放和利用，实现双边共赢。在此基础上，企业可以利用自身的经验、技术优势，获得盈利能力的提升，推动企业在"一带一路"企业价值链中分工地位的升级，培育新的产业发展动力，进一步辅助山东省乃至全国的产业实现产业质量的提升和在"一带一路"区域价值链中的深入嵌入。传导机制如图4-9所示。

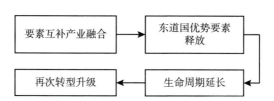

图4-9 生命周期延伸的产业质量提升路径

（3）产业分岔升级机制。

产业分岔升级是指在进行产业转型升级过程中，不仅关注新兴企业的进入，同样关注相对传统产业的改造、转型发展，做到新兴产业和传统产业同步发展。在"一带一路"背景下,一方面,要素互补基础能够促进山东省的传统制造业产业与"一带一路"沿线国家和地区的优势要素相结合,充分利用东道国禀赋基础,提升传统产业盈利能力;另一方面,国内传统产业释放出的要素向新兴产业集聚,通过"干中学"以及人员流动等溢出效应实现高新产业的技术和管理经验的溢出,推动省域内产业转型升级传导路径,如图4-10所示。

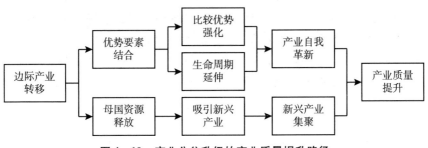

图 4 - 10   产业分岔升级的产业质量提升路径

4.2.2   价值核心要素的拉动作用

价值核心要素包括能源资源因素、投资因素和市场因素。在"一带一路"区域价值链视角下,价值核心要素对省域内企业嵌入"一带一路"区域价值链分工、实现转型升级主要依赖于"一带一路"沿线能源因素的外部提振效应、投资因素的成本节约效应和企业本地合法化效应以及市场因素的国际产能合作推动作用、规模经济效应及上下游关联效应等路径实现。

1. 能源因素。

能源是"一带一路"沿线国家和地区吸引外商投资的外在动力,对本地企业嵌入区域价值链起到外部提振作用。资源的稀缺性吸引外商在具有丰富能源资源的"一带一路"沿线区域投资设厂,以采购东道国本地原材料从事生产加工,带动产业上下游联动发展等方式以最终形成新的"一带一路"区域价值组成链部分。能源驱动力分为能源补缺机制驱动和能源技术获取驱动。"一带一路"沿线具有丰富的能源资源,如中东地区具有丰富的石油储备和开采量,吸引世界多国在此地投资设厂以获取石油资源;能源技术驱动既能够推动价值链的构成与企业嵌入，也能够从技术获取、外溢层面影响企业转型升级，如西亚地区具有大量矿资源，资源采掘和深加工能力比较强，具有与资本相对密集型企业合作的基础。

（1）能源补缺机制。

"一带一路"沿线能源资源较为丰富，以能源合作为基础进行经贸合作，既可以实现对母国的能源补缺，又可以带动东道国能源产业发展。能源补缺机制通过本国资源密集型产业与东道国丰富的资源禀赋相结合，为本国相关产业发展提供更加具有比较优势的资源禀赋和资源供给，从而节省本地资源，为新兴产业发展提供空间与资金的支持，加快省域内形成新兴产业集聚与资源有效配置，进而推动整体产业转型升级。此外，资源密集型产业的发展与"一带一路"沿线东道国能源禀赋的结合，能够带动当地工业化发展，企业凭借比较优势扩大生产规模，通过带动东道国当地上下游产业协同发展，提升企业在"一带一路"区域价值链中的分工地位，推动自身产业升级。作用路径如图4-11。

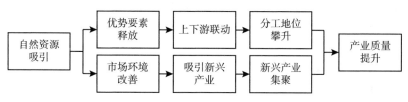

图4-11 能源补缺型的产业质量提升路径

（2）能源技术合作机制。

作为开放性的合作平台，"一带一路"倡议为国际能源合作提供了前所未有的合作机遇，并且为国际能源技术合作模式的创新进行了新探索，从合作方式、合作领域、合作层次进行有益的尝试，为提升国际能源合作质量、释放国际能源合作潜力创造了有利条件。

以能源技术合作为载体，通过联合研发的合作模式聚焦于能源开发、利用的关键性技术问题，带动资源、资金的高效利用，既能够解决能源技术的研发、引进、转化等科技攻关实质性问题，又涵盖了相关技术、设备的对外经贸交流。与此同时，还可以利用能源技术的互补共生的关系，为双边能源合作提供持续性动力，并通过合作主体多元化、规模化、集群化，促进能源技术研发效率的提升和共享能力，为绿色能源、绿色产业的发展提供强劲基础，带动相关产业升级（见图4-12）。

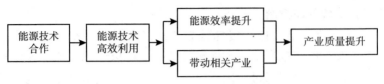

图4-12　能源技术合作型的产业质量提升路径

2. 投资因素

投资因素通过成本节约效应和企业"本地合法化"效应推动企业嵌入"一带一路"区域价值链，减少企业生产经营成本，进而支持其转型升级。资金融通对企业生产经营、研发创新、转型升级存在支持作用，亚洲基础设施建设投资银行以及"一带一路"沿线国家的外部可靠的投资资源可以弥补企业现金流的缺乏，利于保障生产经营流程。企业嵌入价值链的融资来源有两种，对内可以获取来自母公司和本土的投资及贷款，对外则通过吸纳"一带一路"东道国及区域投资机构的资金以实现融资。投资资源获取的难易影响对外投资企业的生产经营状况，融资获取难易可以看作企业生产经营的额外成本的增加或减少。另外，外资投资企业可以以合资形式进入"一带一路"沿线国家，通过合作经营及股权分置的方案获取当地企业及居民的信任，使外资企业获得"本地合法性"，从而更快融入"一带一路"市场。

（1）成本节约效应。

成本节约效应通过节省企业内外部各项成本，如内部合作成本与外部交易成本等，提升资金在部门间的有效配置，进而提升企业效率。具体而言，本地企业能够获得的外部投资减少了企业在"一带一路"沿线国家（区域）的融资成本，降低生产经营的资金风险，给对外投资企业提供了相对安全的投资环境，提升对外投资能力。充足的资金为企业提供更多资金资源以实现不同部门的生产活动的最优组合，进而提高企业生产效率，提高企业对"一带一路"沿线国家的产品出口能力及直接投资能力，进而推动企业嵌入"一带一路"区域价值链分工体系。外部资金补充使企业将部分宽松资金投入创新研发当中，通过改进现有技术提升企业生产效率，提高企业生产率，如亚投行的基础设施投

资基金及 "一带一路" 沿线国家相应的金融支持政策等，能够提升跨国企业对 "一带一路" 沿线国家的直接投资能力，通过提供冗余资金研发新产品、新技术等，对企业自身结构进行调整，实现自身转型升级。图 4-13 表示成本节约效应对产业转型升级的作用路径。

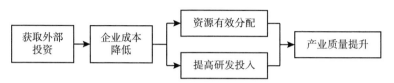

图 4-13　成本节约效应的产业质量提升路径

（2）"本地合法化" 效应。

山东省本地企业以对外直接投资的形式嵌入 "一带一路" 区域价值链分工，获取东道国当地投资资源时，能够以合资或股份的形式设立境外分公司，从事生产经营活动，通过当地投资引入 "一带一路" 沿线国家的本土企业文化，在相互吸收相互包容的基础上获得 "一带一路" 沿线国家的技术及管理理念认可，进而实现企业在东道国的 "本地合法化"。"本地合法化" 的实现能够有效减少跨国企业与 "一带一路" 本土企业间的摩擦冲突、加快文化交融，化解内外部矛盾，提升企业在东道国的生产效率，扩大投资规模和经营范围，提高企业在 "一带一路" 区域价值链及全球价值链的嵌入度。图 4-14 表示 "本地合法化" 效应对产业转型升级的作用路径。

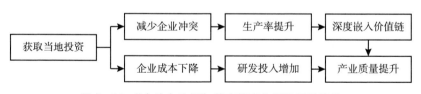

图 4-14　"本地合法化" 效应的产业质量提升路径

3. 市场因素

市场因素通过推动本地与 "一带一路" 沿线国家进行国际产能合作、实现企业规模经济效应，并能够通过行业间上下游关联效应影响企业在 "一带一路" 区域价值链的嵌入及产业转型升级。资本的逐利性决定了市场需求成为推动价值链形成的主要推动力之一，作为价值链末端，市场需求所在决定了价值链是否完整，也决定了其是否能够构成区域价值链。市场规模越大的东道国企业投资机会越多，投资行业选择范围越广，因而越有利于投资者实现跨国生产经营成本优势和规模经济效应，而"一带一路"沿线市场范围广阔，涵盖部分发达国家与发展中国家，对于山东省制造业而言，市场空间前景较大。另外，目标市场大小影响企业嵌入价值链的深度和广度，广阔的市场空间推动企业扩大对东道国的投资和出口规模，将与生产相关的各个职能部门及培训机构设在东道国并带动当地构成新的价值链部分。基于此，"一带一路"市场因素具备推动山东省制造业嵌入"一带一路"区域价值链的条件。

（1）市场吸引效应。

市场吸引效应主要指东道国具有广阔的市场潜力，以吸引外商直接投资和产品进口。当跨国企业在"一带一路"区域市场的生产成本小于商品运输成本时，企业将选择对外直接投资在境外设厂生产产品，并在当地及其他国家销售。企业对外投资于市场相对母国更广阔或相似的"一带一路"沿线国家时，根据本国产业的要素密集型特点与东道国的优势资源相结合，实现产能合作和技术联合，合理配置国内、国外资源，实现资金、技术、资源、劳动的合理利用和最佳配置，提升要素生产效率，从而保证国内外企业均可以获取利润的增加。在此背景下，国内企业可以有更多的利润投入于技术的研发和创新，提升生产效率和创新能力，提高对外投资能力，扩张对外投资规模实现规模经济效应，并最终带动提升企业在"一带一路"区域价值链分工嵌入程度和企业转型升级进程。其作用路径如图4-15所示。

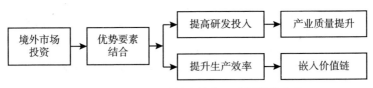

图4-15　市场吸引效应的产业质量提升路径

（2）规模经济效应。

本地边际产业产能化解不及时，将抑制企业生产获利，阻碍规模经济实现。通过"一带一路"沿线新市场的拓展，山东省制造业企业对

"一带一路"沿线国家或区域直接投资和出口商品,可以扩大资金能力,以扩张企业规模,实现规模经济效应。企业在"一带一路"沿线市场以对外直接投资和对外出口的形式,能够通过效率比较优势扩大企业生产规模,可以进一步带动相关产品和技术的对外贸易,提升企业营利能力。规模经济下企业实现经济效益最优,通过改良当前生产技术、提升各部门分工合作效率,提升企业生产效率,提升对外直接投资能力,进一步嵌入"一带一路"区域价值链分工体系,提升分工地位。同时,规模经济效应使企业更高效学习外部溢出,通过技术转化、经验学习提升企业分工地位,推动企业自身转型升级。作用路径如图4-16所示。

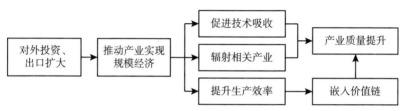

图4-16 规模经济的产业质量提升路径

4.2.3 价值提升要素的推动作用

价值提升要素包括品牌因素、技术因素以及文化因素。从企业嵌入"一带一路"区域价值链分析,价值提升要素作为产业内部因素,可以通过加强山东省制造业企业的品牌驱动效应和"遮蔽效应"、技术要素的质量提升作用和代际效应、文化要素的内外部认同效应等带动嵌入价值链,并实现企业在"一带一路"区域价值链分工地位的攀升,并进而传导促进企业及相关产业转型升级。三种要素主要作用于价值链企业产品附加值的提升,因此,价值提升要素是拉动产业实现在"一带一路"区域价值链中分工地位提升的重要动力。

1. 品牌因素

品牌的创建与发展能够逐渐形成品牌驱动效应,即通过向消费方传递产品的精神以及文化等信息以保持消费者忠诚度并吸引更多消费者。伴随各种信息传递载体工具的发展,品牌形象逐渐成为消费者获取信息的重要来源,对于"一带一路"市场消费者群体同样适用。消费者通过品牌购买产品、通过品牌识别产品，因而有利于降低消费者对消费品的信息搜寻成本，因此，提升山东省制造业的品牌知名度能够加快企业嵌入"一带一路"区域价值链。良好的品牌形象还能够通过遮蔽效应，减少隐性风险进而减少企业对外投资，特别是对存在较高经济、政治风险的"一带一路"沿线国家。

（1）品牌驱动效应。

对于山东省内具有品牌优势的制造业企业嵌入"一带一路"区域价值链，可以通过广告方式向消费者传递产品信息，如产品用途、企业精神和企业文化等，进而扩展新的消费群体，提升品牌竞争力，并通过代际效应加大产品设计、研发投入，保持品牌的价值增值作用，提升企业生产率，推动企业从价值链低端加工制造向高端设计攀升。在"一带一路"背景下，拥有品牌效应的企业可以通过设立一定的"一带一路"境外工厂或代工厂，将本土生产加工环节与东道国的要素禀赋优势相结合，在释放本土生产要素的基础上，扶持发展高附加值产业新兴技术，加快产业转型升级，进一步提升企业竞争力。品牌效应的扩散，增加"一带一路"海外代工厂数量和规模，从而促进境外产业分工的集聚，通过企业间溢出提升企业竞争力，推动产业转型升级。作用机理如图4-17所示。

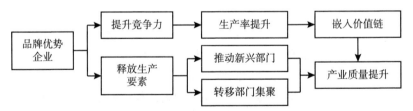

图 4-17 品牌驱动效应的产业质量提升路径

（2）"遮蔽效应"。

品牌的遮蔽效应是指，企业产品品牌影响力较大从而影响了外部市场对产品较为全面的了解，因而被品牌效应遮蔽了某些产品或企业的劣势方面。具体方面，"遮蔽效应"主要通过降低对"一带一路"投资企业的生产成本、提升企业抗风险能力提升企业实力水平。企业以品牌优势遮蔽部分可能存在的企业劣势，减少外部风险，如可能存在的经济风险、政治风险以及文化风险等，进而降低生产成本，提升企业竞争力和生产效率，提高企业对外直接投资能力，并推动其实现转型升级。

2. 技术因素

技术要素既可以通过企业的比较优势促成国际产业转移，也可以通过提升技术水平以打破"低端锁定"问题。"一带一路"背景下，对于本地企业嵌入"一带一路"区域价值链，一方面，技术因素对企业的作用主要通过影响企业生产效率、产品质量，提高企业在区域价值链的嵌入地位和位置实现。技术分为生产型技术和创新型技术，生产型技术提升企业生产效率和产品质量的提升，创新型技术。另一方面，根据"一带一路"区域价值链嵌入与技术进步的内生促进作用，高技术企业能通过代际效应推动产业转型升级。

（1）产业优化作用机制。

技术水平决定了企业在价值链分工中的地位，拥有较高技术水平的企业，能够通过改进生产型技术推动企业生产效率提升，增强企业实力从而提高对外直接投资能力，推动企业嵌入价值链分工体系；"一带一路"背景下，企业能够通过运用创新型技术，研发设计新产品、新生产流程工艺，提高企业产品附加值，提升生产率水平，推动企业转型升级，依靠技术丰裕度嵌入"一带一路"区域价值链体系中的高附加值位置，打破企业长期处于全球价值链中"低端锁定"的状况。一定技术水平辅助本地企业吸收转化外来技术，外来技术不仅包括"一带一路"沿线的发达国家的技术，也包括世界范围内的其他发达国家及发展中大国的先进技术。根据"吸收能力"理论，拥有一定水平的技术水平的企业才可以吸收从外商直接投资中获取的技术，通过"干中学"、员工培训与人员流动等学习效应将外部技术内部化，从而提升企业竞争力，转换生产方式，推动产业转型升级，如图 4－18 所示。

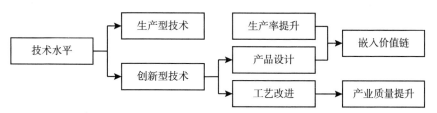

图 4－18　品牌驱动效应的产业质量提升路径

（2）内生促进效应。

企业技术水平的提升可以提高企业生产效率、提高产品质量，提升对"一带一路"沿线国家的直接投资能力，推动企业嵌入"一带一路"区域价值链进而实现企业转型升级，而区域价值链的嵌入和转型升级成果又可以反作用于推动技术水平的提升。嵌入"一带一路"区域价值链分工通行业竞争效应、大市场效应促使企业提升技术含量，企业参与"一带一路"区域价值链或全球价值链分工，将面临各国企业激烈竞争，若要在竞争中保住市场份额并扩大影响力必须加强企业实力，提高技术水平，因此，参与国际市场的价值链分工能够通过竞争效应倒逼企业提升技术水平，并通过内生效应促进制造业产业质量提升。山东省制造业企业参与国际竞争，能够通过人员流动效应、技术转让等竞争效应促进企业技术升级，生产型技术提升进一步推动企业嵌入"一带一路"区域价值链的深度与广度，创新型技术促进企业产业升级。内生促进效应作用路径如图 4 - 19 所示。

图 4 - 19　内生促进效应的产业质量提升路径

3. 文化因素

文化因素通过影响企业内外部环境的方式影响价值链嵌入，对内促进内部激励效应以提高企业效率，对外建立文化自信提升企业文化认同度。具体讲，内部方面，企业文化对企业长期绩效具有积极作用，促使企业组织行为具有一致性和持久性，利于提升企业比较优势。外部方面，企业文化在区域内的广泛影响建立在文化自信的基础上，通过带动消费者外部认同感以实现消费升级，获取高额利润。文化建设通过产品定位与广告效应将企业推广至特定区位，企业文化对消费者潜移默化的影响利于维护商业关系。

（1）内部激励效应。

企业文化建设具有内部激励效应。加强文化教育，可以影响员工职业价值观，增强员工对工作的理解和热爱，激励员工和职能部门更好发挥作用。企业文化通过注入传授和培训的方式向组织成员输入核心文化和行为规范，降低员工之间、部门之间的沟通交流成本，减少它们之间的无效摩擦，提升企业部门之间的积极性，进而促进企业内部资源有效配置，降低生产经营成本，提升企业生产率，从而提高企业对"一带一路"沿线国家的直接投资能力，推动其嵌入"一带一路"区域价值链。文化因素对内部的激励作用也能够通过提升员工对产品的理解，推动新产品的设计与研发，促进企业嵌入"一带一路"区域价值链甚至全球价值链的高端分工地位。

（2）外部认同效应。

文化因素以外部认同效应作用于企业嵌入价值链体系和转型升级过程。具体方面，山东省制造业企业文化能够以产品文化的方式影响"一带一路"区域内的消费者观念，在销售过程中潜移默化地使消费者产生共鸣，认同企业文化。企业文化的外部效应能够通过与产品品牌效应相交互共同提升企业实力。企业以文化价值作为产品的额外附加值，通过提升无形产品价值，转向"一带一路"区域价值链分工的高端研发设计位置，实现价值链地位的攀升。企业文化对外开放，通过吸纳"一带一路"沿线不同国家的当地文化元素，使产品文化更贴近当地民俗，提升企业的外部认同感，减少经营成本，增强企业投资能力，推动其进一步嵌入"一带一路"区域价值链当中，获取当地市场利润用以研发投入和支持新兴产业产品，实现产业升级如图4-20所示。

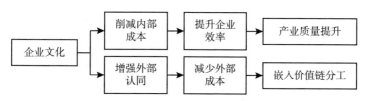

图4-20　外部认同效应的产业转型升级路径

4.2.4　价值保障要素的支撑作用

价值保障要素包括资金因素、信息因素、人才因素与研发因素。价值保障要素通过保障企业嵌入价值链分工体系的基本生产经营活动以及调整生产规模的机动支持，以实现对嵌入价值链、促进产业转型升级的积极影响。价值保障要素主要通过资金因素的运作保障作用、机动支持作用，信息因素的产业融合发展机制、虚拟价值创造机制，以及人才与研发因素的创新驱动作用途径支持价值链的构建与企业嵌入。

1. 资金因素

企业的生产经营活动均受资金禀赋的支持和限制。资金规模代表企业能力，体现了企业的风险承担能力和研发潜力。具体讲，资金具有保障作用，"一带一路"区域价值链下的生产是一个动态过程，为应对随时可能发生的变动或冲击，跨国企业需要稳定的资金作为保障以随时调整经营战略，同时，资金也具有创新支持作用。拥有较大资金松弛度的企业具有承受更高风险的能力，使之不易因"一带一路"东道国当地的经济波动而退出市场。资金量提升不仅会提升企业资本聚集度以提高承接发达经济体产业转移的能力，也会提高其从事加工贸易活动的国际竞争力。

（1）运作保障作用。

资金因素最主要的用途是保障企业的基本运营。资金能够保障对外直接投资企业的正常生产经营活动，抵御随时可能发生的冲击，特别是在"一带一路"范围内从事投资生产活动，遭受经济、政治冲击的可能性较大，而资金存量的提升能够提高企业损失的可承受程度。对于有能力嵌入"一带一路"区域价值链的企业，资金资源越充分企业抗冲击能力越强，通过对大部分"一带一路"沿线国家的顺梯度投资效应实现企业自身的转型升级，对少数国家的逆梯度投资以人员流动、人员培训、市场竞争以及上下游关联等效应学习技术促进转型升级。对于不具备对"一带一路"沿线国家投资条件的企业，资金因素一方面能够补充运作资本，提升绩效；另一方面能够支持其将部分资金投入研发创新活动，提高嵌入价值链的能力，并能够通过外部资源和资金获取推动分工地位提升和企业转型升级，如图 4 - 21 所示。

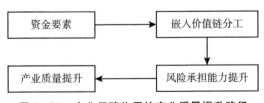

图 4 - 21　企业保障作用的产业质量提升路径

（2）机动支持作用。

资金的机动支持作用，是指资金能够保障企业依据当前市场情况灵活地改变经营策略，如规模扩张或缩减。"一带一路"区域价值链分工是一个动态生产体系，由于企业通过对外直接投资的形式参与价值链分工，常会受到"一带一路"沿线国家的不确定性影响生产经营，如文化冲突导致产品退出市场，局部动乱导致减产而被迫缩小规模等。充足的资金可以支持企业根据当前所处环境随时调整生产经营状态，以减少不确定性带来的影响，从而利于制造业企业嵌入"一带一路"区域价值链体系。同时，资金因素还能为创新研发及转型升级提供支持。在满足正常生产经营状况下，将企业的冗余资金用于研发创新，稳定自身价值链地位，促进企业转型升级，进一步提升产品附加值，提升企业在"一带一路"区域价值链的分工地位，其作用路径如图4-22所示。

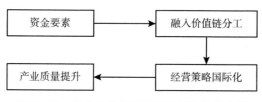

图4-22 资金支持作用的产业质量提升路径

2. 信息因素

信息因素囊括外部信息获取能力和内部生产经营的信息化。外部市场方面，外部信息获取能力使企业能够规避投资风险，节约企业运营成本。市场信息获取的及时性、准确性影响企业对市场做出正确判断，从而影响生产规模和经营方式。企业内部方面，在价值链条的信息活动运转中，企业的信息化提升能够通过实现虚拟规模化保障降低企业通信、协调成本的方式提升企业生产绩效，信息技术利于转换生产组织方式、减弱信息不对称，从而对不同行业的经济发展产生深远影响。信息因素通过产业融合发展机制和虚拟价值创造机制促进企业嵌入价值链、转型升级。

（1）产业融合发展机制。

产业融合发展机制是指信息流通使同一产业的企业知悉各自所擅长的部分，通过企业间的合作发展形成产业融合机制，通过合作福利推进价值链嵌入和转型升级的进程。信息流动通过整合企业间不同优势，扩大了省域内企业间的合作空间。不同企业通过对信息的搜索寻求合作对象，以实现优化资源配置、重塑市场结构的目的，并最终形成新的产业分工体系。以产业融合发展的集合体能够将外部优势内部化，减少了交易成本因而提升企业生产效率，推动产业结构革新和转型升级，依靠低成本和高效率的生产优势嵌入"一带一路"区域价值链。其作用路径如图4-23所示。

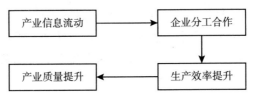

图4-23 产业融合发展机制的产业转型升级路径

（2）虚拟价值创造机制。

虚拟价值创造机制是指，信息化带给企业各方面成本的减少可以看作创造了额外的虚拟价值。当地企业信息化建设减少内部经营成本，优化管理流程和业务流程，减少生产、营销、采购以及风险管理等的成本，以增加虚拟价值的形式提升企业能力和效率，推动企业嵌入"一带一路"区域价值链分工。信息技术以低成本传播产品信息、启发消费者思维，通过与技术设备的结合提升生产产品质量，产生价值倍增的效益。对于本地企业参与"一带一路"市场而言，是通过对目的国家进行产品宣传，培育产品品牌的虚拟价值，实现产品增值。信息因素通过虚拟价值创造提升产品附加值，以信息优势作为企业核心竞争力之一提升对"一带一路"沿线国家的投资能力，进一步嵌入"一带一路"区域价值链体系，提升企业在价值链中的分工地位，推动传统企业转型升级，如图4-24所示。

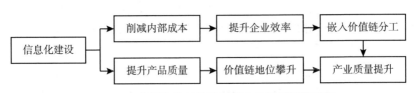

图4-24 虚拟价值创造机制的产业质量提升路径

3. 人才和研发因素

区别于价值提升要素中的现有技术因素，人才储备与研发因素代表企业科技储备实力。对于处于"一带一路"区域价值链不同分工地位的本地企业，人才因素和研发因素具有不同的作用路径。企业人才与研发投入可共同看作研发强度，既能够通过技术成果转化这一渠道实现对企业价值链地位升级的促进作用，也可以通过控制未来产品的设计与定位把控其在价值链的核心位置。研发强度亦可以通过对"一带一路"东道国当地人员培训、产业上下游技术的溢出效应构建产业园区，带动产业深度融入分工体系。

以参与"一带一路"区域价值链为背景，以嵌入价值链的不同分工地位作为区分依据，人才与研发因素对不同种类的区域价值链参与企业具有不同的驱动作用。对于未嵌入"一带一路"区域价值链的企业，尤其是制造业企业，人才与研发能力能够通过向实用型技术转化，提高企业技术水平，通过生产型技术改进提升企业生产率，提升对外直接投资能力，推动其嵌入全球价值链或区域价值链；对于处于"一带一路"区域价值链低端分工制造业企业，人才和研发因素能够吸收转化外部高技术企业的先进技术，提升生产效率与产品质量，还可以通过创造新技术提升产品附加值，提高企业价值链分工地位并推动企业转型升级；对于处于"一带一路"区域价值链高端的企业，人才和研发禀赋通过高端设计，不断更新产品品类、升级产品质量，以保障企业在价值链中的高附加值核心地位。其促进产业转型升级的作用路径如图 4 - 25 所示。

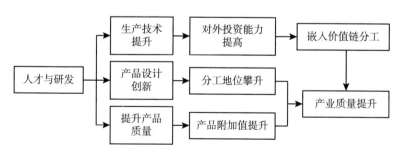

图 4 - 25　人才与研发因素的产业转型升级路径

基于"一带一路"背景及企业嵌入"一带一路"区域价值链的基础，探讨了四大价值要素以及 12 个具体因素对推动企业嵌入"一带一路"区域价值链、促进转型升级的运行机制。价值基础要素通过政策因素和产业因素牵引企业参与"一带一路"区域价值链分工，并促进其转型升级，政策因素通过宏观制度变迁、产业制度优化以及微观制度改良三个路径发挥作用，产业因素通过对产业的比较优势强化、生命周期延伸和产业分岔升级路径影响企业价值链嵌入和升级；价值核心要素以"一带一路"区域的能源因素、投资因素和市场因素为主发挥其推动作用，具体看，能源因素通过自然资源获取、资源技术获取两种方式促进企业参与"一带一路"区域价值链，并进一步转型升级。投资因素通过成本节约效应和"本地合法化"效应两种路径发挥作用。市场因素通过"一带一路"的市场吸引、规模经济推动企业嵌入价值链并进一步转型升级；价值提升要素通过品牌因素、技术因素和文化发挥拉动作用，其中，品牌因素通过品牌驱动和"遮蔽效应"节约企业成本，发挥企业优势并依次嵌入价值链体系，实现转型升级。技术因素包括了对企业嵌入"一带一路"区域价值链的产业优化作用、内生促进作用。文化因素通过内部激励机制和外部认同机制实现企业嵌入价值链；价值保障要素依赖资金因素、信息因素和人才研发因素起到对企业转型升级的保障作用，资金因素通过保障企业基本运作和支持企业机动转型的方式保障嵌入价值链分工体系，信息因素通过利用信息优势促进产业融合发展、创造虚拟价值的方式提升产业竞争力，人才与研发因素通过产品的设计升级，带动企业个体与产业整体的"一带一路"区域价值链及全球价值链分工地位的攀升，推动产业转型升级。

4.3 "一带一路"背景下山东省制造业转型升级的动能要素检验分析

前文在理论上分析了各价值要素对于企业个体及产业整体嵌入价值链分工体系、实现转型升级的作用机制。作为全球价值链的一部分，"一带一路"价值链的构建依然适用各价值要素的作用机理。山东省作为中国的经济强省和制造业大省，正处于经济社会转型发展、经济文化强省建设的关键时期，"一带一路"作为国家倡议为山东省制造业实现国际产能合作以及产业转型升级提供了重大机遇，但现有文章多从理论上阐述中国企业参与"一带一路"价值链构建的可能性，从特征性事实及实证角度测度的研究较少；现有研究阐述了山东省制造业嵌入"一带一路"价值链的重要性，但鲜有研究其嵌入价值链实现产业升级的优势动能要素究竟有哪些。基于此，本章内容从山东省制造业的价值要素条件入手，分别从特征性事实和分类综合得分的角度探寻其嵌入"一带一路"价值链、推动制造业产业转型升级的动能要素。

与全球价值链不同，"一带一路"价值链以"一带一路"倡议为前提和基础，目的是实现沿线国家间的互联互通、互利共赢。当前中国的经济发展面临以下问题：经济增长放缓、劳动力成本上升、产能过剩、需求持续低迷以及全球价值链分工地位的低端锁定等。为探索新的发展之路、推动产业转型升级、推动国际产能合作及扩大国际市场，迫切需要推动双边或多边经贸合作，让中国企业尽快构建、融入"一带一路"价值链，以对外投资和出口的方式消化国内产能，提供运转资金，实现产业转型升级。从传统驱动机制角度看，山东省制造业企业融入"一带一路"价值链，既存在生产者驱动，又存在购买者驱动，是一种混合驱动模式，仅从驱动类别上对企业融入机理进行区分，无法深刻明晰企业融入价值链的优势力量。且现有研究对具体要素在价值链构建的作用机理分析并不完善，需要对此进一步研究。基于以上分析并结合本书理论研究，本章将从四大价值要素层面对山东省制造业企业嵌入"一带一路"价值链的驱动机理进行剖析，试图探寻其转型升级的动能。

4.3.1 价值基础要素条件

（1）政策因素方面，"一带一路"倡议、新旧动能转换和山东省自贸试验区的设立，是制造业嵌入"一带一路"价值链进行产业转型升级的优势条件，主要体现在以下三个方面：

①自从2013年"一带一路"倡议实施以来，直接促进了制造业的进出口贸易和对外直接投资。中央及地方政府相继出台了一系列支持政策，如构建"一带一路"争端解决机制、设立"一带一路"综合试验区等。2021年，我国对"一带一路"沿线国家进出口额11.6万亿元，比上年增长23.6%，对"一带一路"沿线国家非金融类直接投资额203

亿美元,增长 14.1%;中欧班列开行量超过 1.5 万列,增长 22.0%。[①]截至 2022 年 1 月,我国累计与 147 个国家、32 个国际组织签署 200 多份共建"一带一路"合作文件。[②]

②山东省新旧动能转换主要目的是培育、发展新产能,而现有制造业多为相对落后的旧产能。"四新四化"的提出表现出当前政府对制造业转型升级的重视,新产业、新技术不断引入。新旧动能转换政策不仅可以引进外来新产业,还可以通过双边传统优势产业互补,实现资源的优化配置,在产业合作、产业依存的基础上将资源更多地配置于高端化产业,推动山东省"一带一路"价值链分工地位的攀升。

③山东自贸试验区的设立能够通过改善经营环境吸引外资进入,进而获得新的技术、管理经验的溢出。山东省外商直接投资多为生产率较高的制造业企业,因此可以通过人员流动、市场竞争等路径实现山东省制造业对外资技术的学习借鉴,从而推动其转型升级。

(2)产业因素角度,"一带一路"沿线国家与中国山东省之间存在明显的经济要素互补关系。从资源禀赋角度,山东省 GDP 位居全国第三,作为装备制造业大省,山东的高端装备产业规模居全国第 3 位,其中,轨道交通、数控机床全国第一,海洋工程全国第二,是资本、技术较为密集的地区。而目前已同中国签订共建"一带一路"合作文件的147 个国家中,有 137 个为发展中国家,其中又有大多数国家为低收入水平的劳动密集型国家,亟须通过外来资本推进工业化进程。因此,目前发展已较为成熟的制造业产品和服务供给的产业可以向"一带一路"沿线国家出口或转移,"一带一路"沿线众多国家具有劳动力资源优势,迫切需要这些项目和产业来解决本国的发展和民生问题,这为山东省制造业嵌入价值链分工体系提供了良好机遇,也为山东省制造业"腾笼换鸟"提供机会。

本书以第二产业和固定资产投资作为衡量一国(或地区)的产业因素,其中,中国与"一带一路"沿线国家数据源于世界银行 WDI 数据库,山东省数据来源于中国国家统计局。表 4 - 2 比较了全国、山东省以及"一带一路"沿线国家产业因素差异。在第二产业比重和固定

---

① 资料来源:中华人民共和国海关总署,http://www.customs.gov.cn//customs/xwfb34/mtjj35/4023643/index.html。

② 资料来源:中国"一带一路"网,https://www.yidaiyilu.gov.cn。

资产投资方面,山东省水平均大于全国平均水平和"一带一路"沿线国家(除中国外)平均水平,因此具有嵌入"一带一路"价值链的产业因素基础。

表 4 - 2 　　全国、山东省与"一带一路"沿线国家产业因素比较　　单位: %

年份	第二产业占 GDP 比重			固定资产占 GDP 比重		
	中国	山东省	"一带一路"沿线国家	中国	山东省	"一带一路"沿线国家
2013	44.2	49.7	30.1	75.3	65.0	23.0
2014	43.3	48.4	30.2	79.6	70.00	23.4
2015	41.1	46.8	30.4	81.5	75.2	23.4
2016	40.1	43.5	30.3	81.2	77.0	23.0
2017	40.5	42.7	30.3	77.1	74.7	22.3
2018	40.7	41.3	31.2	70.2	75.1	23.1
2019	39.0	39.9	30.5	56.9	73.2	24.1

资料来源: 世界银行 WDI 数据库与中国国家统计局,山东省国民经济和社会发展统计公报。

117

4.3.2　价值核心要素条件

(1)能源因素方面,从能源资源获取角度,"一带一路"沿线国家拥有诸多自然资源品类及储量,如中亚的油气资源和矿产资源、中东及北非的石油资源、俄罗斯的矿产及石油资源、哈萨克斯坦的铅储量等,根据世界银行的数据统计,"一带一路"沿线国家自然资源总量约占世界总量的 50%。相较之下,中国制造业水平相对较高、设备相对先进,而山东省又是中国制造业大省,因此"一带一路"沿线国家具备与山东省制造业开展合作的基础。从能源资源技术获取角度,俄罗斯拥有先进的石油开采技术、东欧具有先进的矿物开采技术,尽管山东省制造业技术相较于一般发展中国家存在优势,但与发达国家仍存在技术差距,因此对外投资(兼并收购)可以获取逆向技术溢出。

世界银行定义"自然资源总租金"是石油、天然气、煤炭(硬、软)、矿物和森林租金的总和,具备代表一国能源禀赋的条件,因此,本书用世界银行 WDI 中的指标"自然资源租金总额占 GDP 的百分比"衡量一国能源因素禀赋，表 4-3 显示了中国与"一带一路"沿线国家平均值的比较。中国在 2013 年为能源因素最旺盛的时期，在此之后逐年递减，2017 年略有上升，但仅占 GDP 总量的 1.5%。2013 年，"一带一路"沿线国家平均能源因素为 GDP 的 10.89%，在此后也呈现递减趋势，但均值仍高于中国，约为中国的 5 倍。由二者的比较可见，相对于中国而言，"一带一路"国家具有丰富的能源因素，能源因素也是推动山东省制造业嵌入"一带一路"价值链的影响因素。

表 4-3　中国与"一带一路"沿线国家自然资源总租金占 GDP 比重　单位：%

年份	中国	"一带一路"沿线国家
2013	3.1	10.9
2014	2.5	9.9
2015	1.4	7.1
2016	1.3	6.6
2017	1.5	8.2
2018	1.4	8.6
2019	1.3	9.2

资料来源：世界银行 WDI 数据库。

（2）投资因素角度分析，从外部融资因素看，"一带一路"沿线部分国家金融风险较高，一是贷款总额度较少，二是次级贷款比例高，山东省制造业的外部融资风险较大；为推动企业实现国际产能合作、推动沿线国家基础设施建设升级，中国牵头组建了亚洲基础设施建设投资银行，对融资存在困难的跨国企业提供资金帮助。但是尽管亚投行在"一带一路"市场逐渐发挥作用，但其对中国制造业企业，尤其是民营企业对外投资的支持仍十分有限。山东省制造业在嵌入"一带一路"价值链、实现产业转型升级过程中面临着外部融资困难境况。内部融资因素方面，山东省金融发展速度较快，但中小企业融资难的问题尚未解决，而需要对"一带一路"沿线国家进行边际产业转移的企业多数集中于制造业中小企业。山东省制造业同时面临着内部融资问题。

本书借鉴胡宗义等的研究，用金融深化（Depth）及金融效率

（FEF）衡量一国的投资水平，数据源于世界银行 WDI 数据库。以金融部门信贷占 GDP 比重衡量金融深化，以私人部门信贷占 GDP 比重衡量金融效率，以最终二者的加和作为投资因素。由于山东省金融部门与私人部门信贷无法得到，本书暂以固定资产投资中借贷总额占固定资产投资额比重衡量山东省投资因素，数据源于中国国家统计局。

表4－4对比了全国、山东省以及"一带一路"沿线国家的投资因素。中国整体投资环境较好，投资占比由 2013 的 156.3% 上升至 2019 年的 155.2%，整体融资环境良好。"一带一路"沿线国家投资环境逐渐变好，2013 年国家信贷总额占 GDP 比重为 73.6%，到 2019 年这一比重上升至 77.1%，表现出"一带一路"沿线国家和地区内融资环境在改善。由于山东省数据不可比，但可从趋势中探寻区域投资环境变动趋势。山东省投资占比从 2013 年逐年下滑，2016 年才呈现回暖趋势，2019 年随升至 11.90%，因此山东省制造业企业在融资方面面临着内外部投资的劣势。

表4－4　　　中国、山东省与"一带一路"沿线国家信贷
总额占 GDP 比重　　　　　单位：%

年份	中国	山东省	"一带一路"沿线国家
2013	156.3	11.04	73.6
2014	168.0	10.33	76.0
2015	194.3	8.67	79.3
2016	216.2	9.91	80.3
2017	216.9	10.40	77.8
2018	148.3	9.58	76.8
2019	155.2	11.9	77.1

资料来源：世界银行 WDI 数据库。

（3）市场因素角度，从中国国内市场角度，2010 年中国 GDP 总量超越日本，成为世界第二大经济体，进口规模也逐渐扩大，这为构建中国主导的全球价值链提供了充足的市场需求。"一带一路"市场方面，"一带一路"沿线国家具有较为广阔的市场空间，截至 2019 年，"一带一路"沿线国家 GDP 总量已达到 21 万亿美元，约占世界总量的 1/4，

平均人均 GDP 已达一万余美元，因此"一带一路"拥有巨大的市场空间。①

本书借鉴当前多数研究，将一国（或地区）人均 GDP 作为衡量当地市场因素的指标，中国与"一带一路"沿线国家人均 GDP 数据来源于世界银行 WDI 数据库，单位"美元"。山东省数据源于中国国家统计局，由于山东省数据单位为"元"，本书已按当年汇率折算为美元。

表 4 - 5 显示了全国、山东省以及"一带一路"沿线国家市场因素的比较，"一带一路"沿线国家平均人均 GDP 水平始终高于同时期中国人均 GDP，因此，相比中国，"一带一路"同样具有广阔的市场前景。对比"一带一路"沿线国家与山东省数据，除 2013 年外，其余年份山东省人均 GDP 均略高于"一带一路"沿线国家，而山东省为中国第三大经济省，可见"一带一路"市场潜力。因此，市场因素亦是推动山东省制造业嵌入"一带一路"价值链、实现转型升级的动力源。

表 4 - 5　　全国、山东省与"一带一路"沿线国家人均 GDP 比较　　单位：美元

年份	中国	山东省	"一带一路"沿线国家
2013	5710.6	9331.5	9587.7
2014	6096.5	9910.6	9706.1
2015	6484.4	10302.5	9782.4
2016	6883.9	10347.8	9896.6
2017	7308.1	10783.4	10029.7
2018	9976.7	11525.0	10179.4
2019	10216.6	10242.0	10301.6

资料来源：世界银行 WDI 数据库与中国国家统计局。

4.3.3　价值提升要素条件

（1）品牌因素角度，2018 年中国入选世界品牌 500 强的企业数量为 38 席，占比 8%，而同时期美国入选的企业数量为 223 席，占比 45%，表明中国与传统品牌强国相比仍存在一定差距。2019 年，山东

---

① 资料来源：中国"一带一路"网，https://www.yidaiyilu.gov.cn。

省质监局公布了中国第一个制造业高端品牌企业培育地方标准，旨在培育山东省高端品牌企业。

2019年9月16日，《中国先进制造业品牌500强白皮书》发布，山东省以34家与上海市并列全国第五，排在前三位的分别是浙江、广东、江苏（见表4-6）。相比在2013~2015年全国制造业竞争力指数中11~14的位次，山东省在制造业品牌实力上实现了反超，入围制造业企业超过陕西省18家、湖北省19家、四川省20家、河南省22家，表现出较为强劲的品牌实力。此外，本书还通过对2015~2019年"中国品牌500强"企业名单的追踪，关注了山东省工业企业在中国品牌500强中的动态变化（见表4-7）。山东省由2015年43家500强企业，逐渐发展到2019年51家工业企业，表现了山东省制造业企业具有一定的品牌实力。因此，山东省制造业品牌力量在一定程度上应该成为其嵌入"一带一路"价值链并实现转型升级的要素之一。

表4-6　　　　"中国先进制造业品牌500强"排名前十省市　　　单位：家

排名	省份名称	企业数量	排名	省份名称	企业数量
1	浙江省	83	5	上海市	34
2	广东省	81	7	陕西省	16
3	江苏省	73	8	湖北省	15
4	北京市	39	9	四川省	14
5	山东省	34	10	河南省	12

资料来源：《中国先进制造业品牌500强白皮书》。

表4-7　　　　山东省工业企业入围历年"中国品牌500强"数量　　　单位：家

年份	山东省工业企业入围数量
2015	43
2016	46
2017	48
2018	51
2019	49

资料来源：《中国先进制造业品牌500强白皮书》。

（2）技术因素方面，从高新技术产品出口看，山东省高新技术产品出口由 2014 年的 205.9 亿美元连续下降至 2017 年的 146.2 亿美元，表明高新技术产品竞争力逐年下降。从国际领先水平重要科技成果数量看，山东省全部成果数量由 2015 年 967 个持续降至 2017 年 210 个，科技能力下滑严重。尽管在 2005～2019 年规模和效率都有所提升，产业结构推进山东省制造业转型升级取得一定的成效，但技术水平的限制使山东省制造业逐渐丧失了在全国制造业中的顶层地位。低技术含量、质量的制造业产品已经不适应新时代中国发展目标，技术因素成为山东省制造业的一大劣势。产量优势可以推动制造业企业嵌入"一带一路"价值链的低端加工制造地位，但不利于实现价值链和产业链地位的提升和企业自身的转型升级，不利于制造业发展质量的提高。

由于各省份统计口径不一，本书以使用较为广泛的规模以上（年收入 500 万元以上，下同）制造业企业专利授权数量作为衡量省份技术因素的指标（指标来源于各省份统计年鉴），由于地区间企业数量不同，专利授予总量并不具有可比性，为此本书以制造业企业平均专利授予数量作为最终衡量指标。为了对比，在此引入 2013～2018 年全国制造业竞争力指数各省份排名中，排名前十次数较多的省份：上海市（6 次），北京市（6 次），天津市（6 次），广东省（6 次），江苏省（6 次），浙江省（6 次），重庆市（6 次），福建省（5 次），安徽省（3 次）以及湖南省（2 次）作为对照。

表 4－8 为对照数据，山东省 2013 年有效发明专利数为 18340 个，此后呈现上升趋势，2019 年为 67896 个。作为对照，广东、江苏、浙江等制造业大省在 2013～2019 年期间，有效发明专利数均获得大幅度增长，远超同期山东省，在各个制造业大省中，山东省的技术发展表现出一定技术劣势。

表 4－8　　　　　山东省与其他省份有效发明专利数对比　　　　　单位：个

省份	2013 年	2014 年	2015 年	2016 年	2017 年	2018 年	2019 年
山东	18340	26122	33785	45917	56076	64496	67896
上海	20140	27540	30815	37513	43416	47940	53559
北京	16402	18721	23749	28290	34497	42851	48656
天津	10191	12263	17422	22021	22346	23407	20856

省份	2013 年	2014 年	2015 年	2016 年	2017 年	2018 年	2019 年
广东	97052	126936	177047	236918	289238	328467	375515
江苏	52718	73252	85485	117912	140346	176120	180893
浙江	22578	28235	31642	38661	49158	62341	75770

资料来源：各省份统计年鉴。

（3）从文化因素分析，宏观文化背景方面，山东省制造业文化受地域文化影响，以儒家文化为代表的地域文化给企业带来了一定优势，如以人为本的经营理念、诚实守信的企业价值、重义轻利的思维理念。但同时也带来了一定负面影响，"官本位"、自我封闭、"家庭关系"等问题与时代发展相悖，阻碍了企业文化创新。

4.3.4 价值保障要素条件

（1）资金要素角度，山东省是全国经济强省，也是制造业大省，资金因素是保障其制造业嵌入"一带一路"价值链甚至全球价值链的重要力量。结合上文研究思路，本书以规模以上制造业企业平均资产（单位：亿元）为指标衡量不同省份制造业资金因素。从表4-9中可以看出，山东省制造业资金水平起点较低，2013年制造业企业平均资本存量仅为1.43亿元，但到了2019年，其规模已达2.46亿元，位居全国第五，排在前四位的分别是北京市、天津市、上海市以及重庆市。因此可认为，山东省制造业资金因素是保障其嵌入"一带一路"价值链的优势因素。

表4-9   **山东省与其他省份制造业企业平均资本对比**   单位：亿元

省份	2013 年	2014 年	2015 年	2016 年	2017 年	2018 年	2019 年
山东	1.43	1.61	1.83	1.97	2.10	2.33	2.46
上海	2.71	2.93	3.16	3.45	3.62	3.92	4.18
北京	3.32	3.76	5.94	5.46	5.44	6.69	7.07
天津	2.66	3.05	3.33	3.90	4.82	4.82	4.98
广东	1.37	1.45	1.59	1.65	1.64	1.87	1.72

省份	2013 年	2014 年	2015 年	2016 年	2017 年	2018 年	2019 年
江苏	1.60	1.68	1.72	1.89	2.01	2.18	2.33
浙江	1.48	1.52	1.53	1.57	1.62	1.73	1.78
重庆	1.95	2.23	2.42	2.54	2.70	2.80	2.96
湖南	1.24	1.39	1.47	1.61	1.68	1.77	1.83
福建	1.32	1.39	1.55	1.67	1.72	1.86	1.99
安徽	1.54	1.57	1.60	1.62	1.64	1.69	1.86

资料来源：各省市统计年鉴。

（2）信息要素方面，信息技术及电子商务普及为山东省制造业提供了外销机会。在新一代信息技术产业方面，山东产业规模居全国第3位，新一代网络通信、云计算、物联网等年均增长 20% 以上，因此存在优势。电子商务发展迅速，潍坊市高新技术产业开发区、青岛市崂山区等6个国家级电子商务示范基地均为制造业产业基地，山东省电子商务示范县由 2015 年首批的 10 个县区扩展到 2019 年 52 个。互联网 + 技术普及跨境电子商务模式在山东的应用，能够加速制造业企业的智能升级，工业大数据和云计算技术通过降低制造业企业的生产成本、找准企业薄弱点推动转型升级，进而影响企业嵌入价值链分工环节。

借鉴现有研究，用各省市移动互联网用户数量表示当地信息要素条件，由于部分省市非固定居民数量较大，因此不便用移动互联网用户数量与总人口的比值定义指标，故用初始数值表示。表 4－10 表现了山东省制造业企业与各省市信息要素的对比情况，从发展速度角度看，山东省与浙江省、重庆市的发展速度较快，从总人数角度，山东省排名第二，位于广东省之后，表现出信息化优势。

表 4－10　　　山东省与其他省市制造业互联网移动用户数量对比　　单位：万人

省份	2013 年	2014 年	2015 年	2016 年	2017 年	2018 年	2019 年
山东	4371	4865	5556	5569	6109	7391	8508
上海	1946	2162	2329	2569	2569	2662	3393
北京	2575	3168	3373	4076	4051	3868	3752

续表

省份	2013 年	2014 年	2015 年	2016 年	2017 年	2018 年	2019 年
天津	1059	1147	1234	1320	1406	1500	1580
广东	12136	12468	14706	14943	15010	14349	14799
浙江	3830	4698	4719	5065	5430	6366	7456

资料来源：各省市统计年鉴。

根据《中国高技术产业统计年鉴》的统计数据，2020 年，山东省高技术产业企业数 1718 个，营业收入 6741 亿元，营业利润 681 亿元，这一数据虽然远远落后于广东、浙江、江苏这些制造业大省，但是在全国范围内高于其他省份，居于第 4 位，研发经费和新产品开发数量均获得了较大发展，人才与研发条件有了较大的改观。

以规模以上高技术产业企业 R&D 经费内部支出（单位：万元）作为衡量研发因素的指标，指标取自历年《高技术产业统计年鉴》。表 4 - 11 描述了研发要素基本状况，2019 年，山东省规模以上高技术产业企业 R&D 经费内部支出为 1959129 万元，与其他制造业大省相比，并不具有研发经费投入的优势。

表 4 - 11　　　　山东省与其他省市 R&D 经费内部支出对比　　　单位：万元

省份	2013 年	2014 年	2015 年	2016 年	2017 年	2018 年	2019 年
山东省	1562172.0	1760079.0	2076752.8	2224898.5	2506226.0	2265528.3	1959129.0
上海市	1061501.0	1274063.0	1282251.9	1338171.7	1449217.0	1273159.3	1635419.0
北京市	1065430.0	1107598.0	1202249.8	1299263.6	1317647.0	1341956.8	1473136.0
天津市	451315.0	509798.0	824041.7	698874.9	665098.0	681069.0	524978.0
广东省	6612820.0	7256155.0	8271917.4	9201114.5	9837799.0	11247028	12040270
江苏省	2798080.0	3084252.0	3431437.1	38882343.4	4161442.0	5025959.5	5706300.0
浙江省	1304677.0	1537770.0	1853267.7	2132657.9	2329266.0	2701824.1	2972973.0

资料来源：各省市统计年鉴。

与研发要素相似，以规模以上高技术产业 R&D 人员（单位：人）衡量人才因素。由表 4 - 12 可以看出，山东省科研人员数量有较为明显的提升。但仍然无法与广东、江苏、浙江相比。说明人才要素的发展是支持山东省制造业嵌入"一带一路"价值链的重要力量，但仍需进一步重视发展以打造优势力量和关键着力点。

表 4-12　　　　山东省与其他省市 R&D 人员数量对比　　　　单位：人

省份	2013 年	2014 年	2015 年	2016 年	2018 年	2019 年
山东省	60097	66535	67864	73749	75630	50903
上海市	32721	32374	35868	34123	33047	29508
北京市	31646	32779	29689	29802	30389	27004
天津市	16113	19743	29464	24384	21036	16814
广东省	243873	242323	240302	262122	349061	346437
江苏省	127989	131488	134748	147558	157976	175291
浙江省	66862	73838	82859	85178	101673	107943

资料来源：各省市统计年鉴。

4.4　山东省制造业动能要素系统的统计与实证检验

通过构建指标体系来衡量山东省制造业在动能系统下的发展状况，评估山东省制造业在嵌入"一带一路"价值链中的四大价值要素的发展水平，从而明确山东省嵌入"一带一路"价值链的基础是否扎实、传导路径是否通畅以及区域价值链构建过程中，山东省的优势和劣势，进而分析山东省制造业在嵌入"一带一路"价值链、推进产业转型升级进程中的正确路径和最优策略。

4.4.1　指标体系的构建原则和综合评价方法的选择

1. 指标体系的构建原则

进行制造业嵌入水平和质量的综合评价时，首先进行指标的构建，对指标构建的原则要满足以下几点：

（1）科学性。嵌入价值链体系的质量和水平涵盖了经济贸易、科技和文化领域等多方面。因此在考虑指标的构建问题上，尽量要全面地反映研究变量之间的关系，并且结合国际、国内经济发展的内涵，科学反映研究对象之间的关系。

（2）可行性。在着手构建指标的同时，考察所选取的指标的相关数据是否满足可得性，并且指标的度量单位、符号等都要进行充分考量。

（3）代表性。所选取的指标需满足不同指标体系的特点，必须能够充分反映相关对应的经济特征。

2. 综合评价方法的选择

在进行综合指标评价时，面临指标的权重确定问题，现有研究大多采用主观赋权法和客观赋权法两种赋权方式。其中，主观赋权法主要包括层次分析法和综合评价法等；客观分析法是由各评价指标之间的相关系数或变异系数来确定相应的权重，主要包括因子分析法、主成分分析法、熵值法等。

综合来看，不同方法各有利弊，层次分析法以定性和定量相结合的维度进行决策和分析，较为清晰明了，但其权重易受随机性和专家打分的主观性影响，缺乏客观依据。综合评价方法在一定程度上减少了不确定性，但是在分析评价指标之间的相关性问题上，易造成信息重复评价的问题，并且也带有一定程度的主观色彩。因子分析法能够利用较少的指标根据指标相关系数关系进行赋权，有效减少了主观因素导致的随机性，但因子分析法只能对面板数据进行分析，不能反映时间动态的变化。主成分分析法根据数据自身相关系数或变系数来确定指标权重，消除了主观因素的影响，并且能够反映各指标的贡献度，比较适合本书多指标的测度问题。综合上述方法优劣及适用性，本书采用主成分分析法进行综合指标的评价分析。

3. 主成分分析模型与步骤

记 X 是存在 N 各个样本和 P 变量的数据表，即：

$$X = (x_{ij})_{nxp} = \begin{vmatrix} e_1^T \\ \cdots \\ e_n^T \end{vmatrix} = [x_1, x_2, \cdots, x_p]$$ 其中，样本点 $e_i = (x_{i1},$

$x_{i2}, \cdots, x_{ip})^T \in R^P$；

变量 $x_i = (x_{1j}, x_{2j}, \cdots, x_{nj}) \in R^n$，$i = 1, 2, \cdots, p$

所以，第 i 个主成分表示为 $F_i = a_{1i}X_1 + a_{2i}X_2 + a_{pi}X_p$

满足：$a_{1i}^2 + a_{2i}^2 + \cdots + a_{pi}^2 = 1$；$F_i$ 与 F_j（$i \neq j$，$i, j = 1, 2, \cdots, p$）

不相关；$Var(F_i) = \lambda_i$，

其中：λ_i 为矩阵 X 的协方差矩阵 V 的特征根；

主成分分析法步骤：

第一，设综合评价体系存在 P 项指标，将指标数据进行标准化处理，逆向指标转为正向指标。

第二，对数据进行无量纲化处理。

第三，计算相关矩阵 V，求矩阵 V 的前 m 个特征值：$\lambda_1 \geq \lambda_2 \geq \cdots \geq \lambda_m > 0$，所以，相应的正交化特征向量 $a_i = (a_{1i}, a_{2i}, \cdots, a_{pi})$，$i = 1$，2，$\cdots$，m。

第四，设方差累计贡献率 $Q_m = \sum\limits_{n=1}^{m} Var(F_n) / \sum\limits_{j=1}^{p} s_j^2 = \sum\limits_{n=1}^{m} \lambda_n / \sum\limits_{j=t}^{p} s_j^2$，当 Q_m 达到一定的数值时（一般取 $Q_m \geq 80\%$），取 m 个主成分 $F_i = a_{1i}X_1 + a_{2i}X_2 + \cdots + a_{pi}X_p$（$i = 1$，2，$\cdots$，q）得到综合评价函数：$I = (Q_1F_1 + Q_2F_2 + \cdots + Q_mF_m) / \sum\limits_{i=1}^{m} Q_i$，其中，$Q_m$ 表示方差累计贡献率，即可以由主成分 F_1，F_2，$\cdots$，F_m 概括原数据中的 P 个指标。

第五，求得各样本的综合评价得分值。

4.4.2 制造业动能要素指标体系构建

结合指标选取的原则，为构造出能反映山东省制造业价值要素系统发展水平的综合评价指标体系，本书综合四大价值要素的影响因素，选取综合反映各价值要素水平的指标。为保证指标的客观性和全面性，本书选取 2010~2018 年较为平稳的数据来分析"一带一路"沿线国家以及山东省各评价指标的发展状况和趋势。山东省制造业动能系统体系划分为价值基础评价体系、价值核心评价体系、价值提升评价体系和价值保障评价体系 4 项一级指标，选取本章前部分所用数据代表具体因素以描述各一级指标，因此选取山东省外商引资政策状况、山东省高新技术企业引入政策状况、山东省与"一带一路"沿线国家第二产业距离、山东省与"一带一路"沿线国家固定资产投资距离、山东省与"一带一路"沿线国家能源因素距离、山东省与"一带一路"沿线国家投资距离、山东省与"一带一路"沿线国家市场距离、山东省制造业品牌实力、山东省制造业技术实力、山东省高新技术产品产出能力、山东省制造业文化建设状况、山东省制造业企业资产能力、山东省信息发展状况、山东省制造业人才实力、山东省制造业研发实力等共15项二级指标（见表4-13）。

表4-13 山东省制造业嵌入"一带一路"价值链动能指标体系

总指标	一级指标	二级指标	计算方法	单位
山东省制造业嵌入"一带一路"价值链动能指标体系（A）	价值基础评价指标（A_1）	山东省外商引资政策状况 X_1	$\dfrac{\text{山东省外商直接投资额}}{\text{山东省当期 GDP}}$	%
		山东省高新技术企业引入政策状况 X_2	$\dfrac{\text{高新技术企业迁入量}}{\text{制造业企业数量}}$	%
		山东省与"一带一路"沿线国家第二产业距离 X_3	山东省第二产业占 GDP 比重 - "一带一路"第二产业占 GDP 比重	%
		山东省与"一带一路"沿线国家固定资产投资距离 X_4	山东省固定资产投资占 GDP 比重 - "一带一路"固定资产投资占 GDP 比重	%
	价值核心评价指标（A_2）	山东省与"一带一路"沿线国家能源因素距离 X_5	中国自然资源总租金占 GDP 比重 - "一带一路"沿线国家平均自然资源租金占 GDP 比重	%
		山东省与"一带一路"沿线国家投资距离 X_6	中国贷款总额占 GDP 比重 - "一带一路"贷款总额占 GDP 比重	%
		山东省与"一带一路"沿线国家市场距离 X_7	山东省人均 GDP - "一带一路"人均 GDP	元
	价值提升评价指标（A_3）	山东省制造业品牌实力 X_8	$\dfrac{\text{山东省制造业品牌数量}}{\text{中国制造业品牌数量}}$	%
		山东省制造业技术实力 X_9	山东省制造业专利授予数量	个
		山东省高新技术产品产出能力 X_{10}	$\dfrac{\text{高新技术产品产出}}{\text{制造业总产出}}$	%
		山东省制造业文化建设状况 X_{11}	$\dfrac{\text{山东省制造业管理费}}{\text{制造业总成本}}$	%
	价值保障评价指标（A_4）	山东省制造业企业资产能力 X_{12}	$\dfrac{\text{山东省制造业总资产}}{\text{制造业企业数量}}$	万元
		山东省信息发展状况 X_{13}	山东省电子商务产值 + 电信业务产值	万元
		山东省制造业人才实力 X_{14}	山东省制造业研发人员数量	人
		山东省制造业研发实力 X_{15}	$\dfrac{\text{山东省制造业 R\&D 投入}}{\text{制造业总产出}}$	%

以上指标数据均来自 2010～2018 年份的世界银行 WDI 数据库、《山东省统计年鉴》《中国高技术产业统计年鉴》《山东省国民经济和社会发展统计公报》以及《全国制造业质量竞争力指数公报》。对于少部分缺失的数据，本书采用线性插值法进行补充，对于个别年份的异常数据值，利用平均增速进行数据调整。本书对以上 15 个指标、2010～2018 年共 9 年数据采用 MATLAB 软件进行基于主成分分析法的综合指标测度。

4.4.3 基于主成分分析法（PCA）模型的统计与实证检验

1. 数据的处理

在进行数据的有效性检验之前，首先对原始指标进行处理，由于数据指标的单位各不相同，需要进行标准化来消除数据的量纲和量级影响：

$$X'_{ij} = \frac{X_{ij} - \bar{x}_{ij}}{\delta_{ij}}, \quad 1 \leqslant j \leqslant m \qquad (4-1)$$

式（4-1）中，X'_{ij} 为指标值，$\bar{x}_{ij}$ 为指标的平均值，δ_{ij} 为指标的标准差。为便于描述，将标准化后的数据仍记为 X_{ij}。

2. 有效性检验

在进行主成分分析之前，需要分别对四个维度的指标数据做 KMO（Kaiser - Meyer - Olkin）检验和 Bartlett 球形度检验。KMO 主要分析数据变量之间的偏相关性，统计量取值［0，1］，一般规定 KMO 统计值≥0.5，说明该指标变量间比较适合做主成分分析，并且 KMO 越接近于 1，则使用该模型分析效果越好，并且，Bartlett 球形状检验的卡方近似值越大，并且 sig 统计量显著值 P＜0.5，表示通过检验，适合做主成分，本书对 KMO 检验和 Bartlett 检验使用 stata 软件，检验结果显示各维度评级系统指标 KMO 统计值均大于 0.5，以及显著值 P＜0.5，表示该数据通过检验，适合做主成分分析。检验结果如表 4-14 所示。

表 4 – 14   **KMO 检验值和 Bartlett 球形检验值**

维度	KMO 统计值	Bartlett 球形度检验		
		Chi – square	Df	P – value
价值基础评价系统	0.678	42.792	6	0
价值核心评价系统	0.700	32.983	15	0.005
价值提升评价系统	0.811	74.569	10	0
价值保障评价系统	0.775	76.995	6	0

3. 提取主成分

通过 MATLAB 软件．进行主成分提取，通过计算相关系数矩阵，利用相关系数矩阵进行主成分分析，然后得到其特征值和方差贡献率，如表 4 – 15 所示。

表 4 – 15   **主成分特征值与方差贡献率**

维度	成分	特征值	方差贡献率
价值基础评级指标	1	3.5414	88.5357
价值核心评级指标	1	4.1333	68.8878
	2	1.1336	18.8935
价值提升评级指标	1	3.9277	78.5537
	2	0.9832	19.6639
价值保障评级指标	1	3.9412	98.5309

4. 权重确定

根据主成分分析，可以得出各主成分系数，并可以确定各指标权重大小。权重计算公式为：

$$某指标权 = \frac{第一主成分系数}{\sqrt{第一主成分特征值}} \times 第一主成分贡献率$$

$$+ \frac{第二主成分系数}{\sqrt{第二主成分特征值}} \times 第二主成分贡献率$$

主成分系数和权重统计结果如表 4 – 16 所示。

表 4 – 16　　　　　　　　各统计指标权重

维度	基础指标	第一主成分系数	第二主成分系数	权重
价值基础评价体系	山东省外商引资政策状况 X_1	0.521	—	0.277
	山东省高新技术企业引入政策状况 X_2	– 0.151	—	– 0.08
	山东省与"一带一路"沿线国家第二产业距离 X_3	0.833	—	0.443
	山东省与"一带一路"沿线国家固定资产投资距离 X_4	0.11	—	0.058
价值核心评价体系	山东省与"一带一路"沿线国家能源因素距离 X_5	0.268	0.458	0.296
	山东省与"一带一路"沿线国家投资距离 X_6	0.226	0.242	0.231
	山东省与"一带一路"沿线国家市场距离 X_7	0.521	0.246	0.391
价值提升评价体系	山东省制造业品牌实力 X_8	0.488	0.502	0.299
	山东省制造业技术实力 X_9	0.87	0.042	0.343
	山东省高新技术产品产出能力 X_{10}	0.502	0.273	0.247
	山东省制造业文化建设状况 X_{11}	0.256	0.089	0.087
价值保障评价体系	山东省制造业企业资产能力 X_{12}	0.5027	—	0.253
	山东省信息发展状况 X_{13}	0.6514	—	0.476
	山东省制造业人才实力 X_{14}	0.2561	—	0.103
	山东省制造业研发实力 X_{15}	0.4422	—	0.273

注："—"代表无数据。

5. 主成分得分计算

根据前文得到的各指标数据的主成分系数和特征值，将每个主成分对应的系数分别除以其主成分特征值的算术平方根，用以作为主成分表达式中各指标的系数，基于此，可以得到主成分的表达式。

6. 计算价值要素评价体系综合得分

由得出的四个维度的主成分得分表达式，将其作为变量进行主成分分析,最终得到价值要素评价体系综合得分表达式。

4.5 山东省制造业价值要素体系
测度结果分析

借助 MATLAB 软件,运用主成分分析方法最终得出山东省制造业 2010~2018 年综合得分和各价值要素得分状况,并进一步对结果进行分析。

4.5.1 嵌入价值链要素水平纵向评价

图 4-26 描绘了山东省制造业各价值要素得分及综合得分情况。从图中可以看出,山东省制造业嵌入价值链的综合得分稳中有升,表示山东省制造业转型升级的支持力度越来越大、嵌入"一带一路"价值链的动力越来越强。各价值要素得分也呈现波动上升趋势,其中,价值基础要素和价值核心要素始终位于综合得分水平上方,表示两价值要素为山东省制造业提供的动能大于全部价值要素的平均水平。另外,价值提升要素与价值保障要素虽然有了一定的提升,但整体均处于综合得分线下。

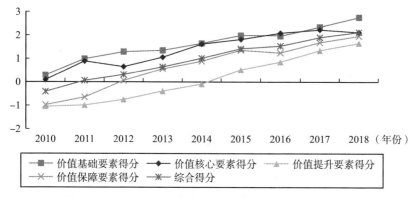

图 4-26 2010~2018 年各价值要素得分及综合得分情况

4.5.2 嵌入价值链要素水平分维度分析

1. 价值基础要素分析

图 4-27 描述了山东省制造业价值基础要素评价指标的得分情况。价值基础要素整体较综合得分优秀，表现出政策因素和产业因素对山东省制造业嵌入"一带一路"价值链、实现转型升级具有良好的驱动作用。具体的原因是，一方面，中央及山东省政府出台的相关政策对制造业参与价值链分工、利用外来技术和资金实现转型升级具有积极的促进作用，如引资政策、出口政策等，且都已经发挥了明显作用。另一方面，山东省制造业与"一带一路"沿线国家之间的产业与固定资产投资具有一定差距，山东省制造业在这两方面拥有绝对优势，因此一定程度上提升了制造业企业嵌入价值链的能力。因此可以推断，价值基础要素是山东省制造业实现转型升级的优势动能要素。

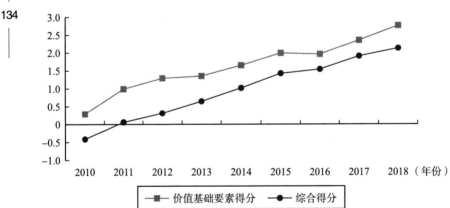

图 4-27 2010~2018 年价值基础要素评价指标得分变动趋势

从山东省与"一带一路"国家贸易投资情况来看（见表 4-17），自"一带一路"倡议落实以来，山东省对其贸易合作往来不断加强。

表4-17　　2016～2018年山东省与"一带一路"沿线国家贸易及投资情况

年份	对"一带一路"沿线国家和地区出口增长率（%）	与"一带一路"沿线国家商品进出口总额（亿元）	对"一带一路"沿线国家实际投资总额（亿元）	吸引"一带一路"沿线国家资金总额（亿元）	在"一带一路"沿线国家承包工程完成营业额（亿元）
2016	11	4137.7	55.37	83.72	425.72
2017	6.7	4816.3	100.6	99.8	473.4
2018	5.7	5197.6	127.5	115.88	485.3

资料来源：2016～2018年《山东省国民经济和社会发展统计公报》。

　　具体方面，"一带一路"倡议推动了山东省与相关国家的贸易投资往来，其进出口总额在两年间增长了1000亿元，总增长率达到25.6%，在一定程度上体现贸易加深度，并且山东省在2016年对"一带一路"沿线国家和地区实际投资总额仅为55.37亿元，而这一数字在2018年增至127.5亿元，两年间增长两倍多，并且吸引外资的流入也稳步提升，山东省凭借制造业工业的高水平，2018年新签发承包工程项目达到55个，营业额为41亿美元，相比上年增长9.3%，山东省新设境外投资项目50个，实际投资10亿美元，同比增长22.3%。并且，在2018年，山东对外实际投资、对外承包工程完成营业额、外派劳务，分别位居全国第5位、第2位、第1位，其中，对"一带一路"沿线国家地区承包工程完成营业额485.3亿元，占全省六成以上。

　　新旧动能转换不仅体现在新兴产业的崛起和传统产业的消退，在诸如向沿线国家外派劳务等合作项目中，其背后同样体现了行业的转型升级、新旧动能转换，在改革开放初期，我国对外劳务主要流向中东地区，随后主要转向韩国、日本、新加坡等国家，随着我国经济的发展，人民收入水平的提高，对外合作的项目中也逐渐呈现向中高端人才流动转型，面向经济更为发达的地区转移，比如澳大利亚、欧美国家等。"一带一路"倡议为山东省"走出去"战略提供了重要平台，其中对外交流、投资和外派劳动力的流动都在全国呈现高水平，这体现了山东省充分把握"一带一路"倡议提供省内经济发展的契机，为经济和产业发展提供动力，为制造业水平进一步提升提供发展空间。

2. 价值核心要素水平维度分析

从价值核心要素评价得分情况（见图4-28）来看，在评估年份核心要素的发展状态均优于综合得分，表现了核心要素水平主要拉动综合得分的增长，和价值基础评价要素不同，价值核心要素指标得分值在经济结构调整期存在下降趋势，但是整体仍呈现稳定增长态势。从价值核心要素内部指标来看，山东省制造业与"一带一路"沿线国家间的能源因素距离较大，因此制造业能够依赖国外优势能源产量以推动产业的国际转移，进而将更多国内空间转让给新兴优势产业。从投资距离看，山东省制造业与"一带一路"沿线国家间的投资状况存在一定差距，国外投资状况并不如国内情况，因此制造业对外直接投资或将面临外部融资问题，从而抑制山东制造业嵌入"一带一路"区域经济合作和区域价值链走向产业质量提升的道路。"一带一路"存在着广阔的市场空间，有利于产业转移，主要表现为沿线国家经济总量大，产业转移既能够减少生产成本，又可以缩小运输成本。因此，价值核心要素是促进山东省制造业嵌入"一带一路"价值链、实现产业转型升级的主要动力之一。

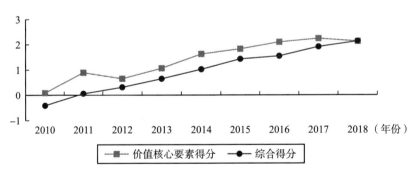

图4-28 2010～2018年价值核心要素评价指标得分变动趋势

3. 价值提升要素水平维度分析

由图4-29可知，价值提升要素水平稳中有升，且提升幅度大于其他要素水平。与综合得分相比，山东省制造业面临的价值提升要素状况略有劣势，但差距正在逐步缩小，表明山东省制造业价值提升要素水平基础较差但在不断的努力过程中已取得了一定成就。具体原因为，山东省制造业品牌实力不断提升，政府对企业品牌打造和培育逐渐重视，并采取了一定措施以实现品牌强国战略，因此品牌因素是辅助价值提升要素进步的原因之一。但对于制造业技术实力而言，山东省制造业企业技术力量相对薄弱，主要是技术存量不足导致，因此可以推断技术实力劣势是抑制制造业价值提升要素的原因，因此，进一步提高企业高技术存量，引进高新技术仍是山东省制造业的主要任务之一。山东省文化建设状况整体良好，但整体发展趋势趋于平缓，在与其他省份的对比时可以发现，山东省制造业企业文化建设略处下风，虽然自身拥有良好的文化基础，但文化发展仍有进步空间。

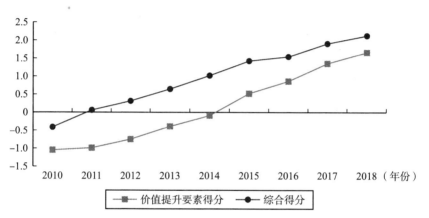

图 4－29　2010～2018 年价值提升要素评价指标得分变动趋势

4. 价值保障要素水平维度分析

图 4－30 表现了价值保障要素与综合得分的比较。可以看出，山东省制造业价值保障要素在 2013 年以前与综合得分有较大差距，但在 2013 年之后差距逐渐缩小，虽然在 2016 年有小幅度下滑，但整体趋势与综合分数持平。因此可以推断，山东省制造业面临的价值保障要素境况一般，既不处于劣势又不拥有优势，存在一定发展空间。具体因素方面，山东省制造业企业资产能力具有比较优势，主要表现为企业平均资产总额较为充足，具备抵御外来冲击的能力，因此能够推动企业嵌入价值链进而实现转型升级。信息因素方面，山东省信息状况较好，企业能够利用信息状况获取生产、经营信息，以实现自身利益，因此能够运用信息优势嵌入价值链，并最终实现产业转型升级。人才与研发实力方面，山东省制造业企业平均拥有的人才数量处于全国均值以上，但与浙

江、上海等相比还有一定距离；而在研发投入方面，山东省虽已挤入全国前十，但对于制造业大省地位，其研发强度、研发潜力仍需进一步提升。研发、人才和资金的保障是推动山东省制造业嵌入高端制造业价值链体系的重要动能因素，是促进新旧动能转换下的重要推动力，对山东省制造业转型、经济结构调整都起着重要作用，新旧动能转换本质是产业内部的动力要素的变动、转移与升级，对当前山东省制造业来说，制造业科技化、信息化是其转型的主要方向，制造业人才含量的提升依赖于价值保障要素的供给水平，因此，更应重视动能要素的动力保障。因此，价值保障要素发展整体稳定，但仍存在一定上升空间。

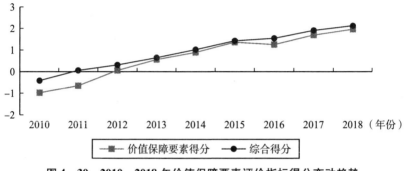

图 4 – 30　2010 ~ 2018 年价值保障要素评价指标得分变动趋势

4.6　研究内容小结

利用四大价值要素机制分析了山东省制造业嵌入"一带一路"价值链和实现产业转型升级的要素条件。利用现有数据代表山东省制造业的各项具体要素条件，如以国家第二产业占比以及固定资产投资占比表示一国产业因素条件、以自然资源总租金占 GDP 比重代表一国能源资源因素条件、以国家金融机构和私人机构贷款总额占比衡量一国投资因素条件等。之后本章以"一带一路"沿线国家为样本，检验了山东省制造业嵌入"一带一路"价值链的价值基础要素和价值核心要素条件，并得出较为良好的条件基础，如投资因素、技术因素为限制山东省制造业的劣势因素，而文化因素是需要继续重视和培育的因素。然后，通过与中国前十大制造业省市比较，本章分析出山东省制造业在价值提升要素和价值保障要素方面的优劣势,具备的优势动能因素有政策因素、产业因素、品牌因素、信息因素、资金因素的,其中又以品牌优势和信息优势为重点优势方面。最后,通过对四大要素各项指标进行主成分分析加权得分发现,山东省制造业在价值基础要素和价值核心要素条件上的优势要大于价值保障要素和价值提升要素。

为探索山东省制造业嵌入"一带一路"价值链,实现产业转型升级的动能要素,本章基于格里芬(2001)和张辉(2006)的全球价值链构建动力驱动机制和混合驱动机制的理论,对三种动力机制的影响因素进行提炼。将其拆分为政策因素、产业因素、能源因素、投资因素、市场因素、品牌因素、技术因素、文化因素、资金因素、信息因素以及人才与研发因素共11项具体因素,依据各因素在价值链构建中的不同作用类型,将具体因素分为四大价值要素体系,分别为价值基础要素、价值核心要素、价值提升要素和价值保障要素。通过理论机制阐述了各要素及具体因素对企业嵌入价值链实现转型升级的路径。之后,将山东省制造业各项价值要素条件进行比较分析,分析了山东省制造业嵌入"一带一路"价值链的优势因素。为探究山东省制造业的动能要素,本章用主成分分析(PCA)法对各要素得分。

139

为明晰山东省制造业在具体因素及四大要素层面的优劣势,以明确其嵌入"一带一路"价值链实现转型升级的动能及关键着力点,研究结论依据特征性事实和主成分分析得分结果,分别从具体因素层面和要素分类层面进行总结。

4.6.1 具体因素层面

政策因素、产业因素、能源因素、市场因素、品牌因素、信息因素、资金因素以及人才和研发因素是山东省制造业嵌入"一带一路"价值链、推动其转型升级的优势动能因素。其中,政策因素、品牌因素、信息因素是山东省制造业的关键着力点。山东省当地政策发展趋势利于制造业嵌入"一带一路"价值链分工体系,"新旧动能转换"政策和自由贸易试验区是推动制造业转型升级的重要推力。山东省与"一带一路"沿线国家间的产业差距是进行国际产能合作的有利条件,利于制造业出口制造产品和对外直接投资。"一带一路"能源与市场因素是吸引山东省制造业投资的吸引力。品牌因素角度，尤其是高端品牌的兴起能够提升制造业核心竞争力，实现价值链地位攀升。信息因素角度，电子商务崛起为制造业商品跨境销售提供了机遇，山东省信息优势助力制造业嵌入"一带一路"价值链并转型升级。较为充足的资金和人才研发重视度保障了制造业企业"走出去"的进程。

投资因素、技术因素是山东省制造业要素条件劣势。山东省投资支持能力波动较大，给企业带来融资方面的不确定性，"一带一路"沿线国家投资能力逐年提升但增速较慢，相比国内整体水平仍有差距，限制了企业对外直接投资。山东省制造业目前技术水平较低，虽然有较好的人才研发支持，但向技术创新转化的能力有限。文化因素方面，相比国内其他制造业强省，山东省制造业对企业文化的培养重视力度不够，在嵌入"一带一路"价值链的道路上可能会遭受内外部冲击。

4.6.2　分类价值要素层面

1. 价值基础要素

山东省制造业价值基础要素状况表现较好，主要归因于制造业产品产量大、生产效率高、产品销售能力较强等基本面优势。但若制造业意图在融入"一带一路"价值链的同时实现自身产业升级，则应放低对价值基础要素产量、效率的要求，进而转向对产品质量、产品研发的高要求。若不追求实现产业升级，在短期内可凭借发起国优势及数量优势融入"一带一路"价值链，但产品的强可替代性会最终驱逐山东省制造业产品逐渐脱离价值链。

相比较于其他省份制造业价值基础要素，山东省制造业呈现出起步早，发展慢的特点。一方面，山东省作为国家重要制造业大省，制造业发展较早，技术熟练，基础扎实，具有明显的先发优势和相对稳定的市场份额；另一方面，随着广东、江苏、浙江、重庆等南方地区的崛起，其工业化现代水平逐渐超越山东，与此同时，高质量发展时代的到来推动制造业产品向高质量方向发展，各地区对高质量产品的需求增加，而对较低水平产品需求相对减少。基于以上两方面作用的共同影响，山东省制造业价值基础要素在国内同业的比较并不占有相对优势，但仍具备推动企业实现转型升级的动力因素。

2. 价值核心要素

价值核心要素对山东省制造业融入"一带一路"价值链起到了积极的推动作用，价值核心要素的积极作用主要归因于制造业对外直接投资总额及数量的"二元边际"增长模式以及对本地产业的外商直接投资总额的增长。但外商直接投资的数量边际相比前三者有所下滑，可能会阻碍部分产业从外部获取直接技术进而提升制造业产品质量。因此在外来技术受限时，加强自身科研投入是提升山东省制造业进一步融入"一带一路"价值链的有效路径。

2014 年对山东省制造业价值核心要素的发展是一个分水岭。在 2014 年之前，价值核心要素综合发展趋势优于制造业整体发展趋势，呈现明显高速发展趋势。国内外资金往来、经验交流水平的提高，尤其是吸收的外来技术可以通过本地学习效应、竞争效应、人员流动效应等带动价值基础要素的提升。2014 年之后，山东省制造业价值核心要素上升趋势趋于平缓，主要原因是，国内外制造业交流减少及山东省制造业全球价值链融入水平降低导致。资金、技术、管理经验的往来减少，致使外资对本地制造业技术溢出水平受到一定限制，进而阻碍了上述技术溢出路径的传导作用。但整体而言，价值核心要素仍是带动制造业企业嵌入"一带一路"价值链、实现转型升级的重要推动力。

3. 价值提升要素

山东省制造业价值提升要素仍存在较大进步空间。一方面，尽管政府及企业加快了对附加技术产业的扶持力度，但制造业整体仍将重心置于利用现有内在或外来技术继续生产而非进一步创造新技术新产能。因此，虽然制造业产品整体技术含量较高，但整体产业专利申请量仍处于较低水平，结合前一部分结论，新技术的缺失或可导致产品后续核心价值提升受限，从而降低产业的竞争力。另一方面，山东省制造业缺乏品牌效应概念，在参与国家产业转移及国际产能合作进程中，作为重要企业文化自信的品牌概念的存在及提升有助于企业生存及产品销售，体现在山东省制造业方面则为更易融入"一带一路"价值链，实现价值链分工地位的攀升。制造业产品技术含量的提升带动了价值提升要素整体的上升。由于技术存量的有限性和本地企业创新的低效性，未来一段时间内山东省制造业价值提升要素的提升可能会呈现边际递减规律。因此对于山东省制造业而言，在保持产品技术含量、保证产品质量的前提下，进一步提升本地创新效率，摆脱应用型产业、转向创新型产业是至关重要的。

4. 价值保障要素

山东省制造业价值保障要素整体水平偏低且与综合得分间存在矛盾，主要表现为制造业科研人员数量较少、高技术新产品开发资金投入及信息技术产业的发展无法满足制造业整体发展的需要。尽管价值保障要素在观测期内有了一定幅度的提升，但与制造业整体进程仍有一定差距，体现出山东省制造业在科研、人才方面的欠缺。

作为制造业企业转型升级的保障方面，价值保障要素与制造业综合发展相近，但相比价值基础要素和价值核心要素，其发展仍处于相对落后位置。制造业研发人员和研发资金保障仍不到位，对高新技术制造业的发展形成反作用力，不利于山东省制造业信息化、科技化方向发展。对当前山东省制造业来说，制造业科技化、信息化是其转型的主要方向，制造业技术含量的提升依赖于价值保障要素的供给水平，因此，更应重视动能要素的动力保障。

综合以上各价值要素特点，山东省制造业嵌入价值链的基础和核心要素水平逐渐趋于饱和，提升要素整体代表了制造业技术含量水平，呈现快速增长的趋势，未来发展的潜力较大，但是基于研发、人才和信息等领域为代表的保障要素虽有一定发展，但是发展较为缓慢，且在观测期年份中均低于价值综合发展水平，因此可以得出，山东省制造业目前发展结构仍需调整，应加大研发、人才和信息技术等高技术相关领域的投入，促进高技术制造业能力水平的提高。在传统的产业链中，注重物资、资金等实体性成分的流动，而现代产业链和价值链则非常重视知识、信息、思想等非实体性成分在产业链和价值链中的传递与交流。

第5章 山东省与"一带一路"沿线国家经贸关系现状分析

"一带一路"倡议体现了我国对外开放的新布局和新思路,为山东省推动对外经贸结构优化与提升制造业贸易竞争力提供了重要发展机遇。通过与"一带一路"沿线国家和地区密切的经贸合作,为山东省制造业的高质量发展提供了更加宽广的平台。

5.1 山东省对"一带一路"沿线国家制造业产品出口现状

在界定制造业产品范围以及参与"一带一路"建设的国家后,从出口规模、出口地区和出口结构三个方面分析现阶段山东省与"一带一路"国家制造业产品的出口贸易状况。

5.1.1 制造业范围及"一带一路"沿线国家范围的确定

1. 制造业范围界定

现行的国际商品分类体系主要有国际贸易标准分类(SITC)和商品名称及编码协调制度(HS),国研网对外贸易数据库中采用 HS 编码进行分类,共 22 大类 98 章,在该分类下的数据较完善,故该部分内容采用 HS 编码进行研究。

由于我国国民行业分类标准与 HS 编码分类规则不一致,本书参考周申(2006)整理的 HS 编码与我国工业行业对应表,细分至 HS6 位编码,以满足数据准确性需求最终筛选并合并为 26 个制造业部门。基于不同要素密集度，本文根据戴翔、金碚（2013）对工业行业的划分，将制造业行业大类分为劳动密集型行业、资本密集型行业和技术密集型行业（见表5-1）。

表5-1　　　　　　　　　国民经济行业与 HS 编码对照表

	国民经济行业分类	HS 编码分类	行业技术分类
13	农副食品加工业	15、16、17	劳动密集型行业
14	食品制造业	02、04、18、19、20、21、23	
15	酒、饮料和精制茶制造业	0902、22（不包括2209）	
16	烟草制造业	2402、2403	
17	纺织业	50、51、52、53、56、57、58、59、60、61、63	
18	纺织服饰、服饰业	62、65	
19	皮革、毛皮、羽毛及其制品和制鞋业	41（不包括4101-4303）、42、43（不包括4301）、64、67（不包括6702）、9404	
20	木材加工和木、竹、藤、棕、草制品业	44（不包括4401-4403）、4503-4504、46	
21	家具制造业	9401-9403	
22	造纸及纸制品业	47、48（不包括4820）	
23	印刷和记录媒介复制业	49	
24	文体、工美、体育和娱乐用品制造业	4820、92、9506	
29	橡胶和塑料制造业	3902、40（不包括4001、4002）	
25	石油加工、炼焦和核燃料加工业	27（不包括2701-2703、2705、2709、2714、2716）	资本密集型行业
30	非金属矿物制品业	68、69、70、9003、9004	
31	黑色金属冶炼和压延业	2618-2619、72、8111	
32	有色金属冶炼和压延业	7401-7410、7501-7506、7601-7607、7801-7804、7901-7905、8001-8005、81（不包括8111）	

国民经济行业分类		HS 编码分类	行业技术分类
33	金属制品业	6601、73、7411 – 7419、7507 – 7508、7608 – 7616、7805 – 7806、7906 – 7907、8006 – 8007、82、83、9406	资本密集型行业
34、35	通用设备制造业、专用设备制造业	84（不包括 8415、8423、8450、8469、8470 – 8473）、9018 – 9022	
40	仪器仪表制造业	8423、8469、8472 – 8473、90（不包括 9003 – 9004、9018 – 9022）、91	
26	化学原料和化学制品制造业	1518、1520、28、29、31、32、33、34、35、36、37、38、3901、4002	技术密集型行业
27	医药制造业	30	
28	化学纤维制造业	54、55	
36、37	交通运输设备制造业	86、87、88、89	
38	电气机械和器材制造业	8415、8450、8501 – 8516、8530 – 8539、8544 – 8548、9405	
39	计算机、通信和其他电子设备制造业	8470 – 8471、8517 – 8529、8540 – 8543	
41	其他制造业	66、71、96	—

资料来源：根据周申《贸易自由化对中国工业劳动需求弹性影响的经验研究》一文整理。

2. "一带一路" 范围界定

自 2013 年 "一带一路" 倡议提出以来，受到越来越多国家的认同与参与，成为拉动经济增长的新型区域合作平台。合作范围不断扩大，由最初的亚欧地区扩展到非洲、北美洲、南美洲和大洋洲，已同中国签订 "一带一路" 合作文件或备忘录的国家即可视为参与 "一带一路" 建设。本书根据中国 "一带一路" 官网 "国际合作" 的 "各国概况" 中列举的 144 个国家设定为 "一带一路" 沿线国家研究范围，由于国研网对外贸易数据库无法获得南苏丹、波黑、纽埃的制造业贸易数据，所以将国家范围调整为 141 个，涉及的国家名称及所在地区见表 5 – 2。

表5-2　　　　　　　"一带一路"沿线国家范围及其分区

地区		国家
亚洲（44国）	东南亚（10国）	文莱、缅甸、柬埔寨、印度尼西亚、老挝、马来西亚、菲律宾、新加坡、泰国、越南
	东亚（2国）	韩国、蒙古国
	西亚（20国）	巴林、伊朗、伊拉克、以色列、约旦、科威特、黎巴嫩、阿曼、巴勒斯坦、卡塔尔、沙特阿拉伯、叙利亚、土耳其、阿联酋、也门、东帝汶、阿塞拜疆、亚美尼亚、格鲁吉亚、塞浦路斯
	南亚（7国）	阿富汗、孟加拉国、不丹、马尔代夫、尼泊尔、巴基斯坦、斯里兰卡
	中亚（5国）	哈萨克斯坦、吉尔吉斯斯坦、塔吉克斯坦、土库曼斯坦、乌兹别克斯坦
欧洲（25国）	中东欧（19国）	阿尔巴尼亚、保加利亚、匈牙利、波兰、罗马尼亚、爱沙尼亚、拉脱维亚、立陶宛、白俄罗斯、摩尔多瓦、俄罗斯联邦、乌克兰、斯洛文尼亚、克罗地亚、捷克、斯洛伐克、马其顿、塞尔维亚、黑山
	西欧（6国）	意大利、卢森堡、希腊、葡萄牙、奥地利、马耳他
非洲（43国）	北非（5国）	阿尔及利亚、埃及、利比亚、摩洛哥、突尼斯
	南非（36国）	安哥拉、贝宁、布隆迪、佛得角、乍得、科摩罗、刚果（布）、吉布提、埃塞俄比亚、加蓬、冈比亚、加纳、几内亚、科特迪瓦共和国、肯尼亚、利比里亚、马达加斯加、马里、毛里塔尼亚、莫桑比克、纳米比亚、尼日尔、尼日利亚、卢旺达、塞内加尔、塞舌尔、塞拉利昂、索马里、南非、苏丹、坦桑尼亚、多哥、乌干达、赞比亚、津巴布韦、莱索托
	中非（2国）	喀麦隆、赤道几内亚
北美洲（11国）		安提瓜和巴布达、巴巴多斯、多米尼克、哥斯达黎加、古巴、多米尼加共和国、格林纳达、牙买加、巴拿马、萨尔瓦多、特立尼达和多巴哥
南美洲（8国）		玻利维亚、智利、厄瓜多尔、圭亚那、秘鲁、苏里南、乌拉圭、委内瑞拉
大洋洲（10国）		库克群岛、斐济、瓦努阿图、新西兰、巴布亚新几内亚、所罗门群岛、汤加、萨摩亚、基里巴斯、密克罗尼西亚联邦

资料来源：根据中国"一带一路"官网整理，https：//www.yidaiyilu.gov.cn。

5.1.2　山东省制造业对"一带一路"沿线国家出口现状

1. 出口规模

图 5 - 1 为山东省制造业对"一带一路"沿线国家的出口贸易情况，从图中可以看出，山东省对"一带一路"沿线国家的制造业产品出口额整体呈现增长趋势，由 2009 年的 305.41 亿美元增长至 2017 年的 612.58 亿美元，累计额 307.15 亿美元，年均贸易额增长 38.39 亿美元，年均增长速度达到 9.09%。其中 2009 年至 2014 年制造业出口额持续增长，2014 年达到峰值 649.81 亿美元，这主要是由于 2008 年金融危机导致制造业出口贸易受创，在我国一揽子经济刺激计划的推动下，山东省制造业出口贸易呈现复苏状态。2014 ～ 2017 年间，山东省对"一带一路"沿线国家制造业产品出口规模出现波动，2015 年出现小幅度下滑，2017 年降至 612.58 亿美元。

从山东省对"一带一路"沿线国家的制造业产品出口占山东省制造业产品总出口比例来看（见图 5 - 1），对"一带一路"沿线国家制造业出口占比明显提高。2013 年，"一带一路"倡议的提出，成为山东省制造业出口贸易的新引擎，2014 ～ 2016 年间，虽然对"一带一路"沿线国家出口额稍有下滑，但占制造业总出口比重不断上升，2016 年占比达到 46.92%，说明"一带一路"沿线国家在山东省制造业出口贸易中占有重要地位。2017 年出口规模与比重同比下滑，其中石油加工、炼焦和核燃料加工业出口额大幅下降，山东省制造业出口贸易竞争力有所下滑。

147

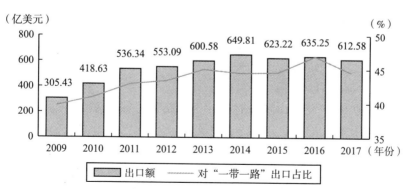

图 5 - 1　山东省对"一带一路"沿线国家制造业产品出口额及出口占比
资料来源：根据国研网统计数据整理。

2. 出口地区

山东省对"一带一路"沿线不同地区均保持着贸易往来,且各区域出口贸易额所占比重基本保持稳定,从图5-2可以明显看出,对亚洲"一带一路"沿线国家和地区出口额远远超过其他地区,2017年对亚洲制造业出口额为335.47亿美元,占山东省对所有沿线地区出口额的61.04%,其次是欧洲和非洲,对南美洲、北美洲与大洋洲沿线国家出口额较少,主要原因是参与"一带一路"建设的亚洲国家较多,且地理位置与山东省较近,运输成本等相对较低,导致山东省与亚洲沿线国家的贸易往来相对其他洲来说更加密切。

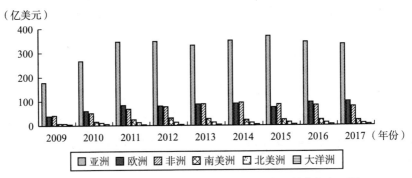

图5-2 山东省对"一带一路"沿线不同地区制造业出口额

数据来源:根据国研网统计数据整理。

从时间序列上看,2009~2011年间,山东省对各大洲制造业出口额增速较快,"一带一路"倡议对沿线国家进口山东省制造业产品具有一定的促进作用,自2011年起,对亚洲沿线国家出口额在350亿美元左右波动,对欧洲地区整体表现为出口增长,大洋洲虽然出口占比低,但出口额逐年稳定增长。

3. 出口结构

2009~2017年,山东省对"一带一路"沿线国家出口的制造业产品中,占比较大的行业分别为通用设备制造业、专用设备制造业、电气机械和器材制造业、计算机、通信和其他电子设备制造业、纺织业、橡胶和塑料制品业、化学原料和化学制品制造业,占山东省对"一带一路"沿线国家制造业出口总额的55%左右。其中,纺织业占有较大份额,约为10%,这与山东省拥有较丰富与低廉的劳动力有关。

　　参考李小平（2015）等学者对制造业行业不同技术类型的分类（见表5－3），将剔除其他制造业以外的28个制造业行业分为低技术、中等技术和高技术三类，并将山东省对"一带一路"国家的制造业出口数据按此分类方法重新加总，得到如图5－3所示的折线图。从出口结构上看，高技术制造业产品出口额明显高于中等技术和低技术制造业出口额，约为低技术出口的1.7倍多，而中等技术产品出口额从2009年起，超过低技术出口额，并与其逐渐拉开差距。山东省向"一带一路"沿线国家出口的高技术制造业产品中，出口额最大的行业为通用设备制造业和专用设备制造业，其次是电气机械和器材制造业以及计算机、通信和其他电子设备制造业，相比之下，医药制造业占比较低；中等技术制造业出口产品中份额最大的是橡胶和塑料制造业；在低技术出口产品中，纺织业出口明显高于其他行业，占低技术产品出口总额的四成左右。

表5－3　　　　　　　　　　　不同制造业类型分类

分类	行业
低技术	农副食品加工业、食品制造业、酒、饮料和精制茶制造业、烟草制造业、纺织业、纺织服饰、服饰业、皮革、毛皮、羽毛及其制品和制鞋业、木材加工和木、竹、藤、棕、草制品业、家具制造业、造纸及纸制品业、印刷和记录媒介复制业、文体、工美、体育和娱乐用品制造业
中等技术	橡胶和塑料制造业、石油加工、炼焦和核燃料加工业、非金属矿物制品业、黑色金属冶炼和压延业、有色金属冶炼和压延业、金属制品业、化学纤维制造业
高技术	通用设备制造业、专用设备制造业、仪器仪表制造业、化学原料和化学制品制造业、医药制造业、汽车制造业、铁路、船舶、航空航天和其他运输设备制造业、电气机械和器材制造业、计算机、通信和其他电子设备制造业

资料来源：根据李小平《中国制造业出口复杂度的提升和制造业增长》一文整理。

　　经分析，可以看出山东省对"一带一路"沿线国家的制造业产品出口主要以高技术产品为主，占比达到44%，这可能得益于山东省制造业转型升级的推进，不断提高制造业产品质量与技术含量，逐步推动山东省新旧动能转换与制造业高质量发展，促进出口商品结构以劳动密集型为主向技术密集型为主转变，增强制造业出口贸易竞争力，这在劳动力成本优势逐渐丧失的背景下，转变出口结构、助力山东省制造业高质量发展具有重要意义。

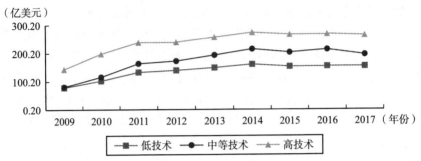

图 5 - 3　2009 ~ 2017 年山东省对"一带一路"沿线国家不同类型制造业产品出口额

资料来源：根据国研网统计数据整理。

5.2　山东省对"一带一路"沿线国家的投资现状分析

150

5.2.1　投资规模

"一带一路"倡议实施以来，山东省充分发挥自身的区位优势和比较优势，深度参与"一带一路"建设，取得了显著成效。《"一带一路"大数据报告（2018）》显示，以贸易合作、投资合作和重大合作项目指标衡量的各地与"一带一路"国际经贸合作排名中，山东省位居第一，取得了长足的进步。

从投资额来看（见图 5 - 4），山东省整体对外直接投资额和"一带一路"投资额都处于不断变化状态，但总体呈现上升趋势。其中，山东省对外直接投资额在 2016 年达到峰值，达 256.4 亿美元，"一带一路"沿线投资额在 2015 年首次突破 50 亿美元，达 50.3 亿美元。从图 5 - 4 也可以看出，虽然 2019 年山东省对外直接投资额较前一年有所下降，但山东省"一带一路"沿线投资额较前一年却在上升，可见山东省企业越来越倾向于向"一带一路"沿线国家投资。

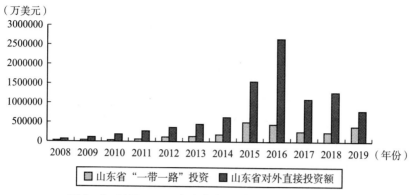

（万美元）

图 5 - 4 2008 ~ 2019 年山东省对外直接投资流量情况

资料来源：根据历年《山东统计年鉴》整理计算所得。

　　从投资占比来看（见图 5 - 5），2008 ~ 2018 年，山东省"一带一路"沿线投资额占山东省对外直接投资额的比重大致处于 20% ~ 40%之间，2019 年这一比重接近 50%。自 2013 年"一带一路"倡议提出以来，山东省"一带一路"沿线投资额占中国"一带一路"沿线投资额比重一直处于 10% 以上，且这一占比在 2016 年接近 30%，足以说明山东省企业逐渐成为"走出去"到"一带一路"沿线国家的重要力量。

151

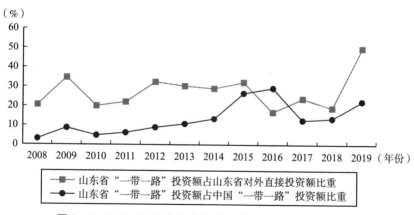

（%）

图 5 - 5 2008 ~ 2019 年山东省"一带一路"投资占比情况

资料来源：根据历年《山东统计年鉴》和《2008 ~ 2019 年中国对外直接投资公报》整理计算所得。

5.2.2 行业分布

根据 CAMAR 数据库上市公司海外关联公司数据，整理得出，2019年共有55家山东上市集团企业对"一带一路"沿线国家投资，建立213家海外关联公司，根据《2017 国民经济行业分类注释》，将山东省对"一带一路"沿线国家进行投资建立的企业进行产业分类整理，结果如图 5-6 所示。

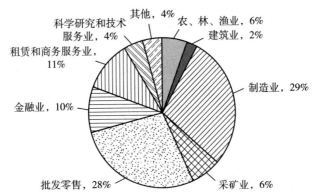

图 5-6 山东省企业对沿线国家投资的产业分布

资料来源：根据 CSMAR 国泰安数据库整理。

从图中可以看出，2019 年山东省对"一带一路"沿线国家制造业投资占比最大，达到 28.6%，其次是批发零售业，占比达到 27.7%，可以看出，山东省企业对沿线国家制造业的投资偏好，这也符合沿线国家拥有丰富的、价格相对低廉的劳动力和富足的矿产资源以及经济增长阶段产品需求丰富的基本事实。

5.2.3 地区分布

"一带一路"串联亚欧非大陆，牵手活跃的东亚经济圈和发达的欧洲经济圈，中间是发展潜力巨大的发展中国家。从企业数量来看，截至2019 年山东省对"一带一路"沿线国家投资设立的企业中，共有 135家企业设立在亚洲国家，占比达 68.18%，仅有 31.82% 的企业对欧洲及其他沿线国家投资。从地理区域来看,"一带一路"沿线国家可以划分为南亚、东南亚、东中西亚、欧洲、非洲以及北美南美大洋洲地区,图 5 – 7 为截至 2008 ~ 2019 年山东省对不同区域沿线国家直接投资流量的变化情况。

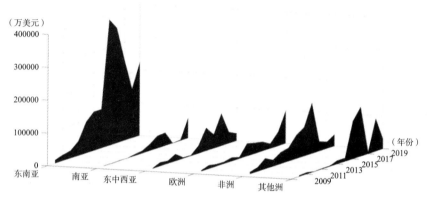

图 5 – 7　2008 ~ 2019 年山东省对不同区域沿线国家直接投资情况
资料来源:山东省统计局。

153

从投资额来看,山东省对东南亚地区投资占比较大。2019 年山东省对亚洲沿线国家投资 31. 71 亿美元,其中对东南亚沿线国家的投资占比达到了对亚洲投资的 53. 63% ,依托国内的资金和技术,山东省企业大力投资东南亚基础设施建设和能源产业。东南亚位于"一带一路"背景区和东盟自贸区两区兼顾的"红利区",地处印度洋和太平洋的"十字路口"、咽喉地段,在中国和东盟成员国之间的贸易政策和协议的促进下,不仅中国和东盟成员国之间的经贸关系日渐密切,而且东盟自贸区有着良好的发展前景和发展态势,不断吸引山东企业前往投资,在很大程度上促进了山东对东南亚国家的投资。此外,南亚和东中西亚拥有丰富的油气资源,自然环境优越、气候适宜,畜牧业、农牧业发展迅速,不断吸引山东企业投资中亚国家矿产资源开采、畜牧业等产业。

5.3　研究内容小结

筛选制造业分行业,将"一带一路"沿线国家研究范围确定为 141

个国家。经过分析山东省对"一带一路"沿线国家制造业产品的出口规模、出口地区和出口结构以及对外直接投资的规模、产业分布和地区分布发现，山东省对"一带一路"沿线国家和地区的出口额整体呈现上升趋势，对亚洲地区出口占比远超其他地区，出口的制造业产品中，高技术产品出口额逐年上升，低技术产品占比有下降趋势。对"一带一路"沿线国家和地区的对外直接投资额在波动中增长，且占山东省对外直接投资额的比重在逐步增加，2019 年山东省对"一带一路"沿线国家制造业投资占比最大，达到 28.6%，其中东南亚地区投资占比较大，这也符合沿线国家拥有丰富的、价格相对低廉的劳动力和富足的矿产资源以及经济增长阶段产品需求丰富的基本事实。

第6章 "一带一路"区域经济合作对山东省制造业高质量发展的作用机制

6.1 "一带一路"沿线国家出口贸易对山东省制造业发展质量提升作用机理

基于山东省制造业与"一带一路"沿线国家的出口贸易现状分析，该部分将结合已有理论，分析出口贸易对制造业发展质量提升的作用机理，在山东省新旧动能转换的关键时期，为山东省借助"一带一路"倡议的出口贸易效应提升制造业产业发展质量水平提供理论依据。从中国对发展中国家的出口贸易角度出发，总结认为中国对发展中国家的出口贸易效应主要通过规模效应、贸易结构效应和技术创新效应三大渠道推动产业发展质量提升。

6.1.1 规模效应

1. 规模经济效应

由于出口贸易带来的规模经济效应包括静态规模经济效应和动态规模经济效应，前者主要是指随着出口贸易的增加，市场规模扩大引起的，后者是由于干中学效应获得的。

（1）静态规模经济效应：在垄断竞争模型下，随着产量的扩大，企业的平均成本将沿着平均成本曲线移向曲线的低点。随着出口市场规模的扩大，出口企业通过提高产品产量获得规模经济效应，每个企业的平均成本将会下降，产业的平均成本下降，推动产业生产率提升，要素效率提高，产业利润率增长，有利于推动产业结构升级、产业组织合理化和产业利税率提高等，促进产业发展质量的提升。

（2）动态规模经济效应：克鲁格曼将学习曲线引入国际贸易模型中，认为某种产品生产得越多，将会产生由于学习带来的规模报酬递增，使得平均曲线下降。由于出口市场规模扩大，制造业企业产量增加，专业化生产以及产量增加将会产生动态规模经济效应，企业面临的平均成本曲线整体下降，带动企业生产率增长速度的提高。由于规模报酬递增，企业的产出比例增大，总体利润水平提到提升，人均收入提高，增加产值利税率和吸引就业，对产业发展速度效益的提升也起到推动作用。

2. 资源重置效应

在梅里兹为代表的异质性企业贸易模型下，以差异化产品、规模报酬递增和垄断竞争为假设，但关注企业微观层面，首次引入企业异质和固定出口成本假设。该理论认为，产业内的企业彼此间存在差异，表现为生产率的差异；企业进入某行业需要进行一定的初始投资，且这些投资成本往往是沉没的，企业在进入国内、外市场时都面临着市场进入固定成本，且前者小于后者，而这样的固定出口成本为对企业出口设置障碍，只有生产率足够高的企业才能进入到出口市场，所以产业或行业内出口企业与非出口企业并存。

该模型的假设：

在需求方面，消费者对产品偏好对称，效用随产品种类的增多而增大，效用函数为：$U = [\int_{\omega \in \Omega} q(\omega)^\rho d\omega]^{1/\rho}$。其中，$\Omega$ 为产品种类，产品之间具有可替代性（$0 < \rho < 1$），商品之间的替代弹性为 $\sigma = 1/(1-\rho)$。

在生产方面，不同企业的生产率不同，用 $\varphi > 0$ 表示企业劳动生产率水平（劳动为唯一生产要素），体现企业异质性，企业边际成本为 $1/\varphi$。所有进入行业的企业面临的固定成本为 f，$0 < f < 1$；出口企业进入国际市场还将面临固定出口成本 f_x，$f_x > f$。所以企业收益函数为：$r(\varphi) = r(P_{\rho\varphi})^{\sigma-1}$。

在企业定价方面，根据成本加成定价，令工资率水平 $\omega = 1$，则国内销售企业定价为 $P_d(\varphi) = \dfrac{\omega}{\rho\varphi} = \dfrac{1}{\rho\varphi}$；出口企业为反映进入出口市场增

加的边际成本 τ ，将提高定价，因此定价为 $P_x(\varphi) = \dfrac{\gamma}{\rho\varphi} = \gamma P_d(\varphi)$ 。

结合非出口企业和出口企业，收益函数为：

$$r(\varphi) = \begin{cases} r_d(\varphi)，非出口企业 \\ r_d(\varphi) + nr_x(\varphi)，出口企业 \end{cases} \quad (6-1)$$

其中，出口企业利润所得为国内销售利润和国外销售利润两部分构成：

$$\pi_d(\varphi) = \frac{r_d(\varphi)}{\sigma} - f$$

$$\pi_x(\varphi) = \frac{r_x(\varphi)}{\sigma} - f_x$$

综上所述，企业总利润为： $\pi(\varphi) = \pi_d(\varphi) + \max\{0, n\pi_x(\varphi)\}$ （6-2）

企业在进入某产业领域或出口市场都面临固定成本，引入生产率临界值的概念，即在国内销售的企业与同时在国内销售和出口到国外市场销售都将面临生产率临界值的问题。用 φ^* 表示企业进入某产业领域的生产率临界值， φ_x （ $\varphi_x \geqslant \varphi^*$ ）表示企业出口到国外市场的生产率临界值。

如果 $\varphi_x = \varphi^*$ ，那么全部企业都会选择出口；

157

如果 $\varphi_x > \varphi^*$ ，那么部分企业无法进入国际市场，因为其生产利润低，无法弥补开拓海外市场的出口固定成本，即出口利润为负；而生产率高于 φ_x 的企业会选择出口，因为不论国内销售还是出口其利润都为正。

所以，由于生产率临界值和固定出口成本的存在，并非所有企业均可进入出口市场，企业将在进入市场、退出市场和进入出口市场进行行为的自我选择。生产率较高的企业因为可以克服出口固定成本的障碍，不仅可以在国内销售，还会选择通过出口占领国际市场，其市场份额和利润均会增加；而生产率最低的企业面对激烈的市场竞争压力，不仅无法出口，还将被迫退出产业；生产率水平介于市场进入和出口市场进入生产率之间的企业，会继续在产业内生存，仅在国内市场销售，其市场份额和利润会下降，从而市场份额等生产要素由低生产率企业向高生产率企业流动，促进生产要素在产业内的重新分配。在此基础上，出口企业的生产率进一步提升，非出口企业的生产率受到出口企业的竞争压力和生产率的限制，逐渐退出市场，利润所得在企业之间重新划分，在这样的动力机制下，产业总体的生产率水平得以提升。除此以外，随着出口贸易的增长与企业生产规模的扩大，国内闲置资源被利用，还将带动产业就业率的增长。

3. 成本节约效应

从中间投入品角度看，同样在梅里兹企业异质性模型基础上，贸易自由化使得沿线国家中间品以更低廉的价格进入国内市场，沿线国家在劳动力密集型产品的生产上更具比较优势，这大大降低了进口该类中间品的国内制造业企业的生产成本，所获利润增加，因而更多制造业企业可以克服出口的门槛，进入国际市场；此外，对于出口企业而言，进口中间投入品种类的增加，使其更有效率地利用进口中间品而扩大出口。所以，中间投入品贸易成本的下降降低了出口门槛的同时，提高了出口企业的出口渗透率，进而提高了产业的出口强度，对外开放程度加深，更多企业跻身国际竞争中。

在"一带一路"倡议的影响下，一系列贸易便利化措施还将消除贸易壁垒，降低企业的出口固定成本，将带来贸易流量的提升和贸易种类的增加，也就是集约边际（现有出口企业和出口产品在单一方向的扩张）和扩展边际（新企业进入出口市场和出口种类的增加）。在异质性企业贸易理论框架下，随着出口固定成本的下降，原出口企业由于出口利润的增加使其出口倾向增大而加大出口量，已有出口企业的国际市场份额增加，这是固定贸易成本降低带来的集约边际效应。另外，出口固定成本的下降使得生产率水平在原出口生产率临界值附近的企业发现出口行为有利可图，在利润最大化的原则下，促使其进入出口市场；涉及多产品生产的出口企业在贸易成本降低的情况下，发现其原本不能出口的产品也可以通过出口获利因而将其他种类的产品出口到国际市场，这两种渠道为扩展边际效应，扩展边际效应有助于出口结构的多元化，保证出口增长的稳定性和持续性。所以随着"一带一路"倡议的提出与发展，高生产率企业不断扩张，其中已有出口企业通过扩大出口销售实现扩张，高生产率的非出口企业获得进入出口市场扩张的机会，只有低生产率的企业只能服务国内销售市场甚至退出国内市场。近年来，山东省对"一带一路"沿线国家的制造业出口规模迅速增大，从 2009 年的305.43 亿美元扩张至 2017 年的 612.58 亿美元，占制造业出口总额的46% 左右，为山东省制造业企业获得规模效应提供契机。①

---

① 数据根据国研网统计数据库整理计算所得。

山东省制造业企业在这样的动力机制下，生产率较高的企业获得进入"一带一路"出口市场的机会，积极开拓国际市场份额，参与国际贸易的程度提高。同样地，国外高生产率企业和先进产品在我国市场的进入程度提高，加剧了本土市场上同类产品和企业的竞争程度。只能在本土市场服务的低生产率企业，面对国内高生产率企业的不断扩张和国外企业进入本国市场的压力，市场份额不断缩小，甚至退出市场。通过制造业产业内企业的进入退出、规模调整和市场份额的重置，制造业产业内企业优胜劣汰，筛选出生产率更高的企业，完成市场出清，实现制造业平均生产率的上升，产业组织得以优化（见图6-1）。

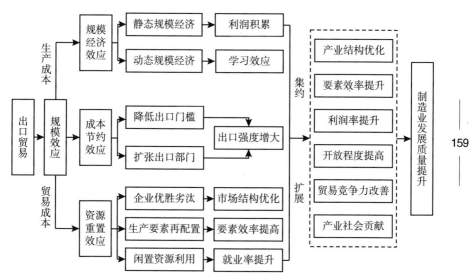

图6-1 出口贸易促进产业发展质量提升的规模效应作用机理

6.1.2 贸易结构效应

出口贸易效应不能仅仅依靠出口量的绝对增长，还要利用出口贸易结构的优化拉动产业发展质量水平的可持续平稳增长。广义的贸易结构应包括贸易商品结构、贸易方式结构、贸易区域结构以及贸易主体结构，鉴于该部分从出口贸易的视角分析出口贸易通过贸易结构效应推动产业发展质量的提升，故以狭义的出口商品结构为重点讨论。出口贸易促进产业发展质量提升的贸易结构效应作用机理，见图6-2。

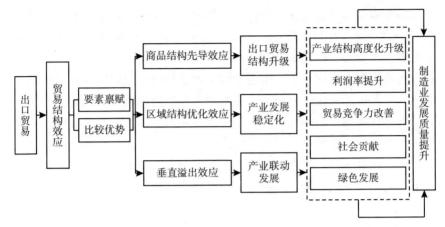

图 6 - 2   出口贸易促进产业发展质量提升的贸易结构效应作用机理

1. 商品结构先导效应

根据生产要素禀赋理论，不同产品生产所消耗的不同生产要素比例，因而存在劳动密集型产品、资本密集型产品和技术密集型产品。而国际贸易的本质就是以要素禀赋和比较优势为基础进行商品的生产和交换。根据费农的产品生命周期理论，产品随着创新、成熟、标准化的生命周期阶段变化依次表现为技术密集型产品、资本密集型产品和技术密集型产品。PLC 认为，贸易模式随时间变化，其中发展中国家对于新产品的贸易是通过净进口到贸易均衡再到净出口转变的过程，通过引进技术、创新模仿再到自主创新开发，出口的产品也随之从劳动密集型产品到资本密集型产品再到知识技术密集型产品转换，贸易结构不断优化。马宗达（2001）、姜茜和李荣林（2016）等国内外学者都验证了贸易结构的变化与产业结构的演进具有高度相关性，出口贸易结构优化对产业结构升级具有正向影响作用，且随着时间的推移，作用效果增强。在贸易结构变化的推动作用下，产业结构发生要素偏向性变动，并沿着有利于出口国产品国际竞争力的路径演进。

2. 区域结构优化效应

贸易开放条件下的出口贸易促进贸易伙伴国的多元化，在我国经济发展的新常态阶段，对产业发展起稳定作用。一方面，贸易伙伴国的增加可以减少对先前主要出口国，尤其是主要资本主义国家的依赖程度，避免贸易摩擦或世界经济危机对外贸发展和产业发展的负面影响或冲击，同时，扩大交易伙伴国，减少对发达国家高技术产品和发展中国家能源产品的依赖。另一方面，随着贸易伙伴范围的不断扩大，为开展国际范围的产能合作、产业分工提供了更加广阔的平台，能够通过与沿线国家和地区的产业互补、产业依存，实现资源的优化配置，提高生产效率。

3. 垂直溢出效应

出口贸易促进比较优势产业的发展，进而通过产业的上下关联带动其他相关产业的联动发展，推动整个产业生产率的提升与新兴产业发展。出口企业通过对上游供应商企业进行技术指导，以提高其产品质量，带动上游企业生产率提升；出口企业在提高自身产品质量的同时，降低其产品成本，促进其下游企业生产率的提升。优势产业在发展过程中，还将推动新兴产业的形成，最终推动产业结构高度化升级。

"一带一路"沿线国家大多是尚未完成工业化的发展中国家，要素禀赋结构为自然资源和劳动力要素较为充裕，资本要素较稀缺，而我国要素禀赋结构已发生显著改变，从劳动力要素充裕的国家转变为资本要素较为充裕的国家。"一带一路"沿线国家优势产业多为劳动密集型产业，相比之下，我国优势产业多为资本、知识密集型产业，我国在"一带一路"沿线国家中处于相对发达的阶段。有学者研究计算中国与"一带一路"国家的 RCA 指数和 RVC 指数，发现中国在产业层面与"一带一路"众多国家存在显著的贸易互补性。基于要素禀赋与比较优势，我国对沿线国家的出口产品技术含量高于对全球的商品出口贸易，所以我国对"一带一路"沿线国家的出口商品贸易有助于调整我国出口贸易商品结构，从而产业结构高度化升级，从劳动密集型占主导向资本密集型和技术密集型占主导过渡。此外，"一带一路"倡议的提出对于贸易区域结构的多元化也起到推动作用。随着出口技术含量的增加和技术密集型产业占比的增大，高技术制造业利润增加，提高从业人员人均收入，吸引更多劳动力向高技术产业转移，吸纳就业。同时，高技术产业具有资源消耗低、环境污染小的特点，对环境具有正向效应，提升制造业发展质量水平。从山东省制造业对"一带一路"国家的出口商品结构来看，高技术产品出口额明显多于其他产品，中等技术制造品自2009 年逐渐与低技术产品出口额拉开差距，说明山东省的制造业出口商品结构正在优化，有助于高技术制造业的发展，从而拉动山东省制造业发展质量的提升。

6.1.3 技术创新效应

1. 市场需求扩大效应

市场需求扩大表现为需求规模的扩大和种类的增加，从而引导企业的创新行为。首先，异质性贸易理论下，市场边界由封闭的国内市场扩展到开放的国际市场，技术创新活动的前期需要投入固定开发成本，但又将减少边际生产成本，对企业生产成本产生两种相反的影响，所以只有在边际生产成本减少量大于固定成本投入量时，企业从事技术创新活动的收益才为正，而固定成本投入不变，边际生产成本可以通过增加产量而降低，所以市场需求量即产量越大，企业获益越大，进行创新的可能性就越大，而国际贸易带来的需求规模的扩大，激励企业技术创新，引入高端技术，从而促进出口企业的技术进步，实证中发现出口企业比非出口企业从事研发活动的可能性更大。其次，市场规模的扩大还带来市场需求种类的增加，面对市场需求的差异性，激励出口企业加强研发投入，开发新产品以满足国际市场的差异化需求。

2. 资本积累效应

出口贸易利润的积累为企业创新投入提供资金支持。对于出口企业来说，在特定的需求弹性下，随着其出口规模的扩大，企业从出口中获益，销售规模增长更快，实现利润的更多增长，大量模型验证了这个结论，如科斯坦蒂尼和梅里兹（Costantini & Melitz, 2001）、伯斯图斯的模型，因此企业拥有足够的规模和实力以支撑其从事技术创新活动，为了获得更大的市场份额和利润，出口企业会产生更强的创新动力，采用更高的技术，从而增加研发开支，促进企业不断地技术创新。此外，由于规模效应，单位产品创新投入减少，降低固定研发成本，提高出口企业盈利和利润水平，降低企业研发风险和损失，激励企业进行更多的研发投入，产品单位价值得以提升，形成的良性循环推动产业附加值的提升，产业创新水平提高，贸易竞争力改善，由此推动产业发展质量水平提升。

3. 出口学习效应

规模效应中产业生产率的提高可能仅仅是生产资源重新配置的结果，企业的"创新"更偏向于被动获得的，而非主动或自发的，这样的生产率提升往往不具有持续性。出口企业在出口活动中，自发地、主动地提高自主创新能力，更能保证产业的持续创新与发展，即出口的学习效应。首先，出口企业在国际市场上面临着消费者对产品更高的质量要求，促使企业根据消费者要求改进生产流程，加大员工技术培训力度，提高产品标准与质量，有助于加快本国产业改革与创新步伐，其次，出口企业还能获得国外客户关于产品的反馈，迫使企业不断改善产品性能与售后服务，在产品设计、种类等方面加强创新投入。此外，出口企业相比于非出口企业在国际市场中，更能接触到广泛的资源，如先进的技术、经验、研究机构等，通过学习效应降低创新成本，为企业进行创新活动创造了便利条件。

4. 竞争激励效应

一方面，出口企业进入国际市场后，直接面对市场上众多同类产品与企业，将面对更大的竞争压力，为了在激烈的国际竞争中得以存续，维护其在国际市场上的份额，不得不加大技术创新力度，优化产品，改善企业组织管理方式，提升管理绩效。由于市场竞争强度的增加迫使企业不断加强研发力度以获取竞争优势，产生逃离竞争效应，促使企业吸收先进技术，提高技术创新水平，从而拉动整个产业的创新水平。另一方面，国外高生产率企业的进入，使得非出口企业的国内市场份额受到威胁，国内市场竞争压力加大，也迫使非出口企业注重人力资本的开发，加大研发投入以获取新的竞争优势。

5. 水平溢出效应

出口贸易对产业技术水平的提高不仅作用于出口部门，还体现在对非出口部门的影响上。由于存在的行业外部性，出口企业在国际竞争市场上获得的新技术和产品需求等相关信息，通过传导扩散到非出口企业，非出口企业得以学习先进技术提高生产率；邻近企业通过从出口企业获取的国际市场信息降低进入国际市场的沉没成本，提高了非出口企业的出口可能性。菲德尔（Feder）研究发现出口企业行为影响非出口企业的出口行为，带动非出口企业生产率的提高。

"一带一路"倡议具有包容性与多元性，越来越多的国家与中国签订合作协议，涉及洲际从最初的亚欧非洲扩展到北美洲、南美洲、大洋洲等，涵盖一百多个国家，范围不断扩大，为山东省制造业出口创造了巨大的市场需求，驱动出口企业技术创新，为制造业产业创新水平的提高创造机遇。在出口行为中，出口企业不断学习，以及随贸易自由化产生的竞争效应激励企业增加研发支出，培养新的竞争优势，提升自身核心竞争力，产品附加值随之增加，摆脱产业"低端锁定"的困境，对环境改善呈现正外部性（见图6-3）。

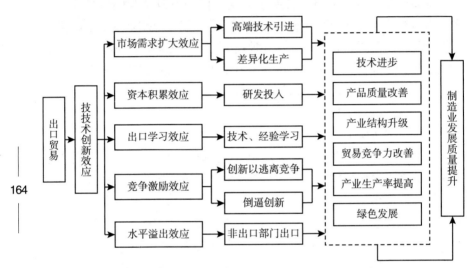

图6-3 出口贸易促进产业发展质量提升的技术创新效应作用机理

6.2 "一带一路"沿线 OFDI 对山东省制造业发展质量提升作用机理

制造业高质量发展需要优势要素的演化升级，而合理的 OFDI 空间布局和产业布局恰恰为制造业的技术提升和结构优化提供了可行路径。"一带一路"倡议促进了山东省对沿线国家的投资和交流合作，提高了优势要素的获取和集聚能力，进而为制造业发展质量的提升提供了可行的路径。

6.2.1 资源互补效应

关键性短缺资源在很大程度上会成为制约一国的经济发展的瓶颈，而对外直接投资和吸引外资则成为克服本国资源禀赋不足、支撑国内产业发展的重要途径。"一带一路"沿线国家能源和矿产资源丰富，而我国在电力等资源方面具有优势，双边资源互补在一定程度上将有利于双边要素禀赋的充分利用。一方面，通过对外直接投资，国内企业可以与"一带一路"沿线国家和地区展在开资源开发、能源技术等领域的合作，优化双边能源供给结构，为国内产业发展提供优质资源，提高能源效率、降低能源成本。另一方面，根据产业关联理论，通过产业链的供求连接，产业部门之间的上游和下游关系会使得上游产业投资及技术提升促进下游产业的技术进步和结构升级，借助规模扩大效应促进制造业结构调整和高质量发展。

6.2.2 产业合作效应

制造业的高质量发展必然伴随着新兴产业的兴起与传统产业转型升级的过程，其中隐含的是产业内生产要素的优化和重组。然而，由于生产设备及人力资本的专用性以及沉没成本的存在，传统产业退出壁垒的困境在一定程度上影响了产业结构的升级。伴随"一带一路"倡议的实施和推进，为国内企业"走出去"创造了新机遇。一方面，根据产业的要素禀赋特征，将国内产业与东道国的优势要素相结合，通过产业互补、产业依存和价值链升级的形式，与沿线国家展开产能合作，降低生产成本、提高边际收益，延长了产品的生命周期；另一方面，释放边际产业占有的沉淀生产要素，为新型战略性产业让渡发展资源和空间，有利于国内企业优化自身资源配置和生产结构。

6.2.3 产业竞争效应

参与"一带一路"沿线国家和地区直接投资的企业，通过利用东道国丰富的资源禀赋和潜在的市场规模取得竞争优势，从而产生示范作用，促使国内其他企业为了维持国内市场份额、增强竞争力，从而创新产品、提升生产技术和管理效率，带动制造业发展质量的提升。同时，参与"一带一路"沿线对外直接投资的企业通过对于国外管理经验、企业文化、环保要求、国际惯例的了解和把握，规范国内企业设计和生产流程，提高企业竞争素质和水平。对外直接投资的产业竞争效应和国内产业发展质量的提升形成双向良性互动，产生螺旋式上升循环效应，为制造业高质量发展提供动力支持。

6.2.4 政策支持效应

"一带一路"倡议下，地方政府作为推进相关举措的直接执行者，在促进制造业高质量发展过程中扮演着重要角色。具体而言，地方政府会通过制定一系列扶持政策和支持政策，帮助企业更好地融入"一带一路"建设中。这些政策既体现为财政税收的优惠、技术创新的资金支持、高新技术行业的财政补贴等方面，也表现在政府服务意识的提升、行政效率的改善。例如，山东省出台的《关于深化改革创新打造对外开放新高的意见》，打造了促进制度创新、高端产业融合发展、优化营商环境等8大新高地，促进了开放型经济进一步发展。从这一方面看，"一带一路"顶层设计下的创新激励和行政效率的提升，无疑都会促进制造业发展质量的提升（见图6-4）。

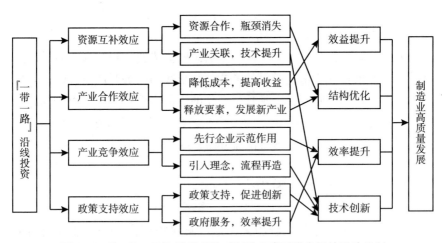

图6-4 "一带一路"沿线投资对制造业高质量发展的影响机制

6.3 研究内容小结

　　本章以对"一带一路"沿线国家和地区的出口贸易和对外直接投资为视角,从贸易的规模效应、贸易结构效应和技术创新效应以及对外直接投资的资源互补、产业合作、产业竞争、政策支持等途径,提出对以出口贸易和对外直接投资方式嵌入"一带一路"区域经济合作和区域价值链对山东省制造业发展质量的提升效应的作用机制,据此提出"一带一路"区域价值链构建背景下,山东省对"一带一路"沿线国家的出口贸易和对外直接投资有助于山东省整体制造业发展质量的提升假设。

第7章 山东省制造业发展质量水平的测度分析

对山东省制造业发展质量水平进行测度分析，有助于进一步有针对性地为推进制造业高质量发展提供参考意见。本章在明确"制造业高质量发展"内涵的基础上，构建一套科学合理的评价指标体系与相应的评价分析模型，具体测度分析山东省制造业高质量发展水平，并与我国制造业主要省市对比分析，以明确山东省制造业高质量发展态势与短板。

7.1 制造业高质量发展评价指标体系的构建

基于学者们对制造业高质量发展的内涵阐述，本书将其进一步定义产业发展质量，在广义视角下，制造业高质量发展是以创新驱动为核心动力，不断提升制造业高质量发展效率，将其转化为环境友好、不断开放的高端产业发展结果，最终实现产业结构不断优化、速度与效益并举、对外经济开放化、产业高端与智能并存所呈现的正外部性的高水平可持续发展。

7.1.1 制造业发展质量衡量指标的选取

本书以全面性、代表性以及指标可量化、数据可对比为原则，围绕"制造业高质量发展"内涵，以制造业高质量发展动力、效率和效果为视角，构建涵盖经济、生态、社会三大系统的协调度—智能度—

创新度—增长度—效益度—服务度—高端度—开放度—绿色度的九维评价指标体系。其中，协调度、智能度、创新度、增长度、效益度、开放度和高端度作为经济系统，绿色度为生态系统，服务度作为社会系统；以制造业创新度、智能度、协调度为制造业高质量发展的动力，增长度、效益度、服务度改善为高质量动态发展效率，通过制造业发展模式绿色化和开放化、产业质量高端化为高质量发展效果的体现，全方位对制造业发展质量进行测度。本书的评价指标体系包括9个二级指标、18个三级指标和31个具体指标，各要素的具体指标说明如表7－1所示。

表7－1　　　　　　　　　　制造业高质量发展指标体系

一级指标	二级指标	三级指标	编号	具体指标	单位	属性
高质量发展动力	协调度	产业结构	1	亏损企业数	个	－
			2	工业增加值占比	%	+
		企业结构	3	产品合格率	%	+
			4	资产负债率	%	+
	智能度	智能投入	5	期末使用计算机数	台	+
			6	每百家企业网站拥有量	个	+
		智能产出	7	制造业企业从业人员平均工资	元/人	+
			8	制造业劳动生产率	元/人	+
	创新度	创新投入	9	研发经费占制造业主营业务收入占比	%	+
			10	R&D人员折合全时当量	人年	+
		创新产出	11	单位增加值发明专利拥有量	万元/每项	+
			12	新产品销售收入占比	%	+

169

续表

一级指标	二级指标	三级指标	编号	具体指标	单位	属性
高质量发展效率	增长度	规模增长	13	企业增长率	%	+
		收益增长	14	总资产贡献率	%	+
			15	规模以上制造业企业主营业务收入增速	%	+
	效益度	社会效益	16	就业贡献指数	%	+
			17	税收贡献率	%	+
		经济效益	18	主营业务利润率	%	+
			19	成本费用利用率	%	+
	服务度	投入服务化	20	投入服务要素占比	%	+
		产出服务化	21	产出服务化占比	%	+
高质量发展效果	高端度	产品高端	22	优等品率	%	+
		产业高端	23	生产总值年增长率	%	+
			24	流动资产周转率	%	+
	开放度	外贸开放	25	出口交货值	亿美元	+
		外资开放	26	外商投资企业数	个	+
	绿色度	资源利用	27	能源产出率	元/吨标准煤	+
			28	电力生产率	万元/亿千瓦时	+
		环境保护	29	单位增加值废水排放量	吨/元	−
			30	单位增加值废气排放量	吨/元	−
			31	单位增加值固体废物排放量	吨/元	−

各项二级指标的含义解释如下：

1. 协调度

制造业产业协调是制造业健康发展的基础，产业协调主要表现在产业结构和企业机构两方面，本文以亏损企业数和工业增加值占比两个指标来衡量制造业产业结构，以产品合格率和资产负债率衡量企业结构。

2. 智能度

数字经济已成为驱动我国经济实现快速增长的新引擎，数字经济发展带来的大数据、人工智能、5G 通信等技术不断推动我国产业智能化发展，成为我国产业高质量发展的又一动力。本书以制造业智能投入和智能产出两方面指标衡量制造业智能度，其中以期末使用计算机数和每百家企业网站拥有量来衡量制造业智能投入情况，以制造业企业从业人员平均工资和劳动生产率来衡量制造业智能产出情况。

3. 创新度

由要素驱动转向创新驱动是推动制造业高质量发展的根本要求，当前山东省制造业创新能力明显不足。只有不断提高制造业的科技创新水平，推进创新成果转化，推动产业转型升级，利用"互联网＋"的契机，实现智能化发展，才能为制造业高质量发展提供源源不断的动力。本书通过研发经费占制造业主营业务收入占比和 R&D 人员折合全时当量衡量制造业创新投入强度，以单位增加值发明专利拥有量和新产品销售收入占比衡量制造业创新产出情况，以此来量化制造业创新度。

4. 增长度和效益度

中国"人口红利"逐渐消失，经济进入"新常态"，仅仅聚焦于产业发展速度的重速度、轻效益的发展模式已经无法满足现实需要，提升制造业发展质量更需要注重速度与效益的平衡发展。因此，在保留制造业增速基础指标的前提下，注重经济效益的改善，引入效益指标来衡量高质量发展水平，基于数据的可获得性，本书选取企业增长率、总资产贡献率和规模以上制造业企业主营业务收入增速来衡量制造业规模增长和收益增长情况，以就业贡献指数、税收贡献率、主营业务利润率、成本费用利用率来衡量制造业效益度情况。

5. 服务度

制造业服务化，已经成为制造业创新能力提升、制造业效率提高的重要源泉，也是我国产业结构优化的关键，有利于延伸和提升价值链，提高全要素生产率、产品附加值和市场占有率。因此本书以投入服务要素占比和产出服务化占比分别衡量制造业服务化投入和制造业服务化产出情况。

6. 高端度

创新驱动发展战略应以制造业转型升级和抢占国际竞争制高点为主要目标，将技术创新、产品创新、商业模式创新、业态创新、品牌创新和管理创新等成果运用到山东省制造业转型升级，推动战略性新兴产业蓬勃发展，同时注重用新技术新业态全面改造提升传统产业，加快制造业向高端化、品牌化转型，提升整体效益和综合竞争力。本书以优等品率、生产总值年增长率和流动资产周转率三个指标衡量制造业高端度情况。

7. 开放度

对外开放是制造业高质量发展的必然要求。本书从外贸开放和外资开放的角度分别采用出口交货值和外商投资企业数两项指标反映制造业的对外开放程度。

8. 绿色度

制造业资源利用和环境保护是制造业可持续发展的决定因素，是制造业高质量发展的重要指标之一，因此本书用能源产出率和电力生产率两项指标衡量制造业利用情况，用单位增加值废水排放量、单位增加值废气排放量和单位增加值固体废物排放量衡量制造业环境保护情况，以此量化制造业绿色度。

7.1.2　制造业发展质量评价分析模型的构建

1. 测度方法

在计算制造业高质量发展指数时，需要量化各项指标、确定指标权重，再计算综合得分。而确定权重的方法有主观赋权法、客观赋权法和组合赋权法等。其中主观赋权法主要根据专家对各个指标的重视程度来确定指标的权重，但是主观赋权法具有较强的主观意愿，客观性较差，应用的时候有很大的局限性。客观赋权法是通过各指标在指标集中的变异程度和对其他指标的影响程度来度量，赋权的原始信息直接来源于客观环境。常用的客观赋权法有主成分分析法、熵值法、离差及均方差法、多目标规划法等。基于此，本书在对原始数据进行标准化处理之后，采用客观熵值法来确定各项指标权重。同时由于灰色关联分析法对样本数量要求不高，且本书选取的指标之间存在一定的关联性，故采用灰色关联分析法进行综合评价。综上所述，本书选用灰色关联分析法对制造业发展质量进行综合评价，并引入熵值法对各指标赋予权重，最后得出制造业高质量发展水平的综合得分。

2. 评价分析模型的构建

（1）熵值法确定指标权重。

假设系统中包括 n 个评价对象，m 个评价指标，由此可以构建 n ×
m 的指标矩阵：

$$X = (X_{ij})n \times m = \begin{pmatrix} X_{11} & \cdots & X_{1m} \\ \vdots & \ddots & \vdots \\ X_{n1} & \cdots & X_{nm} \end{pmatrix}, \begin{cases} i=1, 2, 3, \cdots, n \\ j=1, 2, 3, \cdots, m \end{cases} \quad (7-1)$$

①非负化处理。鉴于不同指标具有不同的单位和量纲，简单将他们
进行综合是不正确的，也没有实际意义，因此本书选择对各项指标进行
非负化处理，将非负化后的指标仍记为 X_{ij}，X_j^{max} 表示第 j 个指标中的最
大值，X_j^{min} 表示第 j 个指标中的最小值。

正向指标即越大越优型指标的处理公式为：

$$R_{ij} = \frac{X_{ij} - X_j^{min}}{X_j^{max} - X_j^{min}} (i=1, 2, \cdots, n; j=1, 2, \cdots, m) \quad (7-2)$$

负向指标即越小越优型指标的处理公式为：

$$R_{ij} = \frac{X_j^{max} - X_{ij}}{X_j^{max} - X_j^{min}} (t=1, 2, \cdots, n; j=1, 2, \cdots, m) \quad (7-3)$$

对于参考比较指标，指标数值越接近参考值越好，处理公式为：

$$R_{ij} = \frac{\max(|X_{ij} - target(X_{ij})|) - |X_{ij} - target(X_j)|}{\max(|X_{ij} - target(X_j)|) - \min(|X_{ij} - target(X_j)|)} \quad (7-4)$$

其中，R_{ij} 指第 i 个评价对象的第 j 个评价指标非负化处理的数值，
X_j^{max} 和 X_j^{min} 分别指所有评价对象中第 j 个评价指标的最大数值和最小数
值，$target(x_j)$ 指全部评价对象第 j 个评价指标的参考数值。

②权重确定。

第 j 项指标在第 i 个评价方案的比重：

$$F_{ij} = \frac{R_{ij}}{\sum_{i=1}^{n} R_{ij}} (j=1, 2, \cdots, m) \quad (7-5)$$

第 j 项指标的熵值：

$$E_j = -\frac{1}{\ln(n)} \sum_{i=1}^{n} (F_{ij} \times \ln F_{ij})(j=1, 2, \cdots, m) \quad (7-6)$$

第 j 项指标的信息熵余值：

$$D_j = 1 - E_j(j=1, 2, \cdots, m) \quad (7-7)$$

第 j 项指标的权重：

$$W_j = \frac{D_j}{\sum\limits_{j=1}^{m} D_j} \quad (j = 1, 2, \cdots, m) \qquad (7-8)$$

（2）灰色关联法结合熵值法确定综合得分。

灰色关联度法最主要的问题是确定关联度，但是由于各个指标量纲不同，无法进行直接比较，因此在计算之前要对各个指标进行无量纲化处理，然后由计算关联矩阵，得出关联度。具体如下：

①确定参考数列。在 n 个评价对象的 j 个指标中选取最优的指标作为该指标参考值，由各个指标参考值组成参考数列 X_0：

$$X_0 = \{ X_{01}, X_{02}, X_{03}, \cdots, X_{0m} \} \qquad (7-9)$$

其中，若 X_0 为越大越优型指标，则 X_{0j} 就是 n 个评价对象第 j 个评价指标的最大值；反之，如果是越小越优型的负向指标，则是最小值。

②无量纲化处理。为避免由于众多指标在数量和单位上的差异导致直接进行比较时无法产生正确的结论，在计算关联度之前，对各个指标进行无量纲化处理。无量纲化的方式有很多，通常选择直线型无量纲化处理方式：

$$X_{ij} = \frac{X_{ij}}{X_{0j}} (i = 1, 2, 3, \cdots, n; j = 1, 2, 3, \cdots, m) \qquad (7-10)$$

把无量纲化后的指标仍记为 X_{ij}。

③计算绝对差值。

首先，逐个计算评价对象指标序列与参考序列对应元素的绝对差值：

$$\Delta_{ij} = | X_{ij} - X_{0j} |, \quad (i = 1, 2, 3, \cdots, n; j = 1, 2, 3, \cdots, m)$$

$$\qquad (7-11)$$

其次，确定两极最大差和两极最小差：

两极最大差：$\Delta(\max) = \max\limits_{i=1,2,\cdots,n} \max\limits_{j=1,2,\cdots,m} (\Delta ij);$ $\qquad (7-12)$

两极最小差：$\Delta(\min) = \min\limits_{i=1,2,\cdots,n} \min\limits_{j=1,2,\cdots,m} (\Delta ij);$ $\qquad (7-13)$

④计算关联系数：

$$u_{ij} = \frac{\Delta(\min) + \rho \cdot \Delta(\max)}{\Delta_{ij} + \rho \cdot \Delta(\max)} \qquad (7-14)$$

其中，ρ 为分辨系数，$0 < \rho < 1$，ρ 越小，关联系数间差异越大，区分能力越强，分辨率越高，通常情况下 ρ 取 0.5。然后根据公式 $r_i =$

$\dfrac{1}{m}\sum\limits_{j=1}^{m}u_{ij}$ 分别计算各评价对象各指标与参考序列对应元素关联系数的均值，以表示第 i 个评价对象与最优值（参考序列）间的关联关系，称为关联序。

⑤计算综合得分：

$$E_i = \sum_{j=1}^{m} W_j \times u_{ij} \times 100 \qquad (7-15)$$

其中，w_j 为第 i 个评价指标的权重，u_{ij} 为关联系数，由于各指标在综合评价中所起的作用不同，所以在灰色关联分析法中引入熵值法，对关联系数求加权平均值，得出分析结果。

3. 数据来源

本书选取的指标数据来源于历年统计年鉴以及国研网对外贸易统计数据库，其中各省份制造业进出口数据按照周申（2006）整理的中国海关统计协调编码货号与中国工业行业对应关系导出的制造业细分行业进出口数据加总得；各省份全要素生产率采用非参数方法（Malmquist TFP Index）用 Deap2.1 计算软件得到。鉴于部分省份有关数据缺失，在主要省份制造业发展质量对比中，"工业增加值占比""产品合格率"等指标数据采用规模以上工业企业数据近似代替。

7.2　山东省制造业高质量发展综合评价及对比分析

7.2.1　山东省制造业发展现状分析

1. 产业规模

山东省是制造业大省，制造业是山东实体经济的支柱产业。不论是从制造业工业增加值、主营业务收入，还是制造业企业数量等方面来看，制造业都在山东经济中占据优势地位。2008～2019 年制造业增加值占规模以上工业比重分别为 86.3%、89.3%、87.1%、87.8%、87.5%、88.2%、88.3%、90.9%、92.5%、91.7%、87.3%、84.9%（见图 7-1），由此可见制造业在山东经济发展中的重要地位。

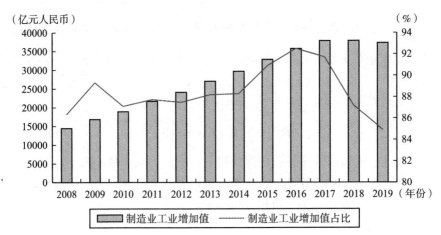

图7-1 2008～2019年山东省规模以上制造业企业工业增加值占比
资料来源：根据《山东统计年鉴》数据整理。

在制造业主营业务收入方面（见图7-2），2008～2016年山东制造业主营业务收入呈增加趋势，2016年达到峰值141779.54亿元，占规模以上工业企业主营业务收入比重也达到峰值94.12%。虽然2017年、2018年和2019年制造业主营业务收入不断下降，但其占规模以上工业企业主营业务收入的比重仍然在90%以上，足以说明山东省制造业对山东省经济的支撑作用。

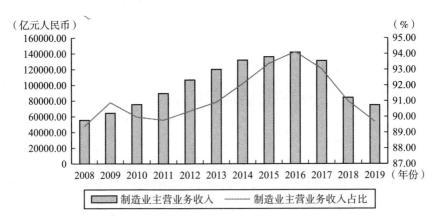

图7-2 2008～2019年山东省规模以上制造业企业主营业务收入占比
资料来源：根据《山东统计年鉴》数据整理。

在制造业企业数量方面，山东省规模以上制造业企业 2010～2017 年间占工业企业数量比重大致在 96% 左右变动，基本稳定在 96% 以上，2016 年制造业企业占比达到最大 96.76%，2017 相较于 2016 年略有下降。2019 年山东省规模以上工业企业和制造业企业数量都有所减少，但制造业企业数量占比仍然达到 94.25%，由此可见，山东省制造业企业是工业的主力军（见表 7-2）。

表 7-2　　　　2010～2019 山东省规模以上制造业企业单位数量表

年份	制造业企业（个）	工业企业（个）	制造业企业数量占工业企业的比重（%）
2010	42299	44037	96.05
2011	34354	35813	95.93
2012	36147	37625	96.07
2013	38940	40467	96.23
2014	39273	40756	96.36
2015	40010	41485	96.44
2016	38286	39567	96.76
2017	36828	38147	96.54
2018	–	38333	–
2019	25570	27129	94.25

资料来源：根据《山东统计年鉴》数据整理。

此外，2017 年末，山东省制造业产值达到 128917.70 亿元，占规模以上工业企业的 93.8%，较 2016 年下降 0.06%；2019 年山东省规模以上制造业总资产为 75167.14 亿元，占规模以上工业企业 78.59%，与 2018 年末相比下降了 3.48%。

综上所述，可以看出制造业产业对山东省经济发展的决定作用，制造业产业规模庞大，是山东省的绝对主力产业，在产值、企业数量、资产总额、主营业务收入等方面都处于优势地位。但从流动资产贡献率的变化趋势来看，山东省规模以上工业企业总流动资产贡献率从 2008 年的 3.74%，下降到 2017 年的 2.80%，2019 年又快速下降至 1.65%，呈现加速下降的趋势，从侧面反映出山东省制造业发展面临的内在机制或动力问题。

2. 产业结构

在新旧动能转换的背景下，作为国内首个新旧动能转换综合试验区，山东省积极推进制造业的转型升级。下面对山东省制造业产业2011～2017年间资源及劳动密集型行业、资本密集型行业和技术密集型行业的产值占比进行分类计算，并绘制成折线图（见图7-3）。

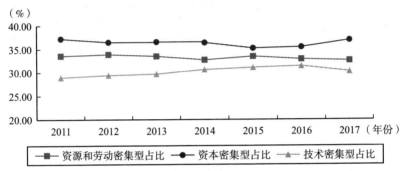

图7-3 2011～2017年山东省不同类型规模以上制造业企业产值占比图
资料来源：根据《山东统计年鉴》数据整理。

由图7-3可知，三种类型的制造业产值占比变化均不明显，山东省制造业中资本密集型行业占主导地位，2011～2017年间在35%～38%之间变化；资源和劳动密集型行业产值比重超过技术密集型行业，在32%～34%变动；技术密集型行业产值占比最低。具体来看，山东省制造业中资源和劳动密集型行业占比变化趋于平缓，基本稳定不变，2017年占比为32.59%。技术密集型制造业产值比重呈现先上升后下降的趋势，2016年达到最高点31.44%后下降到2017年的30.27%。

2011～2017年资本密集型制造业相对而言占据着较大的比例，其产值比重整体变化平缓，2015年比重降到最低值35.21%，比2011年减少了2.02%，随后在2016年和2017年均有上升趋势，但变化并不明显。

可以看出，山东省制造业的产业转型升级进程缓慢，经过多年产业结构转型，传统制造业仍是山东经济发展的支柱产业，技术密集型占比虽有上升趋势，但幅度极小，山东省亟待产业转型，从依靠高投入、高能耗、低附加值制造业向依靠高附加值、轻污染的产业升级，通过科技创新激发新的增长点，引导产业结构向合理化和高度化方向发展，实现制造业高质量发展。

7.2.2 山东省制造业发展质量评价

1. 整体质量状况分析

依据构建的评价指标体系和熵值法确定29个具体指标的权重（见表7-3），并在此基础上，结合灰色关联分析法计算29个具体指标的关联度，加总得到山东省制造业高质量发展综合得分（见表7-4）。

表7-3 山东省制造业高质量发展评价指标不同维度权重

一级维度	二级维度	权重
制造业高质量发展动力	协调度	0.098355885
	智能度	0.108735883
	创新度	0.15465136
制造业高质量发展效率	增长度	0.045781418
	效益度	0.171697574
	服务度	0.129211557
制造业高质量发展效果	高端度	0.047479049
	开放度	0.053481221
	绿色度	0.134240171

资料来源：根据作者前文所述方法计算。

179

表7-4 2008～2017年山东省制造业高质量发展综合得分

	2008年	2009年	2010年	2011年	2012年	2013年	2014年	2015年	2016年	2017年	2018年	2019年	年均增速
综合得分	78.3	76.5	76.6	75.4	78.6	81.7	84.0	80.5	80.9	82.5	84.8	91.1	1.44%

资料来源：根据作者前文所述方法计算。

　　为在时间序列上对比山东省制造业发展质量动态变化，将我省制造业高质量发展综合得分绘制成折线统计图（见图7－4）。12 年间山东省制造业发展质量得分均在 75 分以上，2008～2011 年以及 2015 年山东省制造业质量值呈现下降趋势，2011 年达到最低为 75.4，2015 年继前几年上升后首次出现下降，质量值为 80.5，综合质量增长较显著，年平均增长 1.44%。整体趋势来看，山东省高质量发展水平综合得分呈现"W"型波动增长，自 2013 年后质量值保持在 80 以上，2019 年达到最高值 91.1。

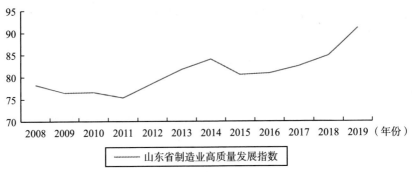

图 7－4　2008～2019 年山东省制造业高质量发展指数

资料来源：根据作者前文所述方法计算。

2. 分类指标分析

　　为更深入分析山东省制造业高质量发展的具体情况，本书计算了山东省 2008～2019 年制造业高质量发展评价体系中各二级指标得分及其年平均增速，具体如表 7－5 所示。表 7－6 显示的是 2019 年相比于 2008 年 8 个二级指标对山东省制造业发展质量得分水平的贡献率与拉动作用。

表 7－5　　2008～2019 年山东省制造业高质量发展二级指标得分

年份	协调度	智能度	创新度	增长度	效益度	服务度	高端度	开放度	绿色度
2008	14.3923	6.6401	10.9850	4.5781	12.8669	10.9705	2.7237	4.8974	10.2393
2009	13.8949	6.7966	10.4090	3.1552	13.0279	10.9705	3.1987	4.6791	10.3447
2010	13.3141	6.6622	11.1411	2.5766	13.2871	10.9705	3.2901	4.7881	10.5919

年份	协调度	智能度	创新度	增长度	效益度	服务度	高端度	开放度	绿色度
2011	13.1820	6.8604	10.6440	2.2092	13.3520	10.9705	3.7848	4.2831	10.1536
2012	13.5621	6.7846	11.5355	3.1362	13.6217	10.9705	3.9175	4.5093	10.6018
2013	13.7071	7.6887	11.6109	3.1242	13.3528	12.9212	3.5996	4.5362	11.1448
2014	13.8083	8.1003	13.9482	2.6826	13.1289	12.9212	3.4221	4.6487	11.2909
2015	14.1768	7.1867	11.5541	2.6186	12.9935	12.9212	3.2535	4.5924	11.2076
2016	13.8197	7.3276	11.4684	2.3783	12.7076	12.9212	3.2137	4.5151	11.7409
2017	14.6289	8.2557	11.8627	2.2921	12.7772	12.9212	2.9625	4.1803	12.6659
2018	15.0462	9.5091	12.6702	1.7122	13.5774	12.9212	2.7912	4.0106	12.5946
2019	15.9706	10.9736	12.6174	1.8165	15.7256	12.9212	2.6823	4.1106	13.2619
均值	14.1253	7.7321	11.7038	2.6900	13.3682	12.1084	3.2367	4.4792	11.3198

资料来源：根据作者前文所述方法计算。

表7-6　　　　　　　　二级指标对总指标的贡献率及拉动

项目	协调度	智能度	创新度	增长度	效益度	服务度	高端度	开放度	绿色度	合计
贡献 （%）	13.39	36.77	13.85	-23.43	24.26	16.55	-0.35	-6.68	25.65	100
拉动 （百分点）	2.02	5.53	2.08	-3.53	3.65	2.49	-0.05	-1.00	3.86	15.0537

由表7-5可知，在9项指标中协调度和效益度得分最高，创新度、服务度和绿色度指标略高于其他指标，智能度、开放度和高端度次之，增长度得分最低，说明山东省制造业高质量发展过程中，增长度存在明显短板。

从各指标对发展质量综合得分的贡献率和拉动作用来看，不同指标对发展质量增长的作用方向与力度存在明显差别，具体表现为：由于智能度、绿色度与效益度的较快速增长，对总指数的贡献率最高，分别为36.77%、25.65%和24.26%，分别拉动5.53个、3.86个和3.65个百分点；协调度、创新度和服务度相对较低，仅为13.39%、13.85%和16.55%，拉动2.02个、2.08个和2.49个百分点；而增长度、高端度和开放度三项指标负增长，对总指数不仅没有产生正的贡献率，还反向拉动山东省制造业高质量发展，分别拉动 - 3.53 个、- 0.05 个和 - 1.00 个百分点。

结合图 7 - 5，分析山东省制造业高质量发展评价指标体系中各大类指标的变化趋势。从图中可以看出各指标得分变化趋势存在差异，制造业发展动力得分明显领先于其他指标，其变化趋势与制造业整体发展质量变化趋势相似；制造业高质量发展效率波动较明显，大致在 25 ~ 30 区间波动性变化，整体增加态势不明显；制造业高质量发展效果虽然变化较慢，但逐年增加趋势不变，并且在 2016 年得分首次突破 20。因此，综合来看，山东省制造业发展动力强劲十足，具备一定优势，这说明山东省在创新驱动发展等动力转换方面的工作取得了一定成果，同时，也说明当下山东省提高制造业发展质量的关键突破点在于提高或者保持强劲发展动力的基础上，将发展动力切实转化为发展成果，促进制造业发展质量实现实质性提高的同时保持稳定发展。

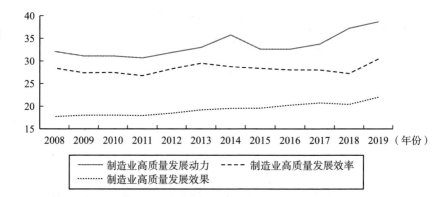

图 7 - 5　2008 ~ 2019 年山东省制造业三大维度发展质量指数图

资料来源：根据作者前文所述方法计算。

7.3　我国主要省份制造业发展质量对比分析

由于不同省份、不同区域制造业产业发展基础和发展能力的差异，导致制造业发展质量呈现不同的梯度排列态势。为了将山东省与其他制造业强省的发展质量进行纵向对比，并针对各项指标进行比较，以更加客观地找寻山东省制造业发展质量与其他省份的差距和优势所在，更有针对性地提出山东省制造业发展质量提升的对策建议，本书选取我国制造业发达省份（市）——上海、江苏、浙江、福建、河南、湖北和广东七个省份的 2015～2019 年制造业发展数据进行对比分析。

同样地，采用前文所述的测度方法对 2015～2019 年八个省份的制造业高质量发展水平进行测度。为衡量各地区制造业发展质量截面指数的发展状况，通过 5 年期间八个省份综合得分的平均值比较分析，并进行排序对比（见表 7-7、图 7-6）。

表 7-7　山东省与我国其他主要省份制造业高质量发展水平综合得分及排名

省份	2015年	排名	2016年	排名	2017年	排名	2018年	排名	2019年	排名	均值	排名
上海	90.88	1	91.08	1	91.27	1	91.25	1	92.62	1	91.42	1
江苏	87.24	4	87.68	3	89.82	3	89.70	4	91.59	3	89.206	3
浙江	88.97	3	87.23	4	87.59	4	90.62	3	91.21	4	89.124	4
福建	80.13	6	79.92	6	81.62	6	85.68	5	87.96	6	83.062	6
山东	80.53	5	80.86	5	82.47	5	84.84	6	91.12	5	83.964	5
河南	79.69	8	78.67	8	81.37	7	83.69	7	86.36	7	81.956	7
湖北	80.09	7	79.33	7	80.65	8	82.46	8	83.76	8	81.258	8
广东	89.25	2	90.21	2	90.86	2	91.23	2	91.68	2	90.646	2

资料来源：根据作者前文所述方法计算。

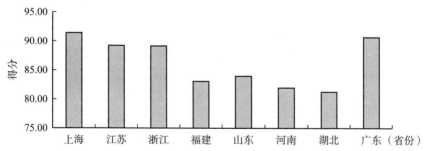

图 7-6　2015～2019 年主要省份制造业高质量发展水平得分均值

资料来源：根据作者前文所述方法计算。

　　从整体制造业高质量发展水平来看，上海市的制造业发展质量在八个省份中始终位于首位，其次是广东省，依次是江苏省、浙江省、山东省、福建省、河南省和湖北省。江苏省和浙江省排名一直处交叉变化中，但整体江苏制造业质量发展更稳定；福建省和山东省制造业高质量发展水平排名有小幅度波动，山东 2018 年排名下滑一位、福建省上升一位；河南省制造业发展质量有向好态势，从八省末位逐渐追赶湖北省，上升至第 7 位；相反，湖北省制造业高质量发展水平则排名有所下滑。

　　为具体分析山东省与其他省份制造业高质量发展的具体差距和优势所在，将 5 年间各省份大类指标得分均值排序对比分析（见表 7 – 8）。

表 7 – 8　　山东省与主要省份制造业高质量发展水平综合得分及排名

项目	上海	江苏	浙江	福建	山东	河南	湖北	广东
发展动力	23.1520	31.3459	32.7056	25.7874	34.9734	30.7960	27.5611	26.7056
排序	8	3	2	7	1	4	5	6
发展效率	24.7511	24.6203	20.1057	31.4868	28.4010	27.9561	26.1748	21.8353
排序	5	6	8	1	2	3	4	7
发展效果	43.5190	33.2401	36.3122	25.7843	20.5909	23.2029	27.5216	42.1050
排序	1	4	3	6	8	7	5	2

资料来源：根据作者前文所述方法计算。

　　从各个大类指标来看，上海、广东制造业高质量发展水平较高得益于制造业发展效果显著；江苏省和浙江省发展效率相对不足，而福建的发展效率要优于其他各个省份，其制造业发展质量水平较低主要是由于发展动力不足和成果转化不够导致的；山东省和河南省相对自身来说发展动力强劲，无法提高制造业高质量发展效率发挥制造业的质量效果是导致这两个省份质量水平不高的主要原因；湖北省各大类指标发展相对平衡，未来还需要从发展动力、发展效率和发展效果三个方面同时促进制造业发展质量的提升。

　　综上所述，制造业高质量发展效果对制造业发展质量的促进作用显著，虽然山东省在创新驱动发展等方面做出了巨大努力，但制造业质量得分排名仍然靠后，需要提高创新成果转化能力，营造增强企业自主创新、自主转化能力发展环境。

7.4 研究内容小结

　　本章构建了制造业高质量发展的指标体系和测度方法。在明确界定制造业产业发展质量的内涵和外延的基础上，进一步系统构建制造业发展质量的衡量标准，从产业发展动力、产业发展效率、产业发展效果三个层面，构建了涵盖协调度、智能度、创新度、增长度、效益度、服务度、高端度、开放度、绿色度 9 个维度、31 个指标的制造业高质量发展评价体系。在此基础上，运用熵值法和灰色关联分析法测度分析了山东省高质量发展水平以及广东、江苏、上海、福建等先进制造业省份的制造业发展质量，并进行了对比分析，找到山东省制造业发展的优势要素与短板因素。总体看，山东省制造业高质量发展成效变化较慢，但呈现逐年增加趋势，制造业发展动力较足，具备一定优势，这说明山东省在创新驱动发展等动力方面工作取得了一定成果，但是与广东、江苏、福建等制造业发展的强省相比，制造业质量得分排名仍然靠后，亟须提高创新成果转化能力，营造增强企业自主创新、自主转化能力发展环境。

第8章 "一带一路"区域经济合作对山东省制造业发展质量提升的实证研究

本章将出口规模、出口质量和对外直接投资对制造业发展质量的影响纳入一个分析框架中，构建了出口额、出口技术复杂度和 OFDI 影响山东省制造业发展质量的计量回归模型，实证检验与"一带一路"沿线国家的出口贸易对山东省制造业发展质量的提升效应。

8.1 模型设定与说明

基于前文的理论分析，本章构建如下计量回归模型来验证山东省对"一带一路"沿线国家的出口贸易和直接投资对山东省制造业产业发展质量的提升效应：

$$MQDIT_{it} = \alpha_0 + \alpha_1 EXP_{it} + \alpha_2 EXPY_{it} + \alpha_3 TECH_{it} + \alpha_4 NAT_{it} + \alpha_5 GOV_{it}$$
$$+ \alpha_6 RGDP_{it} + \alpha_7 OFDI_{it} + \alpha_8 HC_{it} + \alpha_9 T_{it} + \varepsilon_{it} \qquad (8-1)$$

公式（8-1）中，i 表示具体细分的制造业行业，t 表示年份，$MQDIT_{it}$ 表示前文用基于熵值法的灰色关联分析法计算得出的制造业发展质量，取自然对数；EXPY 表示出口质量，本章采用出口技术复杂度的自然对数衡量，具体指标测算见下节；EXP 为出口规模，本章采用山东省对"一带一路"沿线国家制造业产品出口贸易额来衡量，取自然对数；T_{it} 为时间虚拟变量，通常学者会通过引入政策发生前后的虚拟变量来衡量政策对经济变量是否产生影响。由于本章旨研究"一带一路"倡议提出背景下，出口贸易和对外直接投资是否能带来山东省制造业发展质量的提升，故本章引入时间这一虚拟变量，并选取 2013 年"一带一路"倡议提出的年份作为时间虚拟变量的节点，$t \geq 2013$ 时，$T = 1$；$t < 2013$ 时，$T = 0$；$t - 1$ 表示各变量的滞后一期；TECH 表示技术创新，本章用研发支出取自然对数来衡量；NAT 表示政策制度，通过制造业国有化程度衡量；INV 表示制造业固定资产投资，取自然对数度量；GOV 表示政府干预，本章采用政府财政支出占 GDP 的比重来衡量；RGDP 表示经济发展水平，用人均国内生产总值取自然对数来度量；OFDI 表示对外直接投资，本章用山东省"一带一路"对外直接投资额取自然对数衡量；HC 表示人力资本，采用平均受教育年限表示，取自然对数。α_0 为常数项，ε_{it} 为随机误差项。

8.2 变 量 选 取

8.2.1 被解释变量

制造业发展质量（MQDIT）：本章的被解释变量为 2008～2019 年山东省制造业发展质量，所使用的数据为第 7 章计算所得。

8.2.2 核心解释变量

本章基于出口贸易视角考察"一带一路"倡议对山东省制造业发展质量的影响，核心解释变量有出口规模、出口质量和对外直接投资（OFDI）。

1. 出口规模

本章通过山东省对"一带一路"沿线国家的制造业产品出口贸易额来反映山东与"一带一路"沿线国家间的贸易规模，按照前文所述，采用周申（2006）HS 编码分类与我国工业行业对应表整理的制造业细分行业以及制造业行业总量的出口额进行表示。

2. 出口质量

本章的核心解释变量之一为山东省制造业细分行业与制造业整体对"一带一路"国家的出口质量水平，采用出口技术复杂度衡量。出口技

187

术复杂度反映了出口产品中出口技术水平,即产品的技术特征。本章采用许和陆(Xu & Lu,2009)对豪斯曼(Hausman,2007)的修正法,将测度方法扩展至省际层面,计算得出山东省制造业对"一带一路"沿线国家的出口技术复杂度,具体测算方法如下:

首先,测算全国各省份对"一带一路"沿线国家出口的各类制造业产品的技术复杂度$PRODY_k$,具体如式:

$$PRODY_k = \sum_{i=1}^{n} \frac{x_{ik}/X_i}{\sum_i x_{ik}/X_i} Y_i \qquad (8-2)$$

其中,x_{ik}表示i省份k产品对"一带一路"沿线国家的出口额,X_i表示i省份对"一带一路"沿线国家制造业产品的总出口额,x_{ik}/X_i代表i省份的k产品占对沿线国家总出口的份额,$\sum_i x_{ik}/X_i$表示全国30个省份(不包括港澳台和西藏)k产品的出口比重之和,Y_i代表j省实际人均GDP。

其次,根据各类商品的技术复杂度测算各省份对"一带一路"出口的整体技术复杂度$EXPY_I$,具体如式:

$$EXPY_I = \sum \{(x_{ik}/X_i)PRODY_K\} \qquad (8-3)$$

该指数实际为产品出口技术复杂度的加权平均,其中x_{ik}/X_i为权重。

3. 对外直接投资

对外直接投资(OFDI)也会通过技术逆向溢出等途径对制造业发展质量产生影响,本章用山东省"一带一路"对外直接投资额衡量。

8.2.3 控制变量

为了控制其他变量对制造业发展质量的影响,参考相关研究文献,本章选取以下控制变量:

技术创新(RD):技术创新从供给和需求两方面影响产业的投入产出以及生产要素配置等效率,推动产业变革,作用于制造业发展质量。而研发投入是技术创新和创新成果转化的重要保证,本章采用2008~2019年山东省规模以上制造业细分行业R&D经费支出的自然对数来表示研发投入水平。

政策制度（NAT）：制造业产业的国有化水平会对制造业发展产生一定的影响，本章借鉴李春梅（2019）的做法，采用规模以上国有及国有控股工业企业销售产值占制造业各细分行业销售产值的比重来衡量。

固定资产投资（INV）：大多数制造业行业为资本密集型行业，为了控制要素禀赋结构对制造业产业发展质量的影响，本章采用全社会固定资产投资指标衡量产业要素禀赋结构的变动。

政府干预（GOV）：政府财政支出会通过"定向诱导"影响产业发展质量，本章以政府支出占 GDP 的比重来表示政府干预程度。

经济发展水平（GDP）：地区经济发展水平是影响制造业发展的重要因素，本章用人均地区生产总值来衡量经济发展水平。

人力资本（HC）：人力资本一定程度上是影响制造业发展的重要因素，本章采用平均受教育年限衡量，计算公式为：平均受教育年限 =（小学学历人数 ×6 + 初中学历人数 ×9 + 高中和中专学历人数 ×12 + 大专及本科以上学历人数 ×16）/6 岁以上人口总数。

各变量信息汇总及说明如表 8 - 1 所示。

表 8 - 1　　　　　　　　　　相关变量及其说明

类别	变量名称	符号	变量解释
被解释变量	制造业发展质量	MQDIT	熵值法与灰色关联分析法结合
解释变量	出口规模 出口技术复杂度 对外直接投资	EXP EXPY OFDI	山东省与"一带一路"国家制造业出口额 修正的 Hausman 两步法 山东省"一带一路"对外直接投资额
控制变量	技术创新 政策制度 固定资产投资 政府干预 经济发展水平 人力资本	TECH NAT INV GOV GDP HC	研发经费支出 国有企业销售产值占比 全社会固定资产投资 政府支出占 GDP 比重 人均 GDP 平均受教育年限

本章数据来源于《山东统计年鉴》、国研网对外贸易统计数据库。贸易数据采用 2008 ~ 2019 年 141 个前文界定的"一带一路"沿线国家制造业贸易额。由于西藏的贸易数据缺失过多，出口技术复杂度指标的

测算中使用剔除西藏的 30 个省、市、自治区。使用的数据为平衡面板数据，时间跨度为 12 年，为与前文制造业发展质量保持一致，所有相关数据均以 2007 年为基期进行平减处理。

8.3 实 证 结 果

8.3.1 基准回归结果

本章运用 Stata15.1 对前文模型进行计量分析。为尽量避免异方差和回归偏误等问题，将非比值指标数据进行对数化处理。处理后的各变量描述性统计结果如表 8-2 所示。

表 8-2　　　　　　　　　变量描述性统计结果

变量	均值	方差	最小值	最大值
MQDIT	4.362	0.082	4.206	4.528
EXP	21.78	0.797	19.98	23.62
EXPY	7.498	0.788	5.691	9.197
OFDI	12.261	0.995	10.658	13.558
TECH	12.775	1.208	9.141	15.023
NAT	6.186	0.470	4.346	6.881
INV	15.899	0.966	13.226	17.835
GOV	13.629	1.324	9.98	15.978
RGDP	10.775	0.285	10.270	11.165
HC	8.758	0.348	8.017	9.721

资料来源：根据 Stata15.1 计算结果整理。

由表 8-2 可知，GOV 和 TECH 的方差较大，数据波动较为明显；MQDIT 方差最小，数据波动幅度最小；NAT、RGDP 和 HC 的方差适中，数据波动幅度较小；EXPY 与 EXP、INV 与 OFDI 方差大小相当，具有较为一致的波动幅度。

另外，由于数据存在时间和截面的两个维度的信息，因此采用面板数据计量方法进行处理。由于制造业行业内部之间存在差异，可能存在不随时间变化的个体遗漏变量，通过 Hausman 检验来判断使用固定效应模型还是随机效应模型。检验结果见表 8 - 3，p 值为 0.0000，即在 1% 的显著性水平下拒绝原假设，因此固定效应模型的拟合程度优于随机效应模型，本章选取固定效应模型进行回归分析。

表 8 - 3   Hausman 检验结果

检验统计量	Hausman 检验
原假设	Test：H_0：difference in coefficients not systematic
统计值	Chi2(3) = 66.34
p	0.0000
检验结果	拒绝原假设，应使用固定效应模型

资料来源：根据 Stata15.1 计算结果整理。

首先，采用个体和时间固定效应模型，消除未观测到的个体差异和时间因素，来进行回归分析，得到未加控制变量的（1）和加入相关控制变量的（2），具体回归结果见表 8 - 4。接下来继续检验数据的异方差、组内自相关和组间同期相关问题，异方差的 Wald 检验结果显示接受原假设，因此不存在组间异方差问题，同时检验组内自相关以及使用 Friedman 检验截面相关问题，发现面板数据存在上述两种问题，因此采用相应的标准误进行修正，得到表 8 - 4 的第（3）列。

表 8 - 4   计量回归结果

变量	（1）	（2）	（3）
EXP	0.0379 *** (3.68)	0.0640 *** (4.57)	0.0617 ** (4.40)
EXPY	0.0635 *** (6.10)	0.0693 *** (6.59)	0.0685 ** (6.51)
OFDI		0.0219 ** (2.60)	0.0099 *** (1.93)

续表

变量	(1)	(2)	(3)
T		0.032 *** (4.63)	0.037 ** (2.14)
TECH		0.0171 *** (3.11)	0.0178 *** (3.24)
NAT		− 0.0320 ** (− 2.38)	− 0.0391 *** (− 2.75)
INV		0.0105 ** (2.26)	0.0079 (0.001)
GOV		− 0.0140 *** (− 3.06)	− 0.0149 *** (− 3.24)
RGDP		− 0.0145 ** (− 1.78)	− 0.0215 (− 0.71)
HC		0.0093 (0.41)	0.0016 (0.07)
C	4.7112 *** (27.08)	5.045 *** (16.23)	5.359 *** (14.33)
样本数	204	204	204

注：** p < 0.05，*** p < 0.01，括号里面为 t 值。
资料来源：根据 Stata15.1 计算结果整理。

为了反映不同控制变量对总体效应的作用，本章在模型中逐步加入控制变量。在表 8-4 中，第（1）列为未加入任何控制变量的回归结果；第（2）列为加入前文选取的控制变量和时间虚拟变量的回归结果；第（3）列为在第（2）列的基础上进行组内自相关和截面自相关纠正的回归结果。在未加入任何控制变量时，出口规模和出口技术复杂度对山东省制造业发展质量表现为促进作用，且都在 1% 的水平上显著；由第（2）列，为排除其他内部和外部因素对山东省制造业发展质量的影响，以及为研究"一带一路"倡议提出前后出口贸易对山东省制造业发展质量的影响，加入一系列控制变量和 2013 年为时间节点的时间虚拟变量，可以看出，解释变量的显著性水平不变，说明在"一带一路"倡议的背景下，与沿线国家的出口贸易对山东省制造业发展质量起到促进作用，其中出口技术复杂度的估计系数较高，且通过了 1% 的显著性检验，表明与"一带一路"沿线国家出口技术复杂度的优化对山东省制造业发展质量的促进效应较为明显。在纠正后的第（3）列回归结果中，出口规模和出口技术复杂度的系数有所减小，其中出口技术复杂度的显著性水平由 1% 水平上降低到了 5% 水平上显著。

在控制变量上，技术创新对制造业发展质量有显著的促进作用，说明研发经费的投入会拉动产业发展质量的提升；政策制度变量相关系数都为负值，表明国有化程度的提高会对发展质量起到抑制作用，与降低国有化鼓励民营化的国家政策相符；固定资产投资没有通过显著性检验，但其相关系数为正，表明适当的投资规模能够有效缓解产业发展过程中资金不足的问题，提升制造业发展质量；人均 GDP 变量系数为负，可能是因为制造业产业有大量劳动密集型产业；人力资本相关系数为正，但没有通过显著性检验，可能是因为当前制造业劳动密集型产业过大，从事劳动产业人员过多，人力资本对制造业发展质量的促进作用优势无法显现；"一带一路"对外直接投资对山东省制造业发展质量也存在明显的促进作用，且通过了 1% 显著性水平，说明在"一带一路"倡议背景下，不仅出口会促进制造业发展质量提升，对外直接投资也有助于制造业发展质量提升。

综上所述，在"一带一路"倡议的推动作用下，与沿线国家的出口贸易促进了山东省制造业产业质量的提升，验证了前文的理论假设。

8.3.2 稳健性检验

为保证实证结果的可靠性，对模型进行稳健性检验很有必要。除对模型进行滞后一期稳健性检验，同时利用前文中计算得出关联度 r_i，得到各年份制造业发展质量的关联度综合评价得分 $E_i = r_i \times 100$，作为被解释变量并同样对相关问题进行纠正后进行回归（见表 8-5 第（2）列），来验证结论的可靠性和非随机性。

表 8-5 　　　　　　　　　　　计量回归结果对比

变量	(1)	(2)
EXP	0.0442 *** (3.43)	0.0436 *** (3.33)
EXPY	0.0313 *** (3.42)	0.0311 *** (3.39)
OFDI	0.0011 ** (2.32)	0.0015 ** (2.69)
T	0.027 *** (3.68)	0.032 ** (2.28)
TECH	0.0095 ** (1.95)	0.0096 *** (3.26)
NAT	-0.010 (-1.21)	-0.012 (-1.24)
INV	0.0225 (1.47)	0.0217 * (1.87)
GOV	-0.0096 *** (-3.17)	-0.0099 *** (-3.18)
RGDP	0.0111 (0.25)	0.0049 (0.10)
HC	0.0594 *** (4.07)	0.0579 *** (3.84)
C	4.180 *** (11.03)	4.275 *** (9.52)
样本数	192	192

注：* p<0.10，** p<0.05，*** p<0.01，括号里面为 t 值。
资料来源：根据 Stata15.1 计算结果整理。

表 8-5 中第（1）列为原回归结果，第（2）列以关联度综合评价得分作为被解释变量的回归结果。可以看出，两种方法得出的结果大体一致，引入 2013 年为节点的时间虚拟变量后，各出口指标均表现出对

山东省制造业发展质量的提升起到促进作用，只是在变量系数上存在差异，证明在"一带一路"政策的背景下，山东省与沿线国家的出口贸易活动对制造业发展质量的提升起到推动作用。

8.3.3 异质性检验

前文的实证分析验证了在"一带一路"倡议背景下，出口贸易活动对山东省制造业整体发展质量起到促进作用，本节将基于熵值法的灰色关联度分析中得到的制造业发展质量九个维度作为被解释变量进行回归，进一步分析出口贸易活动对发展质量不同维度的影响。回归前同样通过 Stata15.1 软件检验异方差、组内自相关和界面自相关问题，发现存在问题与制造业总体一致，进行纠正后得到结果见表 8-6 和表 8-7。

表 8-6　　　　制造业发展质量各维度计量回归结果（1）

变量	创新度	高端度	开放度	绿色度
EXP	0.3275 ** (6.00)	-0.0107 (-0.22)	0.014 ** (2.37)	0.2154 ** (2.58)
EXPY	0.0266 *** (2.25)	0.1295 *** (3.56)	0.1032 *** (3.12)	0.1842 *** (2.94)
OFDI	0.0816 ** (2.49)	0.0295 *** (3.04)	0.0488 *** (2.77)	-0.317 (-0.46)
T	0.0129 * (1.63)	-0.183 (-0.21)	0.0040 ** (2.35)	-0.0241 (-0.16)
TECH	0.0073 *** (3.63)	0.0199 ** (2.68)	0.0496 (1.01)	0.0018 ** (2.41)
NAT	-0.0507 (-0.97)	-0.0109 (-0.22)	0.0272 (0.22)	-0.0110 (-0.13)
INV	-0.3573 *** (-10.24)	-0.0165 (-0.52)	-0.0365 (-0.45)	-0.2504 *** (-4.63)
GOV	0.0486 *** (2.72)	0.0094 (0.59)	0.0681 * (1.66)	0.0656 ** (2.40)

续表

变量	创新度	高端度	开放度	绿色度
RGDP	0.1528 (1.29)	− 0.3217 (− 0.59)	− 0.0997 (− 0.37)	0.0213 (0.12)
HC	0.0680 * (1.89)	− 0.2337 (− 1.03)	− 0.2538 (− 1.22)	0.0505 ** (2.13)
C	− 1.3518 *** (− 18.206)	6.1925 *** (4.78)	3.9813 *** (5.69)	5.5147 *** (2.482)
样本数	204	204	204	204

注：$* p < 0.10$，$** p < 0.05$，$*** p < 0.01$，括号里面为 t 值。
资料来源：根据 Stata15.1 计算结果整理。

表 8 − 7　　　　　制造业发展质量各维度计量回归结果（2）

变量	效益度	协调度	增长度	智能度	服务度
EXP	0.0349 ** (2.56)	0.0774 ** (2.27)	0.1631 * (1.72)	− 0.1396 * (− 1.84)	− 0.0243 (− 0.85)
EXPY	0.0598 ** (2.46)	0.1075 *** (4.20)	0.3075 *** (4.34)	− 0.0471 (− 0.83)	0.0137 (0.64)
OFDI	− 0.0428 (− 0.74)	0.0057 * (1.93)	0.0378 *** (2.98)	0.0730 *** (4.754)	0.0360 * (1.86)
T	− 0.0596 (− 0.48)	0.0059 * (1.83)	0.313 *** (3.68)	0.2510 ** (1.89)	0.8359 *** (3.87)
TECH	0.0269 *** (4.20)	− 0.0619 (− 0.003)	0.0091 ** (2.13)	0.1953 *** (6.57)	0.0054 (0.48)
NAT	0.0563 * (1.78)	− 0.0104 (− 0.30)	− 0.1216 ** (− 2.19)	− 0.1245 * (− 1.62)	0.0235 (0.81)
INV	0.1773 *** (3.89)	0.020 *** (0.005)	− 0.0349 *** (− 3.63)	− 0.2834 *** (− 5.78)	0.0196 (1.06)
GOV	0.0122 * (1.86)	− 0.0045 (− 0.40)	− 0.0176 (− 0.57)	0.0393 (1.58)	0.0018 * (1.78)

续表

变量	效益度	协调度	增长度	智能度	服务度
RGDP	0. 2019 *** (3. 34)	0. 1031 ** (2. 28)	0. 5735 *** (2. 78)	− 0. 4352 *** (− 2. 64)	0. 0179 ** (2. 89)
HC	0. 2118 ** (1. 80)	− 0. 1104 * (− 1. 94)	− 0. 2186 (− 1. 38)	− 0. 0210 (− 0. 17)	0. 0448 *** 3. 63)
C	− 0. 0158 *** (− 2. 732)	3. 6839 *** (4. 04)	− 0. 9177 *** (− 3. 696)	5. 292 *** (2. 62)	9. 875 *** (12. 97)
样本数	204	204	204	204	204

注: * p < 0. 10 , ** p < 0. 05 , *** p < 0. 01 , 括号里面为 t 值。

资料来源: 根据 Stata15. 1 计算结果整理。

表 8 - 6 以及表 8 - 7 报告了制造业发展质量各维度的回归结果。在创新度上, 出口质量和出口规模呈现显著正相关, 表明对 "一带一路" 沿线国家的出口质量提高和出口规模扩大可以促进制造业创新能力的发展, 这也验证了前文的技术创新效应, 即出口贸易可以拉动产业创新。高端度上, 出口规模变量对制造业高端度呈现负相关, 结合控制变量结果可知, 仅有出口规模的扩张, 而没有出口产品的升级, 低端的出口反而不利于制造业向同端发展。通过扩大对 "一带一路" 沿线国家的出口贸易, 沿线国家的出口比重不断增大, 对外开放指标得以改善。出口贸易对环境维度产生积极影响, 尤其是出口规模的发展, 估计系数较高, 有利于产业的绿色发展。在效益度上, 出口规模和出口质量变量都对效益度显著正相关, 表明出口贸易可以带来经济效益的提升。出口规模和出口质量对协调度和增长度都呈显著正相关, 表明制造业的纵向发展有利于制造业纵向增长和结构更加协调。但在智能度中, 出口规模和出口质量变量并没有促进制造业智能化发展, 可能是由于制造业出口产品中技术密集型产品占比较低, 未来应着重发展高技术产品出口贸易, 促进山东省制造业智能度提升。同样, 出口规模也没有提升制造业服务度, 出口质量虽然呈现正相关但没有通过显著性检验, 可能是因为制造业服务度的提升主要由企业自身主观促进发展, 贸易规模的扩大发展无法真正促进制造业服务化发展。

从对外直接投资角度分析, 对 "一带一路" 沿线国家的投资, 对

197

于制造业高质量发展过程中各个发展维度的作用效果也表现出差异。具体来看，对"一带一路"沿线国家的投资有利于制造业向创新、高端、开放、智能、服务化的方向演进，起到明显的提升作用，同时，对于增长度，也起到了积极的促进作用，说明对沿线国家的投资有力地带动了制造业规模的增长，有利于制造业企业主营业务收入的增加。但是对于绿色度和效益度，效果并不显著，对沿线国家的投资并未起到提升资源利用效率、促进产业节能环保发展、优化产业发展的社会效益和社会贡献的作用。

8.4 研究内容小结

本章实证分析和检验了以出口贸易和对外直接投资方式嵌入"一带一路"区域价值链对于山东省制造业高质量发展的影响效果，并进一步检验其对制造业高质量发展各个维度的异质性影响。实证结果显示，与"一带一路"沿线国家和地区的出口贸易和对外直接投资对山东省制造业发展质量存在明显的促进作用。但是，在制造业高质量发展的不同维度方面却存在异质性：从出口贸易角度分析，在高端化、智能化、服务化三个维度上，嵌入"一带一路"区域价值链并未起到推动作用，甚至呈现出负效应，拖累了制造业的高质量发展。从对沿线国家的投资角度看，对外直接投资总体促进了制造业发展质量的提升，但是在绿色环保、社会贡献方面，效果并不显著。这在一定程度上与山东省出口贸易和对外直接投资中，技术密集型产品和产业占比较少相关联，这也构成了山东省制造业未来发展和提升的重中之重。

第9章 研究结论与政策关键着力点

9.1 研究结论

伴随着"一带一路"倡议的不断推进,中国与沿线国家在经贸领域的合作也在不断加深,越来越多的企业借助"一带一路"倡议的政策红利"走出去"。在深度融入开放经济的同时,通过国际要素整合、产业联动转型等途径,实现产业升级和发展质量的提升,从而在新一轮产业链的调整中占据主动地位。"一带一路"区域经济合作的不断深化,带来了山东省制造业的迅猛发展,同时也塑造了山东省制造业在全球形势下的分工格局。恰逢"一带一路"区域价值链构建和区域经济合作不断深化推进的历史机遇,位于两条"丝路"重要交汇点的山东省应该把握这一有利时机,通过与"一带一路"沿线国家和地区的区域经济合作,进行制造业产业结构调整和优化升级,从而实现制造业发展质量的提升。

通过对制造业高质量发展的内涵、贸易与投资对制造业高质量发展的作用机理、山东省融入"一带一路"区域价值链的现状和进程等相关内容进行文献梳理的基础上,进一步探讨了"一带一路"区域经济合作以及区域价值链构建对山东省制造业高质量发展以及对中国深化对外经济合作的战略意义,并明确提出了目标定位、基本构架、行动方案、配套政策以及山东省在融入"一带一路"区域经济合作中的优势和劣势等相关问题。主要的研究结论体现在:

第一,通过对价值链和区域合作的传统三大驱动机制——生产者驱动、购买者驱动和混合驱动——进行深入剖析,挖掘其中的内在价值链影响要素，将价值链驱动力拆解为 12 项具体影响因素：政策因素、产业因素、能源资源、投资因素、市场因素、品牌因素、技术因素、文化因素、资金因素、信息因素、人才因素、研发因素。根据各个因素作用路径的特点和相似性重新构建价值链动力要素，并最终归为价值基础要素、价值核心要素、价值提升要素、价值保障要素四项动力机制。在此基础上，分析了各个因素对价值链的驱动作用机制，推导出了价值基础要素对价值链构建的牵引力、价值核心要素的拉动力、价值提升要素的推动力以及价值保障要素的支撑作用，并结合当前山东省制造业特征，从四个价值要素角度对山东省制造业嵌入"一带一路"价值链的动力条件进行分析，构建了价值要素指标体系以进行实证检验，运用可识别面板数据的全局主成分分析法（PCA）对指标体系内各价值要素进行评估，发现政策因素、产业因素、能源因素、市场因素、品牌因素、信息因素、资金因素以及人才和研发因素是山东省制造业嵌入"一带一路"区域价值链、推动山东省制造业转型升级的优势动能因素。

第二，山东省制造业规模庞大，是山东省经济发展的主要推动力量。从"制造业高质量发展"的内涵出发，构建了包含 9 个二级指标和 31 个具体指标的制造业高质量发展综合评价指标体系及模型，对山东省制造业发展现状和高质量发展水平进行评价，并与其他制造业大省的制造业发展质量进行对比分析，研究结果显示：从山东省制造业发展现状和发展质量来看，在产业结构上，资本密集型和劳动密集型产业仍占主导地位，但技术密集型行业占比小幅上升，表明山东省制造业正经历转型升级与新旧动能转换的艰难转型时期。从产业发展质量上看，山东省制造业整体发展质量呈现"W"型波动增长趋势，其中制造业发展动力得分最高，发展效率不断提高，但发展效果水平较差，且与广东、福建、江苏等制造业发展强省相比，具有较大的差距。未来提升制造业发展质量需重点关注如何将发展动力转变为切实的发展成果，促进制造业质量提升实质化发展。

第三，分别从与"一带一路"沿线国家和地区的出口贸易和对外直接投资角度，从贸易规模、出口产品结构和出口地区结构三方面对山东省向"一带一路"沿线国家和地区的制造业出口现状进行了统计分析；从投资规模、行业分布、地区分布对山东省向"一带一路"沿线国家和地区的制造业对外直接投资状况进行了统计分析。从山东省对沿线国家和地区的制造业出口贸易现状来看，2009~2019年贸易流量整体规模呈现一定的增长态势，与"一带一路"沿线国家的贸易关系日益密切，成为山东省制造业出口的重要伙伴国，出口占比达到45%左右。但山东省对沿线国家的出口贸易存在一些问题，如出口地区分布不均衡，对亚洲国家的出口额占比接近60%，导致制造业出口过多依赖"一带一路"的亚洲国家，出口地区多元化不足不利于制造业出口贸易的稳定发展。从山东省对沿线国家和地区的对外直接投资现状来看，2008~2018年，山东省"一带一路"沿线投资额占山东省对外直接投资额的比重大致处于20%~40%之间，2019年这一比重接近50%。自2013年"一带一路"倡议提出以来，山东省"一带一路"沿线投资额占中国"一带一路"沿线投资额比重一直处于10%以上，且这一占比在2016年接近30%，足以说明山东省企业逐渐成为"走出去"到"一带一路"沿线国家的重要力量。

第四，在理论搭建过程中，本书借鉴已有研究文献，将出口贸易与制造业发展质量的提升效应机理分为规模效应、贸易结构效应和技术创新效应三个渠道，认为在"一带一路"政策的发展机遇下，山东省与沿线国家的出口贸易从贸易成本、贸易结构先导、创新激励方面作用于制造业发展质量的提升，并从出口贸易角度，提出"一带一路"区域经济合作和区域价值链的构建有助于山东省整体制造业发展质量提升的假设。对外直接投资对制造业产业质量的作用机理归纳为资源补缺、产业竞争、产业转移和政策支持四方面作用途径，通过影响技术创新、产业效率、产业结构等方式作用于制造业高质量发展。

第五，从实证检验中可以得出，在"一带一路"区域经济合作的背景下，伴随着政策红利，山东省制造业产品出口贸易的出口规模、出口质量以及对沿线国家和地区的对外直接投资均对山东省制造业整体发展质量的提升具有正向影响，且对制造业创新度、效益度、开放度、协调度和增长度等不同质量维度表现为显著的正向作用。但对于高质量发展的智能度、服务度和高端度促进效果不明显，甚至呈现负向作用。这一实证结果表明，"一带一路"区域价值链构建背景下，与沿线国家和地区的出口贸易整体上带动了山东省制造业产业发展质量的提升，但是由于贸易结构、投资产业中技术密集型占比有限，所以体现为在高质量发展的高端化、智能化、服务化等角度作用并不明显。对"一带一路"

201

沿线国家的投资行为在整体上也促进了山东省制造业发展质量的提升，但是从各个细分维度考察，其对制造业的绿色环保发展、社会贡献程度的促进作用并不显著。

9.2 政策关键着力点

当前世界经济形势正经历着深刻的变化，新冠肺炎疫情的蔓延严重冲击着全球分工体系，各国都在积极寻求重塑产业链、供应链，全球价值链呈现出明显的区域化特征，"一带一路"倡议是亚欧非地区国家应对经济衰退、实现产业融合、为全球经济注入新动力的必然选择。同时，也为我国与区域内其他国家网络分工的调整和重构提供了机遇，这种成员国之间的网络分工带来的产业竞争、互补和融合的关系，将在一定程度上带动国内生产环节调整、提高供给质量，提升我国贸易地位。如何把握和利用"一带一路"区域经济合作、推动甚至引领全球分工的机遇，实现自身贸易地位的提升已成为我国推进高水平对外开放的重要议题。伴随着"一带一路"区域经济合作的深化，成员国之间的经贸联系日益加强，中国与区域内成员国在制造业之间的竞争、依存、互补能否促进我国制造业向中高端迈进，提升中国在区域内的话语权？对于这些问题的探究和回答，有助于深入推进我国与"一带一路"成员国之间的产业交融互动、协调发展，打造合作共赢产业链和供应链，进而推动我国贸易地位的提升和国内国际双循环协调发展格局的构建。

在当前贸易保护主义抬头的国际形势下，对外经贸关系面临着很大的不确定性。随着"一带一路"倡议的提出，我国与"一带一路"沿线国家的经贸往来也愈加频繁，为我国企业的外向型发展提供了新的发展机遇。山东省作为"一带一路"规划的海上战略支点和沿线重点地区，在制造业发展要求转为高质量发展和新旧动能转换的关键时期，山东省要加快融入"一带一路"建设的步伐，抓住对外开放机遇，培育外贸新优势。通过对于"一带一路"区域价值链构建背景下山东省制造业发展质量的提升效应的理论分析与实证分析可以看到，对沿线国家的出口贸易和对外直接投资在促进山东省制造业整体发展质量提升的同时，其在制造业高质量发展的细分维度上作用并不相同，影响了以出口贸易和投资方式嵌入"一带一路"区域经济合作对于山东省制造业高质量发展的促进作用。这与山东省与"一带一路"沿线国家和地区的贸易结构和投资产业结构密切相关。然而,制造业的高端化、服务化和智能化和绿色化是制造业未来发展的重要趋势和方向,是制造业发展的大势所趋。制造业必须以智能化为主攻方向,带动产业技术水平提升,进而促进我国制造业的高端化、服务化、绿色化发展模式,已然成为中国形成新的竞争优势、转变经济增长方式、实现经济的高质量发展的必然选择和重要途径。因此,在"一带一路"区域价值链构建和嵌入的过程中,面对山东省制造业智能化、高端化、服务化不足的困境,如何破解这一难题,本书从政府推动、产业优化、企业创新等几个层面提出以下政策建议及关键着力点。

9.2.1 政府层面

山东省政府应充分发挥其杠杆作用,多举措并举,为"一带一路"沿线国家的出口贸易和对外直接投资助力,为制造业高质量发展提供有利的政策、资金等保障。

1. 探索"多层次"区域价值链合作的新模式

"一带一路"区域价值链包含许多高端产业和高端要素较为发达和丰裕的发达国家和发展中国家,如韩国、新加坡、意大利等,因此,山东省在融入"一带一路"区域价值链、探索制造业的高质量发展道路之时,可积极构建探索以"重点领域""重点区域""重点对象"为基础的"多层次"新模式区域价值链合作模式,为经贸合作的可持续发展"纾困解难"。

从重点领域来看,一方面,从传统的高端制造业来看,机械设备、医疗器械、汽车制造可作为重点突破的产业。以山东与日韩的产业合作为例,光电设备、汽车零部件、装备制造产业等行业部门作为山东与日韩最具发展潜力的行业,虽然受到美国的封堵,但在2020年仍然取得了较快的增长。中日医药产业合作、中韩装备产业合作等,强烈的市场需求给中日韩区域价值链合作提供了动力支持,双边研发合作联盟、技术标准联盟、产业链条合作联盟等产业链合作形式,均促进了紧密生产网络的构建和发展。另一方面,从新科技革命中的制造业来看,人工智能、新能源汽车、新一代信息技术等领域可作为重点突破的产业。以人工智能领域为例,日本和韩国已经就"人工智能＋高端制造"进行了先行探索,在生物医药、无人驾驶、芯片制造等领域取得的成功经验和人才需求缺口,将为中国人工智能领域的发展提供动力。另外,通过积极拓展"一带一路"沿线国家对人工智能技术的市场需求,将为中国与日韩开展区域价值链合作打开广阔的市场空间,具备向高深层次合作的可能和基础。

从重点区域看,在积极维护与沿线国家和地区紧密经贸关系的同时,在合作框架内部,积极拓展与域内国家和地区的"第三方市场"合作领域,拓展以大数据、云计算等为代表的高端制造业领域合作,比如,日本、中国台湾地区、印度,它们虽然不是"一带一路"倡议下的合作伙伴,但是与东南亚国家有着紧密的价值链和生产链上的分工与合作,山东省可以凭借与日本、韩国、东南亚其他国家的紧密经贸关系,构建区域产业链和价值链,在此基础上,进一步丰富和拓展"第三方市场"的资金优势和技术优势。在合作框架内,诸如日本、中国台湾等国家和地区均属于发达经济体,他们也可以构成"一带一路"区域价值链合作中重要的环节,积极拓展与这些伙伴的经贸关系,既可以拓展山东省在"一带一路"沿线国家和地区的"朋友圈",又可以为山东省的高新技术产业发展提供充足的资本和先进的技术支持。

从重点对象看,拓展"一带一路"＋X的合作模式,"X"的合作对象可以是 RCEP 成员国或是 CPTPP 成员国,将为山东省与"一带一路"高端制造业区域价值链的合作提供更加广阔的市场和保障。这些成员国家的市场巨大、前景广阔,通过拓展与和他合作框架内的国家合作,挖掘合作框架内国家的市场潜力,将在"需求端"为山东省与"一带一路"高端制造业的区域价值链合作提供驱动力。

2. 拓展"多维度＋双循环"区域价值链合作的新路径

首先,探索区域价值链合作的"科技＋双循环"驱动路径,在价值链的"生产端"实现区域价值链的重构和合作。格里芬在提出全球价值链的驱动因素时,特别强调了"技术驱动"的重要性,"科技＋双循环"即在国内和"一带一路"区域价值链区内以"科技"作为驱动力构建价值链,提高和优化合作要素等级,为山东省制造业高质量发展过程中的高端化、智能化、服务化困境纾困解难。

其次，探索"一带一路"区域价值链合作的"市场＋双循环"驱动路径。"市场要素"是格里芬提出价值链构建的另外一个要素。充分利用对"一带一路"沿线国家商品出口和投资促进山东省贸易结构和产业结构调整带来的机遇，对高技术和低能耗的产业减低市场准入限制，充分激发市场活力，对于低技术和高能耗的产业实施高市场准入限制，鼓励中高技术行业和高技术行业企业出口，通过政府政策引导扩大资本密集型产品的出口强度，倒逼劳动密集型出口产品质量提高，并大力培育技术密集型产品的出口竞争优势和投资优势，逐渐提高资本技术密集型商品外向型占比，由注重出口和投资规模向注重技术含量转变，不断优化山东省制造业出口结构和产业结构，带动产业结构高度化升级与竞争力改善，实现山东省制造业对外贸易和产业发展的"量质齐飞"，实现"制造大省"向"制造强省"转变。

3. 打造"立体化"区域价值链合作的新平台

发挥规模效应，加大资金投入与平台建设，为制造业高质量发展提供发展空间。在国家搭建一系列合作机制与平台的基础上，山东省应积极参与，借助多边平台资源，获取有关经贸信息，助力"一带一路"发展；同时，凭借山东省在"一带一路"中得天独厚的区位优势，主动搭建合作机制与平台，如跨境电子商务和外贸综合服务平台、区域性国际商贸中心、国际展会平台等，为制造业企业提供精准市场信息与出口机会。此外，进一步完善青岛港、烟台港等港口建设，增加港口吞吐规模，提升吞吐效率，适当增加与"一带一路"沿线国家的班轮航次，开辟新航线，为制造业企业开辟新市场提供便利条件。

首先，搭建国际经贸合作平台。强化山东省与"一带一路"沿线国家和地区的经贸往来是重要战略目标，山东省应该充分发挥区位优势、产业优势、资金优势等方面优势因素，打造对"一带一路"沿线国家和地区具有较强凝聚力和辐射力的国际经贸合作平台，包括大宗商品交易中心、跨境电子商务和外贸综合服务平台等，加快与"一带一路"沿线重点国家和地区具有影响力和知名度的电子商务平台对接，完善电子认证、电子支付、信用服务等保障体系。这些新型贸易载体和平台是山东省企业发展的重要支撑和牵引，可以有效降低中小企业的对外经贸业务成本、拓展对外经贸关系网络，提升效率。同时，通过构建外贸综合服务平台，将从事对外经贸活动的企业通过、审核、物流、退税等出口服务进行在线整合，建立完善的服务保证机制。

其次，搭建产业投资合作平台。制造业高质量发展的背后是优势要素的演化升级，其离不开 OFDI 的空间布局和产业布局。可以说，"一带一路"国际合作为我国企业走出去、引进来、实现新时代科技发展弯道超车提供了机遇。因此，深化产业投资合作对于促进山东省与"一带一路"沿线国家和地区要素整合、产业联动，进而促进制造业的高质量发展具有极其重要的意义。第一，加强国内产业园区建设和自贸区试验区建设。经济园区和自贸试验区是双边和多边产业合作的重要载体。山东省应该通过深入研究"一带一路"沿线对外直接投资的重点产业和投资特点，高起点、高标准、高质量建设承接不同国家和地区投资的专门载体和区域，针对不同国家和地区企业的偏好，设计相应产业园区配套环境和政策，加强双边产业合作基础。第二，推进境外产业合作园区。山东省应根据自身产业优势和战略方向，建设和利用境外产业园区，加强与"一带一路"沿线国家和地区产业合作，进一步紧密化跨境产业链条，实现产业的相互依存、良性互动；开展跨境技术合作，减少贸易摩擦和政治风险。在这一过程中，山东省的优势产业，如家电业、纺织业、轮胎业、装备制造业等优势产业可以率先利用境外产业园区的产业集聚效应和产业关联效应对外转移，建立境外集群式发展模式，通过示范效应，带动更多企业走出去。加大资金扶持力度，促进开展山东省与"一带一路"沿线国家的技术创新合作，建立联合研发中心等创新平台。

最后，打造物流合作平台。"一带一路"倡议重要目标之一就是"道路通畅"，而山东省恰好位于两条"丝路"重要交汇点，在铁路运输、港口航运等领域具有举足轻重的作用，具备构建辐射沿线国家和地区交通物流枢纽的天然基础。一方面，山东铁路、公路、航空等基础建设起点较高，具有成熟度和知名度非常高的"中欧班列"，具有完善的、发达的交通网络系统，在此基础上，山东省可以进一步打造由沿海铁路、港口集疏、航空运输"三位一体"的交通网络，全面打通临海和内陆通道，构建跨越海陆空三维的物流中心和物流网络。另一方面，构建国际物流信息平台。利用"海上丝绸之路"物流信息互联互通合作项目，争取"丝路基金"支持，推进港口、航运信息共享和交换。

与此同时，作为海洋大省，山东省的海洋科研实力位居全国先进行列。山东省应该充分发挥自身海洋科技优势，加快建立开放、协同、高效的现代海洋科技创新体系，打造覆盖"海上丝绸之路"的沿线国家和地区的海洋技术合作平台，以实现海洋产业的开放式发展。

4. 夯实"全方位"区域价值链合作的政策体系

伴随着"一带一路"区域价值链建设的不断推进，中国与沿线国家在经贸领域的合作也在不断加深，越来越多的企业借助"一带一路"倡议的政策红利"走出去"。而在这一过程中，科技创新和创新成果转化能力是山东省借助"一带一路"区域价值链提升制造业发展质量的重要支撑，政府应制定相应的高技术产业发展的财政、金融、人才、贸易便利等方面的政策保证体系。

第一，加大技术创新的政府财政投入，为创新发展提供充足的创新保障，引导政策性、开发性资金向高技术制造业倾斜，对于技术含量高、发展前景优的高端制造业项目给予资金扶持、融资优惠、税收减免等，激励企业创新积极性，提高自主创新能力。特别是在"一带一路"区域价值链构建背景下，亟须完善针对"一带一路"建设的积极财政政策，对于"一带一路"沿线国家和地区出口和投资企业的产品升级、技术改造、生产研发的重点企业和项目，给予必要的财政科技拨款、财政信贷支持。成立专项科研基金，促进制造业企业与省内外重点高校、科研单位联合协作，加速科研、开发和生产一体化的科技成果产业化进程。与此同时，对于重点出口企业和对外投资企业和项目给予必要的税收优惠，特别是对于从事机械设备、新能源、光伏等先进制造业企业和部门，灵活运用加速折旧、投资抵免、延期纳税等税收优惠政策，扶持和促进山东省先进制造业与"一带一路"沿线国家和地区的经贸合作，提升积极性和主动性。

第二，创新多层次的金融政策，提升对"一带一路"区域合作的金融服务层次和水平。借力"一带一路"区域价值链，推动制造业的高质量发展，一方面，需要从供给体系质量、要素结构升级、创新创业活力等方面实现质量、效率、动力的内在变革；另一方面，营造有利于制造业高质量发展的良好环境，通过金融支持和服务创新助推制造强国建设，是促进制造业转型升级和高质量发展的重要支撑。通过金融产业与科技产业的深层次融合，通过一系列金融制度、金融政策、金融工具和金融服务的系统性、创新性安排为科技开发、成果转化以及高技术产业发展提供支持，促进山东省制造业对于"一带一路"沿线国家和地区的出口水平和投资水平，从而带动本土制造业产业升级，由此可见，金融政策的目标是通过促进技术创新和科技发展来推动经济高质量增长。近年来金融政策得到各级政府、金融机构和监管部门的重视，随着一系列科技金融政策的出台和实施以及各种科技金融机构的成立，金融政策对促进山东省制造业企业和部门"走出去"开展"一带一路"沿线的贸易和投资的支持和推动作用日益凸显。

在这一过程中，一方面，要针对"一带一路"建设中的重点项目提供创新性的金融产品和金融服务，满足企业"走出去"的高层次金融需求，充分发挥科技金融资本"蓄水池"的作用，向具有创新能力的企业配置金融资源，通过多元融资途径和降低融资成本，扶持高技术产业发展；另一方面，金融部门与政府、企业加强沟通与联系，对"一带一路"沿线国家和地区投资和研发项目进行创新项目的最优筛选和风险监控。科技金融是实体经济健康发展的"掌舵人"，必须有效匹配并牵引产业的发展方向，对科技创新项目进行筛选、审查，以此分散风险、激励创新；事后对项目进行风险管理和控制，降低潜在风险，从而有效缓解金融主体的"惜贷"与创新项目高风险之间的矛盾。

第三，健全人才引进和培养政策。借力"一带一路"区域价值链提升山东省制造业高质量发展水平，必须适应"一带一路"建设对于人才的需求，着力培养具有国际视野、通晓国际经济运行规则、熟悉"一带一路"沿线国家和地区法律法规，甚至是当地风俗的外向型、复合型、国际型人才。首先，要依托高等院校、科研院所以及跨国企业，构建"产学研"三位一体的跨国经营人才的培训基地，培养"一带一路"建设过程中急需的高层次人才。其次，建立人才引进和人才特聘制度。通过各种"便利化"措施以及包括薪资、住房、子女入学就业、职称评聘等在内的优惠政策引进"一带一路"建设中急需的高端人才，满足政府、企业融入"一带一路"区域经济合作过程中的人才瓶颈。通过构建科技产业园与技术创新联盟，吸引企业与人才入驻，形成区域创新体系，组织省内各区域开展技术交流，实现创新共赢。

第四，推进全方位的便利化政策，为企业嵌入"一带一路"区域价值链赋能。一是体现在商品通关的便利化政策，通过打造"电子口岸"建设，完善信息数据平台，提高口岸的商品通关效率、简化审核程序、提高口岸管理部门的行政能力和行政效率。同时，加强山东省检验检疫部门与"一带一路"沿线国家和地区检验检疫机构之间的协调和沟通，解决沿线各国和地区在检验检疫方面操作规则、检验标准、设备要求等方面存在的差异，消除出口贸易中的技术壁垒问题。二是积极推进人才流动的便利化制度。简化商务、技术人员出入境审批和管理手续和流程，对于企业内部经常在"一带一路"沿线国家和地区进行往返交流的技术人员、管理人员，提供护照、签证的便利化手段。山东省出入境管理部门和出入境边防检查部门加强沟通协调，对于"一带一路"沿线国家和地区来鲁的外籍人员入境提供居留便利，提升双边和多边人员交流效率、提高"一带一路"沿线国家和地区人员出入境管理的便利化程度，促进双边人员交流。

9.2.2　企业层面

党的十八大就已经明确提出："要推动战略性新兴产业、先进制造业健康发展。"党的十九大进一步指出："加快建设制造强国，加快发展先进制造业，推动互联网、大数据、人工智能和实体经济深度融合，在中高端消费、创新引领、绿色低碳、共享经济、现代供应链、人力资本服务等领域培育新增长点、形成新动能"。2018 年中央经济工作会议中首次将"制造业高质量发展"纳入国家政策的意涵表达之中，为我国制造业发展指明了新的方向、赋予了新的内容。推动制造业的高质量发展，需要从供给体系质量、要素结构升级、创新创业活力等方面实现质量、效率、动力的内在变革，而"一带一路"区域价值链的构建，为山东省提供了实现国际要素整合、产业联动转型的途径，助力产业升级和发展质量的提升。企业在这一过程中，亟须进行积极的改革探索，适应"一带一路"区域价值链构建的需要，从而争取在新一轮产业链的调整中占据主动地位。

第一，提升技术创新能力，借助"一带一路"区域价值链上的中间品贸易和国际投资实现产业升级和制造业发展质量的提升。制造业的高质量发展必然要求技术创新能力的不断提升，而其中产品升级和产业升级又是关键要素，是制造业高质量发展的重要动力源和新动能。伴随着中间品贸易的逐步拓展和升级，其复杂性、技术性也在持续上升，对于产品和技术的要求也在提高，从而实现区域价值链上的产品升级、产业升级，直至带动制造业发展质量的提高。此外，无论中间品贸易还是最终产品贸易，其市场结构和专业化水平所形成的水平分工和垂直分工，都必将带来生产效率的提升，伴随着技术研发、规模经济、技术外溢效应，这个价值链和产业链更容易实现效率上的创新和突破，带来产业发展质量的改善和提升。

在这一过程中，企业应该积极进行技术升级和创新，在采购、生产、仓储、配送、调拨、销售等各个环节发挥充分利用先进技术的重要作用，使制造业企业以高度柔性的方式进行分析、推理、判断、构思和决策，提升制造业部门在生产链上各个环节的技术水平，有效提升制造业的智能化、高端化水平，助力制造业企业的智能化升级。

培育自主创新能力，提升出口产品的技术复杂度。创新是推动企业高质量发展的核心因素，为企业发展提供源源不断的动力。出口企业要增强以质取胜的意识，形成以技术为核心的出口竞争新优势，培育高技术、高附加值产品，增加对"一带一路"沿线国家高质量制造品的出口。企业要提升自主创新能力，必须要加强科研方面的资金投入，并加强人才队伍的引进和培养，积极与省内高校开展合作，建立技术创新中心、新型研发机构等产业创新平台，注重科技成果转化，将科技成果转化为竞争性出口产品，借助政府创新优惠政策，提高制造业产品的技术含量和附加值，提升出口技术复杂度，最终转化为企业盈利能力和出口竞争力，助力山东省制造业发展质量的可持续提升。

随着山东省内需求量的日益饱和，制造业行业竞争加剧，企业亟待寻找新的利润增长点。"一带一路"倡议对制造业企业尤其大型优势企业、高技术企业，在技术和价格上具备比较优势，应牢牢把握机遇，为出口制造业企业更要注重开辟新市场、挖掘新客户，全面分析自身的有利与不利因素，提升应对与防范风险的能力，充分挖掘出口优势，借助政府优惠政策，积极推动自主品牌"走出去"，提升出口利润。在出口贸易中除了寻找新的市场机会以外，还有进一步延伸出口产品种类，提升出口产品的附加值，提升核心竞争力。在此期间，企业要注重高度风险防范，关注出口国家疫情风险，建立健全科学的风险防范体系。

第二，科学淘汰落后产能，为智能制造、高端制造和绿色制造的发展释放资源空间。近年来，山东省一直致力于调整产业结构，但与上海、北京、江苏、广东等先进的制造业省份相比，山东省的产业结构仍存在较大的差距，传统产业在整体制造业部门中所占比重较大，即使是属于资本和技术密集型的装备制造业，也存在着产业链低端化、科技含量不高、市场竞争力不强、产品的品牌效应不足等问题。这就要求山东省制造业企业积极转变出口结构，巩固现有竞争优势，大力发展技术密集型贸易。企业在积极拓展"一带一路"海外市场时，注意由追求数量扩张向质量提升转变，将成本优势转向综合竞争优势，保持现有竞争优势的基础上，提高产品技术含量，优化产品技术结构，培育企业技术密集型产品的竞争优势，以获取更高水平的利润空间。同时，根据不同的"一带一路"出口国家，通过不同的营销策略和出口产品结构，实现多元化出口，以保证出口贸易的可持续发展。山东企业要认识到利用新兴技术在对石油加工、炼焦和核燃料加工业等传统产业进行创新改造升级的同时，注重发展新能源汽车、人工智能等新兴产业，推动新旧动能转换的过程中实现制造业高质量发展。同时，政府应着力加大对高端制造业的财政支持力度，金融机构、财政拨款向高新技术产业倾斜，对于产业关联度高、辐射力强的高端制造业给予资金上的支持、融资上的优惠，从而激励高新技术企业提高创新积极性，提升自主创新能力，通过创新能力的提升发挥产业辐射作用，在"一带一路"价值链上争取更高的分工地位。

在对外投资领域，注重对外投资过程中的知识扩散效应和产业竞争效应，以刺激山东省制造业部门的技术提升，倒逼落后产能淘汰，刺激新兴产业发展。技术进步是制造业企业提高发展质量的内生动力，而制造业企业是推动制造业高质量发展的主体。技术的不断创新和进步可以催生具有高新技术和创新性的企业。我国制造业企业应不断加大研发费用投入并运用先进技术，将研发成果有效应用于企业的各种生产经营活动中，提供企业生产效率，降低生产成本。同时，先进的技术可以盘活落后产能，推动传统产业的质量升级和发展。但是，现阶段，我国制造业的技术水平仍然不高，制造业整体处于全球产业链和价值链的中低端，核心技术的缺失是当前制约我国制造业进一步提升制造业价值链地位和发展质量的重要因素。对于山东省进行跨国经营的企业而言，加入"一带一路"价值链的区域合作，面对来自区域内和区域外的压力都会加剧，这种竞争无疑会带动企业不断地进行自我突破，实现技术升级和技术进步。

第三，构建人才引入和培养机制，缓解周边制造业部门先进省市人才"虹吸效应"。山东省是中国东部沿海的重要省份，与辽东半岛相对，与安徽、江苏毗邻，被京津环抱。毗邻经济强省、占据重要经济地位在为山东省经济发展注入区位优势、禀赋优势、技术溢出优势的同时，也使其长期存在高端人才流失的问题。人才决定了企业能否实现可持续性发展成为百年企业，也体现了企业竞争力的强弱。京津苏等经济强省在社会环境、薪资待遇等方面的优势显而易见，在一定程度上形成了对于山东省人才的"虹吸效应"。所以，必然决定了企业要想引入人才、留住人才，必须从薪酬待遇等各方面提供优惠政策，加强对于高端人才、紧俏人才的吸引力，建立长期稳定的高端人才引入机制。

第四，在企业文化层面，增加企业"走出去"的软实力。作为孔孟之乡、礼仪之邦，山东以儒家文化发源地而著称，儒家文化彰显了齐鲁文化的软实力，是中国文化的突出代表，更成为山东省融入"一带一路"区域价值链发展的软实力。"一带一路"倡议的推进成功地传播了中国文化、中国观念和中国价值，与此同时，"一带一路"区域价值链的高质量发展也需要有强大的品牌形象作为支撑和保障。"一带一路"倡议强调的是"互联互通"，在这一过程中，"互联"着眼于沿线各国基础设施的联动，这是互通的基础，也是合作的前提；而"互通"则着眼于商品、资金、技术和人员的高速流动，让沿线的各种要素迸发活力、积极互通。由此可见，中国的产品、企业"走出去"是"互联互通"的源头活水，通过贸易和投资的自由化，促进双边和多边价值链、产业链的构建与结合。因此，要稳固这种共赢关系，必须将"一带一路"沿线国家和地区的合作关系和合作机制置于新的合作理念和合作框架之中，不断用新思维、新理念来梳理国家形象，提升国家文化影响力和企业形象地位，提升自身软实力。目前，"一带一路"倡议正经历着从笔墨酣畅的"大写意"，转向精谨细腻的"工笔画"，这意味着未来需要更高质量、更高精度的"互联互通"，其中必不可少的就是打破国家之间的经济文化间的隔阂，互联互通共建共享，进一步实现文化的联通，这是"一带一路"发展的新机遇，也是"一带一路"倡议进一步高质量发展的新潜能。在这一过程中，实现由"以产品走出去"转变为"以品牌走出去"、由"以中国元素走出去"转变为"以中国形象走出去"。

齐鲁文化目前在一定程度上对于山东省对外交流起到了积极的文化使者作用,诸多文化活动、节庆品牌都已经蜚声海内外,包括孔子文化节、青岛啤酒节、潍坊国际风筝节等,"好客山东欢迎您"也成为山东省对外交往的响亮口号,成为吸引海内外目光的核心理念。在这一强大的文化宣传背景下,山东省企业在与"一带一路"沿线国家发展对外经贸关系的过程中,应该充分重视挖掘齐鲁文化的独特价值,推动山东企业文化伴随着产品、品牌效应,同时走向世界,加大山东省企业的对外影响力和辐射力。企业积极参与"厚道鲁商"品牌联创活动,以此为契机,重塑企业经营理念方针,在"一带一路"沿线国家和地区树立山东省企业的品牌形象、文化形象。"厚道"强调的是勤奋、是责任、是智慧、是诚信等诸多优秀品质的集合,企业要想在"一带一路"沿线国家和地区树立品牌形象、立足长远发展,最重要的是责任、品牌和形象,这是企业的核心竞争力之一。因此,只有加强山东省企业的品牌形象、文化形象,才能将山东省制造业企业的规模优势、质量优势、技术优势转化为价值优势和效益优势。

参 考 文 献

［1］黄群慧：《论新时期中国实体经济的发展》，载于《中国工业经济》2017 年第 9 期。

［2］王志军：《贯彻中央经济工作会议精神、推动制造业高质量发展》，载于《宏观经济管理》2020 年第 2 期。

［3］贺俊：《从效率到安全：疫情冲击下的全球供应链调整及应对》，载于《学习与探索》2020 年第 6 期。

［4］陈继勇、陈大波：《中国对"一带一路"沿线国家出口商品贸易潜力的实证研究》，载于《湖北大学学报（哲学社会科学版）》2018 年第 4 期。

［5］韩永辉、罗晓斐、邹建华：《中国与西亚地区贸易合作的竞争性和互补性研究——以"一带一路"战略为背景》，载于《世界经济研究》2015 年第 3 期。

［6］张述存、顾春太：《"一带一路"倡议背景下中德产业合作——以山东省为分析重点》，载于《中国社会科学》2018 年第 8 期。

［7］赵昌文：《推动我国经济实现高质量发展》，载于《学习时报》2017 年 12 月 25 日。

［8］刘志彪：《理解高质量发展：基本特征、支撑要素与当前重点问题》，载于《学术月刊》2018 年第 7 期。

［9］杨伟民：《贯彻中央经济工作会议精神推动高质量发展》，载于《宏观经济管理》2018 年第 2 期。

［10］王伟：《中国经济高质量发展的测度与评估》，载于《华东经济管理》2020 年第 6 期。

［11］金碚：《关于"高质量发展"的经济学研究》，载于《中国工业经济》2018 年第 4 期。

［12］任保平：《新时代高质量发展的政治经济学理论逻辑及其现

实性》，载于《人文杂志》2018 年第 2 期。

[13] 王一鸣：《向高质量发展转型要突破哪些关口》，载于《联合时报》2018 年 4 月 13 日。

[14] 赵剑波、史丹、邓洲：《高质量发展的内涵研究》，载于《经济与管理研究》2019 年第 11 期。

[15] 任保平、李禹墨：《新时代我国高质量发展评判体系的构建及其转型路径》，载于《陕西师范大学学报（哲学社会科学版）》2018年第 3 期。

[16] 任保平、文丰安：《新时代中国高质量发展的判断标准、决定因素与实现途径》，载于《改革》2018 年第 4 期。

[17] 麻智辉：《推动江西经济高质量发展的重点和路径》，载于《江西日报》2018 年 4 月 16 日。

[18] 朱启贵：《建立推动高质量发展的指标体系》，载于《文汇报》2018 年 2 月 6 日。

[19] 黄群慧：《推进制造业高质量发展的三个关键问题》，载于《学习时报》2019 年 10 月 9 日。

[20] 罗文：《紧扣高质量发展要求 加快发展先进制造业》，载于《机械工业标准化与质量》2018 年第 6 期。

[21] 江小国、何建波、方蕾：《制造业高质量发展水平测度、区域差异与提升路径》，载于《上海经济研究》2019 年第 7 期。

[22] 余东华：《制造业高质量发展的内涵、路径与动力机制》，载于《产业经济评论》2020 年第 1 期。

[23] 刘国新、王静、江露薇：《我国制造业高质量发展的理论机制及评价分析》，载于《管理现代化》2020 年第 3 期。

[24] 黄汉权：《突破难点，系统推进制造业高质量发展》，载于《经济日报》2019 年 3 月 14 日。

[25] 制造强国的主要指标研究课题组：《制造强国的主要指标》，载于《中国工程科学》2015 年第 7 期。

[26] 罗文、徐光瑞：《中国工业发展质量研究》，载于《中国软科学》2013 年第 1 期。

[27] 周维富：《把推动制造业高质量发展作为稳增长的重要依托》，载于《中国经济时报》2019 年 5 月 24 日。

[28] 叶芳羽、单汨源:《中国制造业高质量发展研究》,载于《财务与金融》2019 年第 2 期。

[29] 刘伟丽、陈勇:《中国制造业的产业质量阶梯研究》,载于《中国工业经济》2012 年 11 月。

[30] 彭树涛、李鹏飞:《中国制造业发展质量评价及提升路径》,载于《中国特色社会主义研究》2018 年 5 月。

[31] 熊俊:《中国制造业企业出口产品质量测度》,载于《现代经济探讨》2018 年 12 月。

[32] 余淼杰、张睿:《中国制造业出口质量的准确衡量:挑战与解决方法》,载于《经济学(季刊)》2017 年第 2 期。

[33] 刘伟丽、袁畅、曾冬林:《中国制造业出口质量升级的多维研究》,载于《世界经济研究》2015 年第 2 期。

[34] 李巧华:《新时代制造业企业高质量发展的动力机制与实现路径》,载于《财经科学》2019 年第 6 期。

[35] 宋永涛、苏秦:《基于贝叶斯网络的质量管理实践对绩效的影响评价》,载于《系统工程理论与实践》2011 年第 8 期。

[36] 熊伟、奉小斌:《基于企业特征变量的质量管理实践与绩效关系的实证研究》,载于《浙江大学学报(人文社会科学版)》2012 年第 1 期。

[37] 姜鹏、苏秦、张鹏伟:《质量管理实践与企业绩效关系模型研究——扩展知识路径的研究视角》,载于《科学学研究》第 2013 年第 6 期。

[38] 文东华、陈世敏、潘飞:《全面质量管理的业绩效应:一项结构方程模型研究》,载于《管理科学学报》2014 年第 11 期。

[39] 敫慧、郭彩虹:《内部控制质量与企业绩效关系实证研究——基于电子设备制造业上市公司的经验数据》,载于《财会通讯》2017 年第 1 期。

[40] 李奔波、周芳、南·亚伯拉罕:《中美制造业质量管理活动的比较研究》,载于《科技管理研究》2012 年第 12 期。

[41] 胡志强、盛梦君:《技术创新、异质性与制造业企业 IPO 后质量研究》,载于《工业技术经济》2020 年第 5 期。

[42] 张广胜、孟茂源:《内部控制、媒体关注与制造业企业高质

量发展》，载于《现代经济探讨》2020 年第 5 期。

［43］赵玉忠、何桢：《对中国制造企业质量管理现状的研究》，载于《科技管理研究》2009 年第 1 期。

［44］余红伟、胡德状：《中国区域制造业质量竞争力测评及影响因素分析》，载于《理学报》2015 年第 2 期。

［45］王宗军、毛磊、王清：《中国地区区域创新能力评价与比较分析》，载于《技术经济》2011 年第 8 期。

［46］汪建、卢晨、郭政等：《多国制造业质量发展指数及其变化规律实证研究》，载于《科技进步与对策》2015 年第 18 期。

［47］赵玉林、谷军健：《中美制造业发展质量的测度与比较研究》，载于《数量经济技术经济研究》2018 年第 12 期。

［48］李春梅：《中国制造业发展质量的评价及其影响因素分析——来自制造业行业面板数据的实证》，载于《经济问题》2019 年第 8 期。

［49］阮建青、张晓波、卫龙宝：《危机与制造业产业集群的质量升级——基于浙江产业集群的研究》，载于《管理世界》2010 年第 2 期。

［50］祝树金、谢煜、段凡：《制造业服务化、技术创新与企业出口产品质量》，载于《经济评论》2019 年第 6 期。

［51］李廉水、程中华、刘军：《中国制造业"新型化"及其评价研究》，载于《中国工业经济》2015 年第 2 期。

［52］金碚：《中国工业国际竞争力——理论、方法与实证研究》，经济管理出版社 1997 年版。

［53］蒋家东：《企业质量竞争力研究》，载于《航空标准化与质量》2005 年第 2 期。

［54］曹虹剑、余文斗：《中国战略性新兴产业国际竞争力评价》，载于《经济数学》2017 年第 1 期。

［55］程虹、陈川：《制造业质量竞争力理论分析与模型构建》，载于《管理学报》2015 年第 11 期。

［56］杨芷晴：《基于国别比较的制造业质量竞争力评价》，载于《管理学报》2016 年第 2 期。

［57］陈瑾、何宁：《高质量发展下中国制造业升级路径与对策——

以装备制造业为例），载于《企业经济》2018 年第 10 期。

[58] 唐红祥、张祥祯、吴艳：《中国制造业发展质量与国际竞争力提升研究》，载于《中国软科学》2019 年第 2 期。

[59] 徐光瑞：《中国工业发展质量的现状与对策》，载于《经济纵横》2014 年第 11 期。

[60] 贺正楚、曹德、吴艳：《中国制造业发展质量与国际竞争力的互动路径》，载于《当代财经》2018 年第 11 期。

[61] 吕铁、刘丹：《制造业高质量发展：差距、问题与举措》，载于《学习与探索》2019 年第 1 期。

[62] 尚会永、白怡珺：《中国制造业高质量发展战略研究》，载于《中州学刊》2019 年第 1 期。

[63] 李琳、周一成：《"互联网＋"是否促进了中国制造业发展质量的提升？——来自中国省级层面的经验证据》，载于《中南大学学报（社会科学版）》2019 年第 5 期。

[64] 张志元：《我国制造业高质量发展的基本逻辑与现实路径》，载于《理论探索》2020 年第 2 期。

[65] 陈岩、李毅、翟瑞瑞：《政府调节如何影响企业创新绩效——基于中国制造业上市公司面板数据的实证分析》，载于《科技进步与对策》2015 年第 24 期。

[66] 林毅夫、李永军：《出口与中国的经济增长：需求导向的分析》，载于《经济学（季刊）》2003 年第 3 期。

[67] 赖明勇、许和连、包群：《出口贸易与中国经济增长理论问题》，载于《求索》2004 年第 3 期。

[68] 吕惠娟、许小平：《出口贸易对中国经济增长影响的再思考》，载于《数量经济技术经济研究》2005 年第 2 期。

[69] 尹敬东：《外贸对经济增长的贡献：中国经济增长奇迹的需求解析》，载于《数量经济技术经济研究》2007 年第 10 期。

[70] 樊纲、关志雄、姚枝仲：《国际贸易结构分析：贸易品的技术分布》，载于《经济研究》2006 年第 8 期。

[71] 苏振东、周玮庆：《出口贸易结构变迁对中国经济增长的非对称影响效应研究——基于产品技术附加值分布的贸易结构分析法和动态面板数据模型的经验研究》，载于《世界经济研究》2009 年第 5 期。

［72］董翔宇、赵守国：《出口贸易结构与经济增长的规律与启示》，载于《软科学》2017 年第 3 期。

［73］肖云：《我国产业结构的演进及对外经济的战略选择》，载于《贵州社会科学》1994 年第 5 期。

［74］林毅夫、李永军：《出口与中国的经济增长：需求导向的分析》，载于《经济学（季刊）》2003 年第 3 期。

［75］王丽萍：《试析国际贸易对产业结构成长的影响》，载于《扬州大学学报（人文社会科学版）》2000 年第 5 期。

［76］刘正良、刘厚俊：《出口贸易的外溢效应及中国数据检验——基于贸易方式和经济区域视角的研究》，载于《世界经济研究》2008 年第 12 期。

［77］张云、赵富森：《国际技术溢出、吸收能力对高技术产业自主创新影响的研究》，载于《财经研究》2017 年第 3 期。

［78］牛文育：《论技术引进对外贸和产业结构的影响》，载于《兰州学刊》1995 年第 5 期。

［79］杨继军：《境内运输成本、空间巴拉萨——萨缪尔森效应与中国出口贸易的省际分布》，载于《国际经贸探索》2016 年第 6 期。

［80］刘秉镰、刘勇：《我国区域产业结构升级能力研究》，载于《开放导报》2006 年第 6 期。

［81］王恕立、吴永亮：《全球价值链模式下的国际产业转移——基于贸易增加值的实证分析》，载于《国际贸易问题》2017 年第 5 期。

［82］钟昌标：《外贸对区域产业结构演进的效应》，载于《数量经济技术经济研究》2000 年第 10 期。

［83］陈明森：《自主成长与外向推动：产业结构演进模式比较》，载于《东南学术》2003 年第 3 期。

［84］李勇、仇恒喜：《对外贸易对我国产业结构的影响分析》，载于《财贸研究》2007 年第 1 期。

［85］黄庆波、范厚明：《对外贸易、经济增长与产业结构升级——基于中国、印度和亚洲"四小龙"的实证检验》，载于《国际贸易问题》2010 年第 2 期。

［86］胡倩：《国际贸易理论与贸易结构》，载于《世界经济文汇》2000 年第 2 期。

[87] 李悦:《浅论上海外商工业企业的作用、问题与对策》,载于《世界经济研究》1998 年第 1 期。

[88] 王岳平、葛岳静:《我国产业结构的投入产出关联特征分析》,载于《管理世界》2007 年第 2 期。

[89] 袁欣:《中国对外贸易结构与产业结构:"镜像"与"原像"的背离》,载于《经济学家》2010 年第 6 期。

[90] 孙金秀、杨文兵:《经济增长:产业结构和贸易结构互动升级之结果》,载于《现代财经(天津财经大学学报)》2011 年第 9 期。

[91] 范爱军、李菲菲:《产品内贸易和一般贸易的差异性研究——基于对我国产业结构升级影响的视角》,载于《国际经贸探索》2011 年第 4 期。

[92] 邓平平:《对外贸易、贸易结构与产业结构优化》,载于《工业技术经济》2018 年第 8 期。

[93] 齐建民、孙旭杰:《贸易与产业结构双轮驱动下的中国经济增长方式——基于 VAR 模型的实证分析》,载于《求索》2013 年第 4 期。

[94] 赵岩、范文祥、杨菁:《贸易结构对三次产业升级的作用分析》,载于《中央财经大学学报》2012 年第 4 期。

[95] 孙晓华、王昀:《对外贸易结构带动了产业结构升级吗?——基于半对数模型和结构效应的实证检验》,载于《世界经济研究》2013 年第 1 期。

[96] 刘斌斌、丁俊峰:《出口贸易结构的产业结构调整效应分析》,载于《国际经贸探索》2015 年第 7 期。

[97] 石冬莲、任长龙:《国际贸易促进产业结构升级的机制探讨》,载于《商业时代》2009 年第 11 期。

[98] 王菲:《贸易结构与产业结构:基于互动视角的理论分析》,载于《中国商贸》2011 年第 14 期。

[99] 马骥:《"一带一路"背景下对外贸易促进产业升级机制与对策分析》,载于《邵阳学院学报(社会科学版)》2017 年第 16 期。

[100] 蔡海亚、徐盈之:《贸易开放是否影响了中国产业结构升级》,载于《数量经济技术经济研究》2017 年第 10 期。

[101] 李荣林、姜茜:《我国对外贸易结构对产业结构的先导效应

检验——基于制造业数据分析》，载于《国际贸易问题》2010 年第 8 期。

[102] 徐承红、张泽义、赵尉然：《我国进口贸易的产业结构升级效应及其机制研究——基于"一带一路"沿线国家的实证检验》，载于《吉林大学社会科学学报》2017 年第 4 期。

[103] 石峰、吴振顺、余博：《产业结构升级与贸易开放动态响应的区域异质性——基于 2000～2013 年省级面板数据的 PVAR 分析》，载于《软科学》2018 年第 1 期。

[104] 李小平、朱钟棣：《国际贸易的技术溢出门槛效应——基于中国各地区面板数据的分析》，载于《统计研究》2004 年第 10 期。

[105] 迟旭蕾：《国际贸易与全要素生产率——基于中国省际面板数据的门槛回归分析》，载于《经济与管理》2014 年第 4 期。

[106] 邵敏：《出口贸易是否促进了我国劳动生产率的持续增长——基于工业企业微观数据的实证检验》，载于《数量经济技术经济研究》2012 年第 2 期。

[107] 李俊久、蔡琬琳：《对外直接投资与中国全球价值链分工地位升级：基于"一带一路"的视角》，载于《四川大学学报（哲学社会科学版）》2018 年第 3 期。

[108] 蒋殿春、张宇：《经济转型与外商直接投资技术溢出效应》，载于《经济研究》2008 年第 7 期。

[109] 董彦岭：《区域经济视角下的"一带一路"战略——兼论山东的融入对策》，载于《经济与管理评论》2015 年第 5 期。

[110] 刘冰：《在深化中韩自贸合作中塑造山东开放新优势》，载于《理论学习》2015 年第 11 期。

[111] 郑贵斌、李广杰：《山东融入"一带一路"建设战略研究》，人民出版社 2015 年版。

[112] 周申：《贸易自由化对中国工业劳动需求弹性影响的经验研究》，载于《世界经济》2006 年第 2 期。

[113] 李谷成：《中国农业的绿色生产率革命：1978—2008 年》，载于《经济学（季刊）》2014 年第 2 期。

[114] 何枫、祝丽云、马栋栋、姜维：《中国钢铁企业绿色技术效率研究》，载于《中国工业经济》2015 年第 7 期。

[115] 赵剑波、史丹、邓洲:《高质量发展的内涵研究》,载于《经济与管理研究》2019年第11期。

[116] 陈诗一、陈登科:《雾霾污染、政府治理与经济高质量发展》,载于《经济研究》2018年第2期。

[117] 姚战琪:《"一带一路"沿线国家OFDI的逆向技术溢出对我国产业结构优化的影响》,载于《经济纵横》2017年第5期。

[118] 关兵:《出口贸易与全要素生产率增长的动态效应分析——基于中国省际面板数据的角度》,载于《国际商务(对外经济贸易大学学报)》2010年第6期。

[119] 范剑勇、冯猛:《中国制造业出口企业生产率悖论之谜:基于出口密度差别上的检验》,载于《管理世界》2013年第8期。

[120] 吕大国、耿强:《出口贸易与中国全要素生产率增长——基于二元外贸结构的视角》,载于《世界经济研究》2015年第4期。

[121] 杜艳、周茂、李雨浓:《贸易自由化能否提高中国制造业企业资源再配置效率——基于中国加入WTO的倍差法分析》,载于《国际贸易问题》2016年第9期。

[122] 任保平、宋雪纯:《以新发展理念引领中国经济高质量发展的难点及实现路径》,载于《经济纵横》2020年第6期。

[123] 李春顶、唐丁祥:《出口与企业生产率:新—新贸易理论下的我国数据检验(1997-2006年)》,载于《国际贸易问题》2010年第9期。

[124] 张少华、蒋伟杰:《加工贸易与全要素生产率——基于供给和需求的分析视角》,载于《上海经济研究》2015年第6期。

[125] 李锴、齐绍洲:《贸易开放、经济增长与中国二氧化碳排放》,载于《经济研究》2011年第11期。

[126] 沈利生、唐志:《对外贸易对我国污染排放的影响——以二氧化硫排放为例》,载于《管理世界》2008年第6期。

[127] 李怀政:《出口贸易的环境效应实证研究——基于中国主要外向型工业行业的证据》,载于《国际贸易问题》2010年第3期。

[128] 彭水军、张文城、曹毅:《贸易开放的结构效应是否加剧了中国的环境污染——基于地级城市动态面板数据的经验证据》,载于《国际贸易问题》2013年第8期。

[129] 刘修岩、董会敏：《出口贸易加重还是缓解中国的空气污染——基于PM2.5和SO$_2$数据的实证检验》，载于《财贸研究》2017年第1期。

[130] 刘胜：《要素市场扭曲、出口技术复杂度与地区环境污染——基于中国省际面板数据的实证研究》，载于《经济问题探索》2015年第9期。

[131] 王磊、宋佳、闫敏：《出口贸易与产业绿色效率提升》，载于《工业技术经济》2020年第1期。

[132] 余官胜：《贸易开放、人力资本与环境污染——理论及实证检验》，载于《中南财经政法大学学报》2010年第5期。

[133] 傅京燕、周浩：《贸易开放、要素禀赋与环境质量：基于我国省区面板数据的研究》，载于《国际贸易问题》2010年第8期。

[134] 庄惠明、赵春明、郑伟腾：《中国对外贸易的环境效应实证——基于规模、技术和结构三种效应的考察》，载于《经济管理》2009年第5期。

[135] 陈诗一：《中国的绿色工业革命：基于环境全要素生产率视角的解释（1980—2008）》，载于《经济研究》2010年第11期。

[136] 赵云鹏、叶娇：《对外直接投资对中国产业结构影响研究》，载于《数量经济技术经济研究》2018年第3期。

[137] 李梦溪、朱延福、余东升：《中国对外直接投资对产业结构调整的影响》，载于《亚太经济》2020年第3期。

[138] 汪琦：《对外直接投资对投资国的产业结构调整效应及其传导机制》，载于《国际贸易问题》2004年第5期。

[139] 尚涛、尚德强：《对外直接投资对中国产业结构升级的影响研究——基于空间面板回归模型》，载于《南京财经大学学报》2019年第6期。

[140] 贾妮莎、韩永辉：《外商直接投资、对外直接投资与产业结构升级——基于非参数面板模型的分析》，载于《经济问题探索》2018年第2期。

[141] 李闻芝：《借势"互联网＋"浪潮加快转型升级石化业界研讨商业模式创新》，载于《中国石油和化工》2015年第10期。

[142] 李军、杨学儒：《"一带一路"战略的产业升级机制研究》，

载于《管理现代化》2016 年第 4 期。

[143] 杨英、刘彩霞:《"一带一路"背景下对外直接投资与中国产业升级的关系》,载于《华南师范大学学报(社会科学版)》2015 年第 5 期。

[144] 王纪鹏:《"一带一路"背景下我国 OFDI 与制造业结构升级实证分析》,载于《浙江树人大学学报(人文社会科学)》2018 年第 6 期。

[145] 赵婷、汪琦:《对外直接投资促进中国制造型企业双元创新的效应分析——基于不同生命周期的实证研究》,载于《科技与经济》2019 年第 6 期。

[146] 韩慧、赵国浩:《对外直接投资影响我国创新能力的机制与实证研究——技术差距视角的门槛检验》,载于《科技进步与对策》2018 年第 4 期。

[147] 姜能鹏、贺培、陈金至:《中国对外直接投资与技术创新:基于要素市场扭曲的角》,载于《中央财经大学学报》2018 年第 8 期。

[148] 张楠:《对外直接投资促进企业创新了吗——基于逆向投资与顺向投资的比研究》,载于《现代经济探讨》2019 年第 5 期。

[149] 黄远浙、钟昌标、叶劲松、胡大猛:《跨国投资与创新绩效——基于对外投资广和深度视角的分析》,载于《经济研究》2021 年第 1 期。

[150] 白洁:《对外直接投资的逆向技术溢出效应——对中国全要素生产率影响的经验检验》,载于《世界经济研究》2009 年第 8 期。

[151] 殷朝华、郑强、谷继建:《对外直接投资促进了中国自主创新吗——基于金融发展视角的实证研究》,载于《宏观经济研究》2017 年第 8 期。

[152] 罗军:《民营企业融资约束、对外直接投资与技术创新》,载于《中央财经大学学报》2017 年第 1 期。

[153] 李延喜、何超、刘彦文、孔令文:《对"一带一路"国家直接投资能否促进中国企业创新?》,载于《科学学研究》2020 年第 8 期。

[154] 曹虹剑、赵雨、李姣:《"一带一路"倡议提升了中国先进制造业的创新能力吗?》,载于《世界经济研究》2021 年第 4 期。

[155] 杜龙政、林伟芬:《中国对"一带一路"沿线直接投资的产

能合作效率研究——基于 24 个新兴国家、发展中国家的数据》，载于《数量经济技术经济研究》2018 年第 12 期。

［156］温湖炜：《中国制造业产能过剩问题研究》华中科技大学博士毕业论文，2017 年。

［157］吕萍、刘小猛：《对外直接投资如何化解产能过剩？——基于中国工业企业的实证研究》，载于《兰州大学学报（社会科学版）》2020 年第 4 期。

［158］王立国、赵琳、许森：《OFDI 与中国工业产能利用水平波动》，载于《东北财经大学学报》2017 年第 1 期。

［159］杨振兵、严兵：《对外直接投资对产能利用率的影响研究》，载于《数量经济技术经济研究》2020 年第 1 期。

［160］王月升、刘曦、杜朝运：《"一带一路"建设化解产能过剩的实证研究——以非金属矿物制品业为例》，载于《亚太经济》2018 年第 6 期。

［161］李天籽、谢沐芳：《对外直接投资与制造业企业产能利用率——影响与机制》，载于《世界经济文汇》2020 年第 4 期。

［162］何有良、陆文香：《对外直接投资与中国制造业企业产能利用率》，载于《世界经济与政治论坛》2020 年第 5 期。

［163］罗军、冯章伟：《制造业对外直接投资与全球价值链地位升级》，载于《中国科技论坛》2018 年第 8 期。

［164］刘斌、王杰、魏倩：《对外直接投资与价值链参与：分工地位与升级模式》，载于《数量经济技术经济研究》2015 年第 12 期。

［165］Abd – El – Rahman K. , Firms' Competitive and National Comparative Advantages as Joint Determinants of Trade Composition. *Weltwirtschafiliches Archiv*. Vol. 127，No. 1，January 1991：83 – 97.

［166］Arrow K J. , The economic implications of learning by doing. *Review of Economic Studies*. Vol. 29，No. 3，January 1962：155 – 173.

［167］Bastos P, Silva J. , The Quality of a Firm's Exports：Where You Export to Matters. *Journal of International Economics*. Vol. 82，No. 2，November 2010：99 – 111.

［168］Feenstra R C, Romalis J. International Prices and Endogenous Quality. *Quarterly Journal of Economics*，Vol. 129，No. 2，February 2014：

477 - 527.

［169］Ho D C K, Duffy V G, Shih H M. , Total quality management: an empirical test for mediation effect. *International Journal of Production Research*. Vol. 39, No. 3, November 2001: 529 - 548.

［170］Khandelwal A K, Schott P K, Wei S. , Trade Liberalization and Embedded Institutional Reform: Evidence from Chinese Exporters. *American Economic Review*, Vol. 103, No. 6, October 2013: 2169 - 2195.

［171］Manova K, Zhang Z. , Export Prices across Firms and Destinations. *Quarterly Journal of Economics*, Vol. 127, No. 1, January 2012: 379 - 436.

［172］Mishra S, Lundstrom S, Anand R. Service export sophistication and economic growth. The World Bank, Policy Research Working Paper Series: 5606, 2011.

［173］Nair A. , Meta - analysis of the relationship between quality management practices and firm performance—implications for quality management theory development. *Journal of Operations Management*. Vol. 24, No. 6, December 2006: 948 - 975.

［174］Powell T C. Total Quality Management as Competitive Advantage: A Review and Empirical Study. *Strategic Management Journal* (*John Wiley & Sons, Inc.*), Vol. 16, No. 1, January 1995: 15 - 37.

［175］Hua H, Chin K S, Sun H. , An empirical study on quality management practices in Shanghai manufacturing industries. *Total Quality Management*, Vol. 11, No. 8, August 2000: 1111 - 1122.

［176］Kumar M, Khurshid K, Waddell D. , Status of Quality Management practices in manufacturing SMEs: a comparative study between Australia and the UK. *International Journal of Production Research*. Vol. 52, No. 21, August 2014: 6482 - 6495.

［177］Wagner J. , What Makes a High - Quality Exporter? Evidence from Germany. *Economics Bulletin*, Vol. 34, No. 2, April 2014: 865 - 874.

［178］Wagner J. , Exports and Firm Characteristics in German Manufacturing Industries: New Evidence from Representative Panel Data. *Applied*

Economics Quarterly. Vol. 57, No. 2, April 2011: 107 – 143.

[179] Scully G W. , Human Capital and Productivity in the U. S. Manufacturing. *Western Economic Journal*, Vol. 7, No. 4, December 1969: 334.

[180] Singla A, Ahuja I S, Sethi A P S. , Technology push and demand pull practices for achieving sustainable development in manufacturing industries. *Journal of Manufacturing Technology Management*, Vol. 29, No. 2, January 2018: 240 – 272.

[181] Russell G J, Kamakura W A. Understanding Brand Competition Using Micro and Macro Scanner Data. *Journal of Marketing Research*, Vol. 31, No. 2, May 1994: 289 – 303.

[182] Fornell C, Johnson M D, Anderson E W. , The American Customer Satisfaction Index: Nature, Purpose, and Findings. *Journal of Marketing*, Vol. 60, No. 4, October1996: 7 – 18.

[183] Hallak J C, Sivadasan J. , Product and Process Productivity: Implications for Quality Choice and Conditional Exporter Premia. *Journal of International Economics*, Vol. 91, No. 1, September 2013: 53 – 67.

[184] Saraph J V, Benson P G, Schroeder R G. An Instrument for Measuring the Critical Factors of Quality Management. *Decision Sciences*, Vol. 20, No. 4, December 1989: 810 – 829.

[185] Zeitz G, Johannesson R, Ritchie Jr. J E. , An Employee Survey Measuring Total Quality Management Practices and Culture. *Group & Organization Management*, Vol. 22, No. 4, December1997: 414 – 444.

[186] Balassa B. Exports and Economic Growth: Further Evidence. *Journal of Development Economics*, Vol. 5, No. 2, June 1978: 181 – 189.

[187] Jin J C. , Export – Led Growth and the Four Little Dragons. *Journal of International Trade and Economic Development*, Vol. 4, No. 2, April 1995: 203 – 215.

[188] Dollar D. Outward – Oriented Developing Economies Really Do Grow More Rapidly: Evidence from 95 LDCs, 1976 – 1985. *Economic Development and Cultural Change*, Vol. 40, No. 3, April1992: 523 – 544.

[189] Kavoussi R M. Export Expansion and Economic Growth. *Journal*

of Development Economics, Vol 14, No. 1, January 1984: 241.

[190] Mazumdar J. Do static gains from trade lead to medium – run growth? Journal of Political Economy. Vol. 104, No. 6, December 1996: 1328 – 1337.

[191] Levin A, Raut L K. , Complementarities between Exports and Human Capital in Economic Growth: Evidence from the Semi – industrialized Countries. *Economic Development and Cultural Change*, Vol. 46, No. 1, October 1997: 155 – 174.

[192] Worz J. Skill Intensity in Foreign Trade and Economic Growth. *Empirical*, Vol. 32, No. 1, February 2005: 117 – 144.

[193] Deardorff A V. , The General Validity of the Law of Comparative Advantage. *Journal of Political Economy*, Vol. 88, No. 5, October 1980: 941 – 957.

[194] Chow P C Y. , Causality between Export Growth and Industrial Development: Empirical Evidence from the NICs. *Journal of Development Economics*, Vol. 26, No. 1, June1987: 55 – 63.

[195] Kilpatrick J A, Miller R R. , Determinant of the Commodity Composition of U. S. Trade: a Discriminant Analysis Approach. *Journal of International Business Studies*, Vol. 9, No. 1, January 1978: 25 – 32.

[196] Coe D T, Helpman E. , International R&D Spillovers. *European Economic Review*, Vol. 39, No. 5, May1995: 859 – 887.

[197] Temple J, Voth H. , Human Capital, Equipment Investment and Industrialization. *European Economic Review*, Vo. 42, No. 7, July 1998: 1343 – 1362.

[198] Malchow – Moller N, Munch J R, Skaksen J R. , Services Trade, Goods Trade and Productivity Growth: Evidence from a Population of Private Sector Firms. *Review of World Economics*, Vol. 151, No. 2, January 2015: 197 – 229.

[199] Nishimizu M, Robinson S. Trade Policies and Productivity Change in Semi – industrialized Countries. *Journal of Development Economics*, Vol. 16, No. 1, September 1984: 177.

[200] Bernard A B, Eaton J, Jensen J B. , Plants and Productivity in

International Trade. *American Economic Review*, Vol. 93, No. 4, September 2003: 1268 – 1290.

[201] Mishra S, Lundstrom S, Anand R. , Service export sophistication and economic growth. The World Bank, Policy Research Working Paper Series: 5606, 2011.

[202] Caliendo L, Rossi – Hansberg E. , The Impact of Trade on Organization and Productivity. *Quarterly Journal of Economics*, Vol. 127, No. 3, August 2012: 1393 – 1467.

[203] Daly H E. , The perils of free trade. *Scientific American*. Vol. 269, No. 3, November 1993: 50.

[204] Grossman G M, Krueger A B. Environmental Impacts of a North American Free Trade Agreement. National Bureau of Economic Research, Inc, NBER Working Papers: 3914, 1991.

[205] Antweiler W, Copeland B R, Taylor M S. Is Free Trade Good for the Environment?, National Bureau of Economic Research, Inc, NBER Working Papers: 6707, 1998.

[206] Selden T M, Song D. , Environmental Quality and Development: Is There a Kuznets Curve for Air Pollution Emissions? . *Journal of Environmental Economics and Management*. Vol. 27, No. 2, September 1994: 147 – 162.

[207] Grossman G M, Krueger A B. , Economic Growth and the Environment. *Quarterly Journal of Economics*, Vol. 110, No. 2, May 1995: 353 – 377.

[208] Kojima K. , Direct Foreign Investment: A Japanese Model of Multinational Business Operation. London: Croom Helm, 1977: 22 – 33.

[209] Vernon R. , International Investment and International Trade in the Product Cycle. *Quarterly Journalof Economics*, Vol. 5, No. 5, May 1966: 77 – 79.

[210] Arthur Lewis. The Evolution of the International Economic Order. Princeton: Princeton University Press, 1978: 38 – 46.

[211] Cantell K. , Tolentino P. , Technological Accumulation and Third World Multinationa. London: Routledge, 1993.

[212] Ozawa T. , Foreign Direct Investment and Economic Develop?. *Transnational Corporations*, Vol 1, No. 1, January 1992: 27 – 54.

[213] Blomstrom M, Konan D E, Lipsey. , FDI in the re – structuring of the Japanese Economy, New York: NBER Working Papers, 2000.

[214] Chen T J, Ku Y H. , The effect of foreign investmenton firm growth: the case of Taiwan's manufacturers, *Japan and the World Economy*, Vol. 12, No. 2, May 2000: 153 – 172.

[215] Tuan C, Ng L F Y. , Manufacturing agglomeration asincentives to Asian FDI in China after WTO. *Journal of Asian Economics*, Vol. 15, No. 4, August 2004: 673 – 693.

[216] Chang C – L, Chen S – P, McAleer M. , Globalization and Knowledge Spillover: International Direct Investment, Exports and Patents. Economics of Innovation and New Technology. NBER Working Paper, 2013.

[217] Huang, S. C. , Capital Outflow and R&D Investment in the Parent Firm. *Research Policy*, Vol. 42, No. 1, February 2013: 245 – 260.

[218] Seyoum, M. , Wu, R. & Yang, L. Technology Spillovers from Chinese Outward Direct Investment: The Case of Ethiopia. *China Economic Review*, Vol. 33, April 2015: 35 – 49.

[219] Pradhan J, Singh N. Outward FDI and knowledge flows: a study of the Indian automotives sector. *International Journal of institutions and economies*, Vol. 1, No. 1, January 2008: 155 – 186.

[220] Barrios, S. , Gorg, H. & Strobl, E. Foreign Direct Investment, Competition and Industrial Development in the Host Country. *European Economic Review*, Vol. 49, No. 7, October 2005: 1761 – 1784.

[221] Vahter P, Masso J. , Home versus host country effects of FDI: Searching for new evidence. William Davidson institute working paper, No. 820, 2006.

[222] Pananond P. , Where Do We Go from Here: Globalizing Subsidiaries Moving Up the Value Chain. *Journal of International Management*, Vol. 19, No. 3, September 2013: 207 – 219.

[223] Azmeh S, Nadvi K. , Asian firms and the restructuring of global

value chains. *International Business Review*, Vol. 23, No. 4, August 2014: 708 – 717.

[224] Giuliani, E. , Pietrobelli, C. & Rabellotti, R. , Upgrading in Global Value Chains: Lessons from Latin American Clusters. *World Development*, Vol. 33, No. 4, April 2005: 549 – 573.

[225] Herzer, D. , How Does Foreign Direct Investment Really Affect Developing Countries' Growth? *Review of International Economics*, Vol. 20, No. 2, April 2012: 396 – 414.

[226] Kaplinsky R. , Morris W. , Wang M. , A handbook for value chain research. Insititute of development studies, 2001.

[227] Konings J. , The Effects of Foreign Direct Investment on Domestic Firms: Evidence from Firm – Level Panel Data in Emerging Economies. *Economics of Transition*, Vol. 9, No. 3, January 2001: 619 – 633.

[228] Kokko A. Technology, Market Characteristics, and Spillovers. *Journal of Development Economics*, Vol. 43, No. 2, April 1994: 279 – 293.

[229] Xu B. , Lu J. Y. Foreign Direct Investment, Processing Trade, and the Sophistication of China's Exports. *China Economic Review*, 2009, 20 (3): 425 – 439.